宁夏回族自治区"十三五"重点专业（群）项目成果

法学实训系列丛书

刑法典型案例导读

XINGFA DIANXING ANLI DAODU

谢　慧◎编著

中国政法大学出版社

2019·北京

图书在版编目（ＣＩＰ）数据

刑法典型案例导读/谢慧编著. —北京：中国政法大学出版社，2019.12
ISBN 978-7-5620-9451-7

Ⅰ.①刑…　Ⅱ.①谢…　Ⅲ.①刑法－案例－中国　Ⅳ.①D924.05

中国版本图书馆 CIP 数据核字 (2019) 第 300964 号

出 版 者	中国政法大学出版社
地　　　址	北京市海淀区西土城路 25 号
邮寄地址	北京 100088 信箱 8034 分箱　邮编 100088
网　　　址	http://www.cuplpress.com (网络实名：中国政法大学出版社)
电　　　话	010-58908285(总编室) 58908433 （编辑部） 58908334(邮购部)
承　　　印	保定市中画美凯印刷有限公司
开　　　本	720mm×960mm　1/16
印　　　张	13
字　　　数	213 千字
版　　　次	2019 年 12 月第 1 版
印　　　次	2019 年 12 月第 1 次印刷
定　　　价	49.00 元

目 录
CONTENTS

总则篇

第一章　刑法的空间适用范围 ·································· （003）

第二章　刑法的时间适用范围 ·································· （005）

第三章　行为 ··· （009）

第四章　因果关系 ··· （013）

第五章　犯罪主体 ··· （018）

第六章　犯罪的主观方面 ···································· （020）

第七章　犯罪阻却事由 ······································ （027）

第八章　故意犯罪的停止形态 ·································· （038）

第九章　共同犯罪 ··· （043）

第十章　罪数 ··· （053）

分则篇

第一章　危害公共安全罪 ···································· （063）

第二章　破坏社会主义市场经济秩序罪 ··························· （076）

第三章　侵犯公民人身权利、民主权利罪 ························· （098）

第四章　侵犯财产罪 ·· （120）

第五章　妨害社会管理秩序罪 …………………………………………（160）

第六章　贪污贿赂罪 ………………………………………………………（183）

第七章　渎职罪 ……………………………………………………………（197）

出版说明

　　北方民族大学法学院法学专业 2012 年被确定为宁夏回族自治区重点建设专业，2015 年被批准为宁夏回族自治区"十三五"重点建设专业，专业建设项目负责人为余成刚。为支持专业建设，自 2016 年开始，宁夏回族自治区教育厅按年度批准立项一批"十三五"重点建设专业（群）及子项目，其中，谢慧负责子项目"刑法典型案例导读"，本书是子项目成果，由法学专业建设项目经费资助出版。

总则篇

第一章
刑法的空间适用范围

案例 1：陈先贵聚众扰乱社会秩序案（案例来源：《刑事审判参考》总第
8 辑 [第 61 号]）

（一）基本案情

1996 年 7 月 3 日，被告人陈先贵与成都金阳建筑公司签订劳动合同，成
为该公司承建的科威特 228 项目工地员工。同年 12 月，陈先贵到达科威特工
地，先期任工段负责人，后从事一般管理工作。因工作条件、生活待遇等问
题，陈先贵对金阳建筑公司科威特 228 项目工段经理部不满，遂于 1997 年 10
月 17 日下午外出乘车时，与吕治兵（另案处理）等工地员工商量欲采取行
动，讨个说法。当晚，吕治兵因与工人打架，到项目经理部要该部经理王衍
清交出凶手，引起上百人围观、起哄，陈先贵乘机煽动工人闹事。后吕治兵
持砖刀殴打王衍清，并率众将王强行带往中国驻科威特大使馆，途中先后引
来三百余人围观，被当地警察阻止。次日，228 项目工地工人不上工，并成立
"工会"。陈先贵借工人对工资、生活待遇等方面有意见，煽动工人不满情绪，
激化工人与项目经理部的矛盾，导致工人砸坏工地小食堂的财物。陈先贵还
与吕治兵等人起草了"申诉书"，编造虚假事实欺骗群众，策划、组织工人签
名。当公司总部为平息事件将《告 228 项目工地全体员工公开信》张贴出来
时，陈先贵向围观群众散布谣言，歪曲事实，阻止工人上工。此次事件给成
都金阳建筑公司造成严重的经济损失。

（二）问题

我国公民在国外犯罪，法定最高刑为 3 年以下有期徒刑，能否追究其刑
事责任？

知识点：属人管辖原则。

（三）分析

本案属于中华人民共和国公民在中华人民共和国领域外犯我国刑法规定之罪的情形。《中华人民共和国刑法》（以下简称《刑法》）第 7 条规定："中华人民共和国公民在中华人民共和国领域外犯本法规定之罪的，适用本法，但是按本法规定的最高刑为 3 年以下有期徒刑的，可以不予追究。中华人民共和国国家工作人员和军人在中华人民共和国领域外犯本法规定之罪的，适用本法。"从《刑法》的规定可以看出，中国人在中国领域外犯罪，能否适用中国刑法，分两种情况：第一，国家工作人员和军人在中国领域外犯本法规定之罪的，无条件地适用本法；第二，除国家工作人员和军人外的其他中国人在中国领域外犯本法规定之罪，所犯之罪根据我国刑法分则规定法定最高刑超过 3 年的，适用本法，法定最高刑为 3 年以下（包括 3 年）有期徒刑的，可以不予追究。

本案被告人陈先贵不是国家工作人员和军人，不适用《刑法》第 7 条对国家工作人员和军人的规定。陈先贵在科威特犯聚众扰乱社会秩序罪，因其不是首要分子，而是积极参加者，依照《刑法》第 290 条第 1 款的规定，法定最高刑期为 3 年有期徒刑，根据《刑法》第 7 条第 1 款的规定，可以不予追究（不是必须不予追究）其刑事责任。但根据本案的具体情况，被告人陈先贵的犯罪行为，不仅使其所在公司的生产经营活动无法正常进行，造成了严重经济损失，而且损坏了我国企业在国外的形象，在国际上产生了恶劣影响，后果严重，仍应依法追究其刑事责任。

结论：**我国公民在国外犯罪，法定最高刑为 3 年以下有期徒刑，但犯罪情节严重的，应当追究其刑事责任。**

第二章
刑法的时间适用范围

案例 2：于润龙非法经营案（案例来源：《人民法院案例选》2005 年第 4
辑）

（一）基本案情

被告人于润龙于 2000 年 9 月 15 日至 2002 年 9 月 15 日承包了桦甸市老金
厂金矿东沟二坑坑口，共生产黄金 23 000 克。于润龙于 2002 年 9 月 21 日驾
驶车辆携带所承包金矿自产黄金和从吉林省海沟金矿及私人手中收购的黄金
共 46 384 克，欲往长春市，从桦甸市沿吉桦公路行驶至吉林市南出口（红
旗）收费站时，被公安人员抓获，所带黄金全部被吉林市公安局扣押，后出
售给中国人民银行吉林市分行，总售价为人民币 3 843 054.58 元。吉林市公
安局已将出售的黄金款，依据《中华人民共和国金银管理条例》（以下简称
《金银管理条例》）第 14 条罚没，上缴国库。

经查明，该案被移送起诉期间，2003 年 2 月 27 日国务院以国发〔2003〕
5 号文件发布了国务院《关于取消第二批行政审批项目和改变一批行政审批
项目管理方式的决定》，其中，涉及黄金审批项目共四项，即停止执行关于中
国人民银行对于黄金管理的黄金收购许可、黄金制品生产加工批发业务审批、
黄金供应审批、黄金制品零售业务核准四项制度。

（二）问题

认定犯罪所依据的行政法规发生变更的，能否使用新的行政法规作为定
罪处罚的依据？

知识点：刑法的溯及力。

（三）分析

《刑法》第 12 条第 1 款规定："中华人民共和国成立以后本法施行以前的

行为，如果当时的法律不认为是犯罪的，适用当时的法律；如果当时的法律认为是犯罪的，依照本法总则第4章第8节的规定应当追诉的，按照当时的法律追究刑事责任，但是如果本法不认为是犯罪或者处刑较轻的，适用本法。"根据刑法的这一规定，我国对溯及力采取的是从旧兼从轻的原则，即对一行为，原则上适用行为时的法律（旧法），但如果新法不认为是犯罪或处罚较轻的，适用新法。

本案涉嫌的是非法经营罪。根据《刑法》第225条的规定，非法经营罪是指违反国家规定，从事非法经营，扰乱市场秩序，情节严重的行为。非法经营罪构成的前提是行为必须"违反国家规定"，如果行为是国家的相关法律、法规允许的，则不构成本罪。

本案被告人于润龙收售黄金的行为发生在2002年8~9月间，即国务院国发〔2003〕5号文件发布前，按照当时的法律，构成非法经营罪。但在一审法院审理时，国务院发布了国发〔2003〕5号文件，取消了中国人民银行关于黄金管理的收售许可审批，导致《刑法》第225条第1项所依据的行政法规——《金银管理条例》发生了变化，个人收购、买卖黄金的行为不存在违反国家规定或未经许可经营法律、行政法规规定的专营、专卖物品或其他限制买卖的物品的性质，即个人收购、买卖黄金的行为不构成非法经营罪。按照从旧兼从轻的原则，现在审理时，应适用新法，判于润龙无罪。

结论：认定犯罪所依据的行政法规发生变更的，适用从旧兼从轻原则。

案例3：王江等组织、领导、参加黑社会性质组织案（案例来源：《刑事审判参考》总第74辑〔第629号〕）

（一）基本案情

被告人王江自1997年以来，网罗刘永华、蒋庆文、喻文杰、谭小华、秦晓凡、刘克华等刑满释放人员和社会闲散人员，有组织地实施违法犯罪活动，逐渐形成以王江、刘永华为首，以秦晓凡、万鸿、蒋庆文、喻文杰、江钱平等人为骨干成员，以王涛、江赤兵、郭宇麟、张志明、余祖饶、李顺杰、胡锦春、江剑锋等人为一般成员的黑社会性质组织。该组织在长期违法犯罪过程中形成服从命令、互相帮忙、用暴力解决纠纷、互相包庇、禁止吸毒等不成文的纪律。该组织通过以下方式获取巨额经济利益，并用于组织活动：开设赌场，聚众赌博，在赌场放高利贷；为娱乐场所"看场子"收取保护费；强行入股，以少投资多占股份或不投资强占股份参与公司经营；采用暴力、威胁、引诱等手段串通投标等。该组织还通过实施故意杀人、故意伤害、寻衅滋事、聚众斗殴等一系列违法犯罪活动，为非作恶，欺压、残害群众，成为江西省景德镇市实力最大的黑社会性质组织；非法控制当地废旧物资拍卖、石料供应、赌博等领域，严重破坏当地的经济秩序和社会治安秩序。

2000 年出台的最高人民法院《关于审理黑社会性质组织犯罪的案件具体应用法律若干问题的解释》（以下简称《司法解释》）将"保护伞"规定为黑社会性质组织的四个特征之一，而 2002 年通过的全国人民代表大会常务委员会《关于〈中华人民共和国刑法〉第二百九十四条第一款的解释》（以下简称《立法解释》）取消了这一限定条件。王江的辩护人据此提出，王江团伙缺少"保护伞"，根据从旧兼从轻的刑法适用原则，王江在该立法解释公布前的行为不构成组织、领导黑社会性质组织罪。

（二）问题

行为之后的《立法解释》减少了犯罪构成要件，从而使行为人的刑事责任负担加重的，应当适用行为时的法律，还是适用现在的立法解释？

知识点：《立法解释》的溯及力。

（三）分析

如何认定立法解释的溯及力，实践中有不同意见。主流观点认为，立法解释的效力应及于法律的整个施行期间，不但适用于解释实施以后的行为，对解释实施前发生的行为而在解释施行后才审理的，也应按照解释办理。本文赞同主流观点的意见，应适用《立法解释》对本案进行审理。主要理由有两点：第一，立法解释是对法律条文含义的阐释，是对法律的发现而不是创造，在法律规定本身未发生变化的情况下，法律条文的含义自法律施行之日起即存在。立法解释公布后，除对时间效力有特别规定的以外，应及于被解释的法律的整个施行期间。因此，行为人在刑法施行以后、立法解释公布之前实施的犯罪，凡在立法解释施行后才进行审理的，均应适用该立法解释。如果因为立法解释重于法律文本或司法解释而采取从旧兼从轻原则，则意味着立法解释是新法，是创造法律。第二，立法解释的效力高于司法解释。被告人王江等人的行为跨越了 2002 年通过的《立法解释》的前后时期，而 2000 年公布的《司法解释》与 2002 年的《立法解释》的内容有所不同，后者未将"保护伞"规定为黑社会性质组织的特征，认定黑社会性质组织的标准宽于前者。在这种情况下，应当根据《立法法》规定的原则处理。《立法法》明确规定，立法解释与法律具有同等效力，立法解释的效力高于司法解释。因此在二者产生冲突的情况下，应直接适用《立法解释》，王江的行为构成犯罪，不存在按照从旧兼从轻原则的问题。当然，如果后公布的也是司法解释而不是立法解释，则依据两高《关于适用刑事司法解释时间效力问题的规定》，可以按照从旧兼从轻原则处理。

结论：**立法解释公布后，除对时间效力有特别规定的以外，应及于被解释的法律的整个施行期间。行为人在刑法施行以后、立法解释公布之前实施的犯罪，凡在立法解释施行后才进行审理的，均应适用该立法解释。**

第三章

行为

案例4：王仁兴破坏交通设施案（案例来源：《刑事审判参考》总第38辑 [第295号]）

（一）基本案情

位于重庆市江北区五宝镇段长江红花碛水域的"红花碛2号"航标船，标示出该处的水下深度和暗碛的概貌及船只航行的侧面界限，系国家交通部门为保障过往船只的航行安全而设置的交通设施。2003年7月28日16时许，被告人王仁兴驾驶机动渔船至该航标船附近时，见本村渔民王云等人从渔船上撒网致使"网爬子"（浮于水面的网上浮标）挂住了固定该航标船的钢缆绳，即驾船前往帮助摘取。当王仁兴驾驶的渔船靠近航标船时，其渔船的螺旋桨被该航标船的钢缆绳缠住。王仁兴为使渔船及本人摆脱困境，持刀砍钢缆绳未果，又登上该航标船将钢缆绳解开后驾船驶离现场，致使脱离钢缆绳的"红花碛2号"航标船顺江漂流至下游两公里的锦滩回水沱。17时许，重庆航道局木洞航标站接到群众报案后，巡查到漂流的航标船，并于当日18时许将航标船复位，造成直接经济损失人民币1 555.50元。同年8月19日，公安机关将王仁兴抓获归案。

（二）问题

因合法行为致使交通设施处于危险状态，并造成危害后果的，是否成立破坏交通设施罪？

知识点：不作为犯罪。

（三）分析

根据刑法理论，危害行为的基本表现形式有两种：作为和不作为。刑法上的不作为，是指行为人应当履行某种特定的法律义务且有能力履行而不去履行。构成不作为犯必须以行为人负有实施某种积极行为的特定义务为前提，即负有作为义务。实践中，行为人的作为义务主要来自于三个方面：一是法律明文规定的义务；二是职务上或业务上要求必须承担的义务；三是行为人的先行行为引起的义务。所谓先行行为引起的义务，是指由于行为人先前实施的行为，使法律保护的某种合法权益处于危险状态时，该行为人负有采取有效措施积极防止危害结果发生的义务。

就本案而言，被告人王仁兴解开航标船钢缆绳的行为即是先行行为，该先行行为在消除其自身危险的同时又造成了对交通安全设施的破坏，从而使其他船舶航行处于危险状态，此时该先行行为就引起了被告人王仁兴在其正当权益得以保全的情况下，负有采取积极救济措施消除危险状态的义务，但王仁兴能够履行该义务而不履行，符合不作为的构成条件，应构成不作为的破坏交通设施罪。

同时，从这个案例中可以看出，先行行为可以是合法行为。因为行为人的合法行为而使法律所保护的合法权益处于危险状态时，行为人同样负有采取积极救助措施消除该危险状态的作为义务。若能够履行而不履行这一义务的，构成不作为犯罪。

结论：因合法行为使某种合法权益处于危险状态的，行为人负有采取积极救助措施消除该危险状态的作为义务。若行为人能够履行而不履行这一义务的，构成不作为犯罪。

案例 5：刘祖枝故意杀人案（案例来源：《刑事审判参考》总第 84 辑 [第 746 号]）

（一）基本案情

被告人刘祖枝系被害人秦继明（男，殁年 49 岁）之妻。秦继明因患重病长年卧床，一直由刘祖枝扶养和照料。2010 年 11 月 8 日 3 时许，刘祖枝在其暂住地北京市朝阳区十八里店乡西直河孔家井村 1869 号院出租房内，不满秦继明病痛叫喊，影响他人休息，与其发生争吵。后刘祖枝将存放在暂住地的敌敌畏倒入杯中提供给秦继明，由秦继明自行服下，造成秦继明服毒死亡。

（二）问题

将毒物交给被害人，任其自行服下，而不予救助的，是否成立故意杀人罪？

知识点：不作为犯罪。

（三）分析

不作为犯罪是指行为人负有实施某种积极行为的特定法律义务，且能够履行而不履行的情形。不作为犯罪的成立需要具备以下条件：①行为人负有特定的作为义务；②行为人能够履行而不履行；③不履行作为义务与危害结果之间具有因果关系。刑法理论一般认为，作为义务的来源有三种，即法律明文规定的作为义务、职务或者业务要求的作为义务、先行行为引起的作为义务。所谓法律明文规定的义务，主要是指部门法规定的义务，因为部门法规定的义务比较具体、具有可操作性。也有观点认为除了这三种义务以外，还包括法律行为引起的作为义务、社会道德伦理衍生的救助义务。具备这几种作为义务之一的，即为行为人负有特定的作为义务，行为人能够履行这种特定义务而不履行的，构成不作为犯罪。

本案中，首先，被告人刘祖枝对秦继明负有救助义务。该义务来源包括法律明文规定的义务、先行行为产生的义务、社会道德伦理衍生的义务。第一，刘祖枝具有法律规定的义务。《中华人民共和国婚姻法》第 20 条第 1 款规定："夫妻有互相扶养的义务。"这种"扶养"包括夫妻在日常生活中的互相照料、互相供养和互相救助。刘祖枝是秦继明之妻，刘祖枝看到秦继明喝下农药毒性发作而不将其送往医院救治，违反了夫妻间互相救助的法律义务。第二，刘祖枝具有先行行为产生的义务。先行行为产生的义务，是指由于行为人先前实施的行为致使法律保护的某种法益处于危险状态，从而产生的防止危害结果发生的义务。刘祖枝向秦继明提供农药，并通过言语刺激进一步强化他人自杀的决意，刘祖枝的这一先行行为使秦继明的生命处于危险状态，刘祖枝负有防止秦继明死亡结果发生的义务。此外，刘祖枝具有由社会道德伦理衍生的救助义务。如果秦继明的服毒地点是在人口较为密集的广场等公共场所，如果刘祖枝不实施救助，他人还可以实施救助。然而，本案发生在较为封闭的私人住所，不可能期待他人实施救助行为，因此刘祖枝具有由社会道德伦理衍生的救助义务。其次，刘祖枝能够救助而不救助。根据本案情况，秦继明喝药的时间是在凌晨 3 时许，之后就开始吐白沫，并出现呼吸困难。在场的女儿秦丽华问刘祖枝怎么办，刘祖枝回答不知道。当秦丽华给其他亲戚打电话说秦继明"快不行了"时，刘祖枝不让说是其给秦继明提供了农药。后当秦丽华提出要打"120"急救电话将秦继明送去医院，刘祖枝又说秦继明快不行了就不用送了。从凌晨 3 时许秦继明喝药到凌晨 4 时许死亡，在长达一个多小时的时间内，刘祖枝一直待在家里，没有采取任何有效的救助措施，且阻止女儿秦丽华采取救助措施。根据以上所述，刘祖枝在有救助义务的情况下（这些义务具备其中之一即可）有能力救助而未实施救助，放任秦继明中毒身亡的结果发生，符合不作为故意杀人罪的特征。

    结论：负有救助义务的人，能够履行而不履行救助义务，构成不作为的故意杀人罪。

第四章

因果关系

案例6：熊荣波故意伤害案（案例来源：《中国法院 2016 年度案例 19》）

（一）基本案情

2014 年 3 月 26 日 13 时许，被告人熊荣波在广州市白云区人和镇鹤亭村三盛南街中 16 号附近，因琐事与吴世某发生纠纷，后熊荣波使用拳头并持木棍殴打吴世某，致吴世某受伤。经鉴定，吴世某双下肋肋骨骨折，双侧胸腔少量积液，右中下肺挫伤。熊荣波对被害人吴世某的打击力度在正常情况下并不会造成重伤结果，但由于被害人右肾因慢性肾盂肾炎，与肾周组织炎性粘连，所以在外力作用下相对正常肾脏比较容易发生损伤且不易恢复；外伤致右肾破裂包膜下积血，由于出血进行性加重，保守治疗无效，导致右肾摘除，损伤程度属重伤二级。

（二）问题

被告人的打击行为正常情况下不会造成某种危害结果，但由于被害人自身的疾病，在外力作用下造成了某种结果，击打行为与危害结果之间是否有刑法上的因果关系？

知识点：因果关系的客观性、条件性。

（三）分析

刑法上的因果关系，是以哲学上的因果关系为前提的，是行为与结果之间引起与被引起的关系。因果关系是客观存在的，不以人的意志为转移，即只要某一行为在客观上引起了某种危害结果的发生，即使行为人对该结果没有故意和过失，也不能否认因果关系的客观存在。因果关系的有无与行为人的主观心理态度无关，故意和过失是犯罪构成的主观要件而非客观联系方式；同时，因果关系都是一定条件下的因果关系，不能因为条件而否认因果关系的客观存在。

在本案中，被害人的重伤结果是由被告人的殴打行为造成的，二者之间具有刑法上的因果关系，绝不能以被告人熊荣波不知道对方患有慢性肾盂肾炎，未预见也不能预见行为会发生他人重伤的结果来否认因果关系的存在，因为在客观上，就是因为被告人的行为导致了被害人重伤的结果；同时，也不能以"如果被害人没有慢性肾盂肾炎就不会造成重伤"为由而否认被告人行为与重伤结果之间的因果关系，因为被告人的伤害行为正是发生在这样一个具有特殊身体条件的人身上才造成了重伤结果。

结论：被告人的打击行为正常情况下不会造成某种结果，但由于被害人自身的疾病等，在外力作用下造成了某种结果，符合因果关系的客观性、条件性原理，击打行为与危害结果之间存在刑法上的因果关系。

案例 7：赵金明等故意伤害案（案例来源：《刑事审判参考》总第 55 辑[第 434 号]）

（一）基本案情

被告人赵金明与马国超曾经有矛盾，案发前赵金明听说马国超放风要把自己砍掉，决定先下手为强。2003 年 8 月 14 日晚 7 时许，被告人赵金明在汉川城区欢乐商城得知马国超在紫云街出现后，邀约被告人李旭及韩成雄、韩愈杰、韩波、汪冲、谢泉（均另案处理）前往帮忙，并在一租住处拿一尺多长的砍刀七把，一行人乘"面的"到紫云街。在车上被告人赵金明发给每人砍刀一把，车行至紫云街看见马国超正在街上同人闲聊后，被告人赵金明等人下车持刀向马国超逼近，距离马国超四五米时被马发现，马国超见势不妙立即朝街西头向涵闸河堤奔跑，被告人赵金明持刀带头追赶。被告人李旭及韩成雄、韩愈杰、韩波、汪冲、谢泉跟随追赶。当被告人赵金明一行人追赶40 余米后，马国超从河堤上跳到堤下的水泥台阶上，摔倒在地后又爬起来扑到河里，并且往河心里游。被告人赵金明等人看见马国超游了几下，因为怕警察来了，就一起跑到附近棉花田里躲藏，等了半小时未见警察来，被告人等逃离现场。同年 8 月 16 日马国超尸体在涵闸河内被发现。经法医鉴定，马国超系溺水死亡。

（二）问题

持刀追砍致使被害人泅水逃避而溺亡的，是否构成故意伤害（致人死亡）罪？

知识点：因果关系的判断。

（三）分析

刑法上的因果关系，是危害行为同危害结果之间引起与被引起的关系。刑法学界对于因果关系有几种不同的学说，主要有必然因果关系和偶然因果关系说、条件说、相当因果关系说和客观归责理论。

1. 必然因果关系和偶然因果关系说

必然因果关系是指，当危害行为中包含有危害结果产生的根据（实在可能性），并合乎规律地产生了危害结果时，危害行为和危害结果之间就是必然因果关系。它包括两点：第一，作为某种原因的行为必须有危害结果发生的根据（实在可能性），即根据一般社会生活经验，在通常情况下，某种行为可能发生某种危害社会的结果（如重伤可能导致死亡）；第二，这种实在可能性已经合乎规律地引起了某一结果的发生，如重伤抢救无效死亡。那么，行为与结果之间就有因果关系。

偶然因果关系是指，某种行为本身不包含产生某种危害结果的根据，但在其发展过程中，偶然又有其他原因加入，由后来加入的这一原因合乎规律地引起这种危害结果。一般而言，刑法上的因果关系主要是指必然的因果关系，偶然因果关系常常仅对量刑具有一定意义，这是我国刑法学通说的观点。

2. 条件说

条件说认为，行为与结果之间存在"没有前者就没有后者"的条件关系时，前者就是后者的原因。如甲打伤（轻伤）乙后，乙在去医院的途中被车轧死，没有甲的伤害行为，乙就不会去医院，被车轧死。甲的伤害行为和乙的死亡之间有因果关系。按照条件说，会扩大处罚范围。

3. 相当因果关系说

这种学说认为，根据一般社会生活经验，在通常情况下，某种行为产生某种结果被认为是相当的场合，行为与结果之间就有因果关系。"相当"是指该行为产生该结果在日常生活中是一般的、正常的，而不是特殊的、异常的。这种观点基本等同于上述必然因果关系的理论（实在可能性、合乎规律性）。

4. 客观归责理论

客观归责说认为，因果关系以条件说为前提，在与结果有条件关系的情况下，只有当行为制造了不被允许的危险，而且该危险是在符合构成要件的结果中实现时，才能将该结果归责于行为人。

客观归责论也有两点：第一，行为人实施了某种行为，制造了危险，这一点，可以理解为必然因果关系的第一点（实在可能性）；第二，实现不被允许的危险，可以理解为行为合乎规律地发生了危害社会的结果，这是必然因果关系的第二点。因此传统观点必然因果关系说基本能够解决刑法中的因果关系问题。

按照必然因果关系的理论对本案作如下分析：

（1）赵金明等人的行为有危害结果发生的根据（实在可能性）

赵金明等人持刀追砍被害人，在被害人为逃生跳进河里后又不予救助，这种行为有导致被害人死亡的实在可能性。面对七名持刀暴徒近距离的追砍，被害人快速奔跑是其自救的本能反应。由于现场紧邻河道，其根据自身会水的特点选择泅水逃生，又是在当时特定条件下正常的行为。被害人在狂奔和跳堤摔倒的情况下仓促下水，没有做下水前必要的准备，加上案发时系夜晚，被害人下水的河段不安全因素较多而且逃生的恐惧心理将大大影响被害人正常的思维判断和体能发挥。因此，被害人溺水身亡在特定的条件下具有较高的现实可能性。

（2）这种实在可能性已经合乎规律地引起了被害人死亡结果的发生

被害人跳到河里以后，被告人没有施救，导致被害人淹死，属于被告人的行为合乎规律地引起了被害人的死亡。因此，赵金明等人持刀追砍的行为与被害人死亡的结果之间具有刑法上的因果关系。

结论：**持刀追砍致使他人泅水逃避而溺水死亡的，追砍行为与被害人死亡之间具有刑法意义上的因果关系，应以故意伤害罪论处。**

案例8：肖某故意伤害案（案例来源：《中国法院 2017 年度案例 19》）

（一）基本案情

2015 年 1 月 31 日 0 时 40 分许，被告人肖某驾驶摩托车途经南安市美林街道凤凰路时，发现之前与其有矛盾的黄东某独自一人步行至此，遂到美林街道洋美转盘边的小陈装潢店的大门边拿了一根不锈钢管，并返回到凤凰路边等待。待黄东某靠近时，被告人肖某持不锈钢管冲出追打黄东某，导致黄东某在逃跑的过程中倒在公路中央的水泥地上。被告人肖某上前查看，发现黄东某躺在地上，身体没有动弹，手在颤抖，嘴巴中发出"哼哼"的声音，被告人肖某即将不锈钢管丢弃在路边的空地上，并驾车离去，后因担心出事又告诉朋友，也叫朋友前往查看。当天 0 时 48 分许，仍倒在路中地上的黄东某被蔡建某（另案处理）驾驶闽C××××号小轿车碾压过去。经赶到现场的医务人员检查，黄东某已死亡。经湖北同济法医学司法鉴定中心鉴定，死者黄东某符合失血创伤性休克及颅脑损伤而死亡，其致死性损伤主要为头部、闭合性胸腹部损伤，及四肢多发骨折，上述损伤中闭合性胸腹部损伤及四肢多发性骨折均呈外轻内重的特点，而头部多发挫裂伤及撕脱伤创口形状不规则，分析认为上述损伤交通事故可以形成。

（二）问题

介入因素能否切断先行行为与危害结果之间的因果关系？

知识点：介入因素对因果关系的影响。

（三）分析

在因果关系发展的过程中，因为其他因素的介入，打破了预定的因果链。即，在一个危害行为的发展过程中又介入其他因素而导致发生某种结果，如何确定先前的危害行为和最后的危害结果之间的因果关系？

刑法理论一般认为，介入因素包括三种情形：自然事件、他人行为以及被害人自身的行为。在介入因素存在的情况下，先前行为与危害结果之间的因果关系是否被中断或切断而导致不存在刑法意义上的因果关系，主要考虑介入因素的异常性大小、对结果发生的作用力大小、行为人的行为导致结果发生的可能性大小等情形，进而判断前行为与结果之间是否存在因果关系。如果介入因素并非异常、对结果发生的作用力较小、行为人的行为本身具有导致结果发生的较大可能性的，则应当肯定前行为与结果之间存在刑法上的因果关系；反之，则应当认为先前行为与结果之间不存在刑法上的因果关系，或者说因果关系已经断绝。

本案中，被告人追打被害人致其倒在道路中间无法动弹，且案发时间为凌晨，一方面是夜晚视线不良，另一方面案发地为市区公路，即使是在凌晨也有一定的车流量。因此，被害人被过往车辆碾压是正常的，被告人行为（追打行为及不施救）本身导致结果发生的可能性较大。可以肯定，被告人的先前行为与危害结果之间存在刑法上的因果关系，介入因素并未阻断伤害行为与被害人死亡后果之间的因果关系。

结论：介入因素并非异常、行为人的行为在当时情况下导致结果发生的可能性大的，介入因素不能断绝行为与结果之间的因果关系。

第五章
犯罪主体

案例 9：彭柏松故意杀人案（案例来源：《人民法院案例选》2009 年第 2 辑）

（一）基本案情

被告人彭柏松于 2007 年 10 月 1 日来沪，暂住上海市闵行区梅富路 366 号克豪宾馆。2007 年 10 月 6 日 6 时许，彭吸食毒品甲基苯丙胺后，行至上海市闵行区莘朱路 828 弄 18 号门口，见一辆牌号为苏 K7G205 的依维柯面包车停靠于此，遂登上该车，持刀捅刺驾驶员李兴军胸部，致李因失血性休克而死亡。后彭沿伟业路逃跑，先后持刀捅刺路过该处的行人蒋旭英（孕妇）、刘顺英腹部、手臂等处，致二人重伤。后彭拦乘沪 EV1470 出租车行至高兴路、畹町路路口时，持刀捅刺该车驾驶员俞浩的胸部及路过此处停车报警的沪 DN0413 出租车驾驶员姚勇的左上肢、背部等处，致二人轻伤。彭继续逃跑至高兴路莘南农贸市场门口时，持刀捅刺正在路边买早点的行人徐兰芳胸部，致徐因失血性休克而死亡。随后，彭又登上路边正在卸货的豫 N45209 面包车，持刀捅刺车内的驾驶员潘学亮胸部，致潘重伤。作案后，彭驾驶豫 N45209 面包车行至高兴路、莘吉路路口时，因撞倒卡车被迫停下，彭弃车逃逸，后被追捕的群众当场抓获。

（二）问题

吸毒后实施危害社会行为的，应否承担刑事责任？

知识点：刑事责任能力的认定，原因自由行为。

（三）分析

根据《刑法》规定，一个人对自己实施的危害社会的行为负刑事责任的基础是行为人具有刑事责任能力。《刑法》只规定了精神病人、醉酒的人的刑事责任能力，没有规定吸毒人的刑事责任能力。实践中，吸食毒品的人在吸毒后出现幻觉、妄想的情况因人而异，所以其实施危害社会的行为时，存在无责任能力和有责任能力（包括部分责任能力）两种可能性。根据刑法原理，吸食毒品的人实施危害行为的，理应对其经法定程序鉴定，如果有责任能力，自应根据责任能力的大小，依照《刑法》的规定承担刑事责任；如果无责任能力，则要根据刑法的原因自由理论来分析行为人应否承担刑事责任。

原因自由行为，是大陆法系（尤其是德语系国家）刑法学中的一个重要概念。原因自由，是指行为时虽没有责任能力或有限制责任，但使之陷于这种无责任能力状况的原因行为是自由的，是在完全责任能力状态下之所为。如果行为人是故意或过失使自己陷于无刑事责任能力或者限制刑事责任能力状态，并实施符合犯罪构成要件的行为（比如行为人故意吸毒使自己陷入无责任能力状态进而实施危害行为），那么行为人主观上是有罪过的，行为人理应对其行为承担刑事责任。

本案中，如果能够证明行为人故意或过失吸毒，使自己陷入无责任能力或限制责任能力状态进而实施杀人、伤害行为（如事前已经知道自己一旦吸毒就容易实施犯罪甚至杀人、伤害或根据以往经验应当预见自己一吸毒就容易实施犯罪行为），那么，行为人的行为应该构成犯罪。不能因为行为时无责任能力而认为不构成犯罪，不承担刑事责任或者减轻刑事责任。

结论：**因吸毒使本人陷入无刑事责任能力状态而实施危害行为的，应根据原因自由理论确定被告人行为的性质。**

第六章

犯罪的主观方面

案例10：韦朗某过失致人死亡案（案例来源：《中国法院2017年度案例19》）

（一）基本案情

被告人韦朗某与被害人韦忠某（1998年3月16日出生）均为宜州市福龙乡永良村永良屯村民。2015年3月9日22时许，被害人韦忠某酒后到宜州市福龙乡福龙街某网吧上网时与网吧管理人员发生争吵，后被本屯村民韦某、韦振某送回宜州市福龙乡永良村永良屯×××号的家中。韦忠某回家后大吵大闹，被告人韦朗某路过韦忠某家时见状对韦忠某进行劝阻，并对韦忠某的父亲韦能某说由其来劝说、管教韦忠某。后韦忠某从家中走至本屯韦华某家旁的道路，韦朗某、韦振某跟随韦忠某至该处，韦忠某在该处继续吵闹称要跳山或跳河自杀，韦朗某气愤之下遂对韦忠某说如果要跳河需要绑东西才能沉得下去。后韦朗某将一根灰色尼龙绳的一端绑在韦忠某的腰部，并在旁边找来一块水泥砖，将绳子的中间段绑在水泥砖上。其间韦忠某未挣扎或反抗。后韦忠某扛起水泥砖朝本屯村尾水潭方向走去，韦朗某认为韦忠某不会真的跳河自杀，遂没有阻止韦忠某离开，而是与韦振某跟随在韦忠某身后六七米的位置。韦忠某扛着水泥砖走到村尾的水潭后在浅水处摔了一跤，此时韦朗某仍认为韦忠某不会真的自杀，仍没有阻止韦忠某继续进入水潭。韦忠某从浅水处爬起后继续扛着水泥砖走向水潭深处并沉入水中。韦朗某发现韦忠某沉入水中后即下水寻找韦忠某，但未果。韦能某等人闻讯赶来时，韦朗某害怕担责，未告知韦忠某已沉入水潭的真相。后韦振某将韦忠某已沉入水潭一事告知本屯村民韦某，韦某等人将韦忠某从水潭中打捞上岸时，韦忠某已经死亡。经宜州市公安局物证检验鉴定室鉴定，韦忠某系生前溺水死亡。

本案中，公安机关以韦朗某涉嫌故意杀人罪进行立案侦查及移送审查起诉。广西壮族自治区宜州市人民法院以过失致人死亡罪，判处韦朗某有期徒刑二年。

（二）问题

被告人韦朗某对于被害人韦忠某死亡的后果，在主观上是故意，还是过失？

知识点：犯罪故意和犯罪过失的含义。

（三）分析

《刑法》第14条规定，明知自己的行为会发生危害社会的结果，并且希望或者放任这种结果发生，因而构成犯罪的，是故意犯罪。

根据这条规定，犯罪故意的成立必须具备两个条件：一是认识因素，行为人对自己的行为以及造成的结果是明知的，即认识到、想到自己的行为会发生某种危害社会的结果；二是意志因素，即行为人主观上希望或者放任结果发生。希望结果发生，是指行为人刻意追求、积极争取结果的发生；放任结果发生，是指行为人对危害结果的发生，尽管不追求，但不设法防止，对结果的发生持容忍的态度。认识因素和意志因素同时具备才能构成刑法上的故意。

《刑法》第15条第1款规定，应当预见自己的行为可能发生危害社会的结果，因为疏忽大意而没有预见，或者已经预见而轻信能够避免，以致发生这种结果的，是过失犯罪。

根据《刑法》的规定，犯罪过失有两种：疏忽大意过失和过于自信过失。疏忽大意过失是指行为人在当时的情况下应当预见自己的行为可能发生危害社会的结果，但因为疏忽、粗心、马虎而没有预见；过于自信过失是指行为人已经预见自己的行为可能发生危害社会的结果，但基于一定的实际根据认为结果不会发生。疏忽大意过失和过于自信过失，行为人对结果的发生都是反对的、排斥的。

本案中，被告人韦朗某与被害人韦忠某是同村村民、朋友，无积怨，韦朗某没有杀人的动机，且案发前韦忠某酒醉闹事并扬言要自杀，韦朗某路过看见而试图劝阻。在劝阻韦忠某不要酒后闹事未果，韦忠某扬言要自杀时，出于气愤而将绑有水泥砖的绳子系在被害人韦忠某身上，但主观上并不希望韦忠某自杀结果的发生；韦朗某在韦忠某走向水潭的过程中一直跟随在韦忠某身后，在韦忠某溺水后亦立即下水实施救援，主观上也没有放任韦忠某自杀结果的发生。因此，被告人韦朗某的行为在主观上不符合《刑法》第14条第1款的规定，不是故意犯罪。但被告人韦朗某作为成年人，且有饮酒史，已经预见饮酒会使人冲动、失去理智，韦忠某可能会实施极端行为，韦朗某仍将绑有水泥砖的绳子系在韦忠某身上，主观上轻信韦忠某不会自杀或者其能够采取跟随韦忠某的方式及时制止、避免韦忠某跳河自杀死亡结果的发生，且韦忠某溺水后亦立即下水实施救援，对死亡结果持反对态度，属于过于自信的过失。其行为符合过失致人死亡罪的构成要件，应当以过失致人死亡罪追究被告人韦朗某的刑事责任。

结论：**过于自信过失的认识因素，表现为行为人主观上已经意识到自己的行为可能发生导致他人死亡的结果，但由于过于轻信，几乎同时认为不会发生结果；意志因素表现为，行为人对结果的发生是反对的、排斥的心理态度。**

案例11：李奕某寻衅滋事案（案例来源：《中国法院2017年度案例19》）

（一）基本案情

2014年3月7日8时许，被告人李奕某到北京市海淀区北京大学第六医院做电休克治疗。其间，其将自己状态不佳的情况反映给治疗室主任，并在该主任的建议下挂了该院主治医师黄某（系本案被害人）的号。在候诊过程中，被告人李奕某因等候时间长而进入诊室对被害人黄某进行催促，并因此与对方发生口角，其还扬言要揍医生。后被告人李奕某外出购买水果刀及长柄羊角锤。此时，护士已将有人扬言要揍医生的情况报告给值班室，保安及时赶至二楼诊室，但未发现异常情况，便在护士室观察等候。上午10时许，被告人李奕某返回至该院二楼诊室，待其他患者离开诊室后，用长柄羊角锤击向被害人黄某头部，被害人黄某当即起身欲阻止，但因躲避不及被击中头部，造成头部外伤致头皮裂伤，经依法鉴定属于轻微伤。后该院保安听到喊叫及时赶至诊室，将被告人李奕某控制并报案。被告人李奕某遂被抓获归案，并如实供述了上述犯罪事实。

（二）问题

不追求被害人死亡，实施击打行为仅造成被害人轻微伤的，被告人的行为如何认定？

知识点：间接故意及定罪。

（三）分析

明知自己的行为可能发生危害社会的结果并且放任这种结果发生的，是间接故意。间接故意和直接故意不同，直接故意的行为人追求结果的发生，主观恶性大，而且结果没有发生违背行为人的意志，因此在刑法理论上，直接故意一般不以危害结果的发生作为犯罪的要件，结果是否发生不影响罪名的认定。如行为人出于杀人的直接故意，实施杀人行为未得逞的，定故意杀人罪（未遂）；而间接故意，行为人放任结果发生，行为人在行为时对是否发生危害结果、具体发生什么样的结果是不确定的。因此，刑法理论一般认为，如果没有发生结果，则行为不构成犯罪（即间接故意是结果犯）；如果发生结果，则以行为实际造成的结果确定罪名。因为发生与不发生结果、发生这种结果与那种结果，都不违背行为人的主观心理态度，都在行为人的犯意之内。

本案中，尽管被告人李奕某一直扬言要打击报复医生，并买了水果刀及长柄羊角锤，但被害医生在被告人李奕某扬言要揍他后实际上已经有所警觉，当他在见到被告人李奕某再次进入诊室后已经有了起身欲躲的动作，被告人行为明显系顺势而为，而且仅击打被害医生头部一下，对给被害医生造成的是死亡抑或是伤害的法律后果并不刻意追求，实际上所持的是放任的心态，因此不能认定行为人构成直接故意，被告人的心理态度是间接故意。

间接故意，以实际造成的结果定罪。本案实际造成的结果是轻微伤，因此不能定故意杀人罪和故意伤害罪（故意伤害轻伤以上才构成犯罪）。但其一系列行为在客观上确实干扰了医院医生护士的正常工作，导致其他患者无法正常就医，情节恶劣；伤害被害医生人身的同时，亦侵犯了医院正常的诊疗秩序乃至公共秩序，符合寻衅滋事罪的构成要件，构成寻衅滋事罪。

结论：行为人出于间接故意实施危害行为的，以造成的实际结果定罪。

案例 12：张某故意杀人案（案例来源：《中国法院 2016 年度案例 20》）

（一）基本案情

2013 年 4 月 5 日 23 时许，张某在昆明市五华区厂口乡中会村附近，酒后滋事，无故殴打被害人吉某，后郑某、李某、朵某、姜某等人（另案处理）均参与殴打行为，其将吉某追打至某村水塘边，吉某被迫跳入水塘内，张某等人明知被害人吉某可能会溺水死亡却未采取相应的有效救助措施（采取了用车灯照水面、讨论是否报警、是否下水救人、离开后返回现场查看、猜测被害人可能会游泳等行为或心理）即逃离现场。同年 4 月 9 日，被害人吉某被发现死于中会村水塘中。经法医鉴定：被害人吉某系溺水窒息死亡。张某于同年4月10日凌晨2时许到昆明市五华区普吉派出所投案。

（二）问题

追打致使被害人跳入水塘溺亡的，被告人的主观心理状态属于间接故意还是过于自信的过失？

知识点：间接故意与过于自信的过失的区别。

（三）分析

间接故意，是指行为人明知自己的行为可能发生危害社会的结果，并放任这种结果发生的主观心理态度；过于自信的过失，是指行为人已经预见到自己的行为可能发生危害社会的结果，但轻信能够避免，以至于发生这种结果的主观心理态度。间接故意与过于自信的过失有相同之处，即行为人都预见到了行为可能发生危害社会的结果，都不希望结果发生，且都以结果的发生作为犯罪成立的要件，所以在实践中间接故意与过于自信的过失容易混淆。但是仔细分析，间接故意和过于自信有不同之处：

1. 认识因素不尽相同

间接故意的行为人认识到结果可能发生，也可能不发生，而过于自信过失的行为人认为结果不会发生。相比较而言，间接故意的认识程度高一些，认识到结果发生的可能性大一些，而过于自信过失的认识程度低一些。

2. 意志因素不尽相同

间接故意，行为人放任结果发生，结果的发生不违背行为人的意志，也有表述为，间接故意行为人对结果是容忍的；过于自信的过失，行为人对结果是反对的、排斥的，结果的发生，违背行为人的意志。

间接故意，行为人对结果不发生抱侥幸心理；而过于自信的过失，轻信能够避免结果发生是有实际根据的，如行为人自认为能力强、技术熟练、经验丰富、知识渊博、体力好，以及客观条件或自然方面的有利因素等。

本案中，张某的主观心理态度应为间接故意。被告人张某伙同他人酒后寻衅滋事，无故殴打被害人吉某，致使被害人为逃避追打进入水塘，张某等人明知不救助被害人可能导致被害人溺水身亡却对被害人死亡的结果采取放任的态度（尽管采取了用车灯照水面、讨论是否报警、是否下水救人、离开后返回现场查看、猜测被害人可能会游泳等，但这些措施对防止被害人死亡结果发生的意义微乎其微，不属于设法防止被害人死亡结果的发生，不能改变其放任死亡结果发生的性质），逃离现场，最终导致被害人溺水死亡。这说明，结果的发生不违背行为人的意志，行为人对结果是容忍的，属于间接故意杀人。

张某不属于过于自信的过失，过于自信的轻信结果不发生是有实际根据的，而本案被告人张某伙同他人仅是抱着侥幸、碰运气的心理，猜测被害人可能会游泳从而避免被害人死亡结果的发生，所谓的"轻信"能避免被害人死亡后果发生的心理没有实际根据。

结论：间接故意与过于自信的过失的主要不同在于：间接故意的行为人认为结果可能发生也可能不发生，过于自信过失的行为人认为结果不会发生；间接故意的行为人对结果的发生是容忍的，过于自信过失的行为人对结果的发生是反对的、排斥的；间接故意的行为人对危害结果的不发生抱着侥幸的心理，而过于自信过失的行为人认为结果不会发生有实际根据。

案例13：刘旭过失致人死亡案（案例来源：《人民法院案例选》2007年第1辑）

（一）基本案情

2004年4月29日11时许，被告人刘旭驾驶车号为京CZ7172的白色捷达牌轿车行驶至本市宣武区宣武门路口由东向南左转弯时，适遇张立发（殁年69岁）骑车由东向西横过马路，二人因让车问题发生争吵。被告人刘旭驾车前行至宣武门西南角中国图片社门前后靠边停车，与随后骑自行车同方向而来的张立发继续口角，后被告人刘旭动手推了张立发的肩部并踢了张立发腿部。张立发报警后双方被民警带至广内派出所。在派出所解决纠纷时，被害人张立发感到胸闷不适，于13时到首都医科大学宣武医院就诊，15时许经抢救无效死亡。经法医鉴定：张立发因患冠状动脉粥样硬化心脏病，致急性心力衰竭死亡。

（二）问题

不知他人身患心脏病，在殴打被害人非要害部位时，激发他人心脏病发作致死，属于意外事件还是过失致人死亡罪？

知识点：犯罪过失与意外事件的区别。

（三）分析

《刑法》第16条规定："行为在客观上虽然造成了损害结果，但是不是出于故意或者过失，而是由于不能抗拒或者不能预见的原因所引起的，不是犯罪。"这是刑法中的意外事件，它包括两种情况：不能抗拒的原因引起的意外事件和不能预见的原因引起的意外事件。

不能预见的原因引起的意外事件是指行为在客观上虽然造成了损害结果，但是行为人不仅没有预见到这种结果而且在当时的情况下他也不可能预见，行为人在主观上对于自己的行为所造成的损害结果没有任何过错。

不能预见的意外事件与疏忽大意的过失在实践中有时难以区分，两者的相同之处在于行为人对结果都没有预见，而且对结果都抱着反对、排斥的心理态度。不同之处在于，疏忽大意过失的行为人有能力、有义务预见自己的行为可能发生危害社会的结果但因为粗心、马虎、疏忽而没有预见，行为人主观上有过错，而意外事件行为人在当时的情况下没有能力预见自己的行为可能发生危害社会的结果，行为人主观上没有过错。

本案中，行为人刘旭对被害人张立发实施了殴打行为，由此引发了被害人心脏病发作，从而造成被害人死亡，行为人的行为与被害人的死亡结果存在因果关系。但是，行为人在实施殴打行为时，没有预见自己的行为可能造成被害人的死亡，也不可能预见到被害人具有严重的心脏病，击打被害人肩部和腿部的行为会引发被害人心脏病发作而死亡，被害人的死亡是由于意外因素所致，行为人在主观上既无故意也没有过失，属于意外事件，不构成过失致人死亡罪。

结论：**不知他人患有心脏病，在争吵过程中推搡并脚踢他人非要害部位，致使他人心脏病发作而死亡的，属于意外事件。**

第七章
犯罪阻却事由

案例 14：钟长注故意杀人案（案例来源：《人民法院案例选》2006 年第 4 辑）

（一）基本案情

2004 年 2 月 9 日晚，被告人褚建兴与苏基峰因制售毒品案发，为逃避警方追捕，驾驶闽 D06500 宝马越野车在广东省境内逃窜。其间，因怀疑被警方跟踪，决定更换车辆继续逃窜。为此，被告人褚建兴多次打电话给被告人钟长注，告知其所在工厂出事了，要钟长注到厦门将其新购买的奥迪车开到福建泉州一带与其交换。钟长注打电话叫朋友黄金银到福厦高速公路南安市水头镇隧道口接应被告人褚建兴与其会合并交换车辆。被告人钟长注目睹被告人褚建兴持有枪支，仍应褚建兴要求帮助藏匿宝马车。被告人褚建兴驾驶奥迪车载苏基峰往福州方向逃窜，仍认为被警方跟踪，怀疑被告人钟长注是检举他在厦门制毒的举报人，再次返回与被告人钟长注交换车辆，并要求钟长注、黄金银驾驶奥迪车在前带路故意绕圈，且黄金银又中途下车，愈加怀疑钟长注是举报人，遂叫被告人钟长注将奥迪车停在路旁，一同乘坐宝马车。行驶中，苏基峰取走被告人钟长注 2 部手机，用手铐将钟长注的左手铐在车上，持手枪追问检举之事并击中钟长注腹部 1 枪，致其腹部表皮及皮下组织贯通伤。2 月 10 日凌晨 4 时许，当车行至高速公路泉州市丰泽区庄任村路段，因车胎爆裂停在路边时，被告人钟长注挣脱手铐，拉开车内 1 枚催泪弹，在与苏基峰搏斗中，抢得 1 把手枪朝苏基峰连开 3 枪，其中 1 枪击中苏基峰胸部，致苏死亡后，持车内 1 把冲锋枪从高速公路跳下逃走。此时，被告人褚建兴正下车查看轮胎，返回驾驶室见状即持 1 把手枪逃到车后高速公路中间隔离带，朝宝马车连开数枪。当钟长注逃出车外时，被告人褚建兴又朝钟长注连开数枪未中，后强行驾驶宝马车逃至福厦高速公路驿坂路段，弃车逃窜。

（二）问题

在实施其他犯罪过程中，因受到严重危及人身安全的暴力犯罪而采取反击行为的，能否成立正当防卫？

知识点：正当防卫的成立条件。

（三）分析

我国《刑法》第20条第1款规定："为了使国家、公共利益、本人或者他人的人身、财产和其他权利免受正在进行的不法侵害，而采取的制止不法侵害的行为，对不法侵害人造成损害的，属于正当防卫，不负刑事责任。"这就是刑法确立的正当防卫制度。根据这一制度，行为要构成正当防卫，必须同时满足如下五个条件：一是前提条件，必须有不法侵害行为发生；二是时间条件，不法侵害必须正在进行；三是对象条件，防卫行为必须针对不法侵害者本人实行；四是主观条件，必须是为了使国家、公共利益、本人或者他人的人身和其他权利免受正在进行的不法侵害；五是限度条件，防卫不能明显超过必要限度造成重大损害（正当防卫明显超过必要限度造成重大损害的，是防卫过当）。这五个条件缺一不可，共同构成正当防卫的成立条件。为了进一步明确防卫的限度条件，《刑法》第20条第3款还规定"对正在进行行凶、杀人、抢劫、强奸、绑架以及其他严重危及人身安全的暴力犯罪，采取防卫行为，造成不法侵害人伤亡的，不属于防卫过当，不负刑事责任"，这就是所谓的特殊防卫或称无限度防卫。

本案钟长注夺枪杀害苏基峰的行为是否构成正当防卫，要看其是否完全符合正当防卫的几个构成要件。争议比较大的是行为人在犯罪行为过程中，是否可能成立正当防卫，换句话说，其是否有正当防卫的权利。比如说，相互斗殴的场合，双方都有对对方实施不法侵害的故意，客观上也相互实施了侵害行为，就不存在成立正当防卫的可能。而为保护非法利益对他人的不法侵害进行还击的行为，如赌徒对抢劫赌场的行为进行还击，造成抢劫犯的伤害；盗窃犯为了保护赃物对抢劫赃物者进行侵害等，行为人主观上不是为了保护合法权益，因而不构成正当防卫。那么，本案被告人钟长注在实施窝藏褚建兴、苏基峰等犯罪的过程中，是否可以为了保命而杀害加害人，进行正当防卫呢？结合具体案情做以下分析：

首先，褚建兴、苏基峰对其的不法侵害正在进行。苏基峰因怀疑钟长注举报致使厦门制毒点被警方捣毁，而叫钟长注到他们所坐的宝马车上，其主观上是要报复钟长注，在挟持钟长注到宝马车后，褚建兴、苏基峰两人各持有枪，苏基峰用手铐拷住钟长注，一直持手枪威胁并击伤钟长注，且将钱扔到钟的身上说要给他作金银钱，欲致钟于死地，其行为属于不法侵害，且现实存在。表面上看，苏基峰对钟长注的不法侵害行为在击伤钟长注后已经暂时停止，但钟长注仍然被控制在宝马车的特定环境内，且褚建兴、苏基峰两人均有枪，钟长注的生命安全时刻处于危险之中，可以认为不法侵害尚在持续之中。尤其在钟长注伺机逃跑、与苏基峰的搏斗中，面临着紧迫的生命危险，此时钟长注开枪打死苏基峰是适时的。其行为所针对的是正在进行不法侵害的苏基峰，符合正当防卫规定的具体条件。不应当苛求苏基峰持枪正在朝钟长注射击时，钟长注才能抢枪反击实施防卫。

其次，钟长注有防卫意识。钟长注被挟持到宝马车后，又被苏基峰用手铐拷住，且其腹部遭到枪击，后钟长注挣脱手铐，可以推断被告人钟长注不仅认识到不法侵害正在进行，且其具有保护自身权利免受正在进行的不法侵害的目的，即具有防卫意识。虽然其防卫行为发生于犯罪过程中，但窝藏罪与加害人的故意伤害行为侵害的是明显不同的两种法益，窝藏罪的实行并不能抹杀其生命健康权的存在和合法保护。

再次，钟长注的防卫行为没有超过必要限度。苏基峰前期持枪威胁、开枪击中钟的腹部等行为说明他的残忍和亡命徒个性。在钟长注伺机逃跑、与苏基峰的搏斗中，面临着紧迫的生命危险，面对的是严重危及人身安全的暴力犯罪。可适用特殊正当防卫的条件，因此，采取防卫行为，造成不法侵害人伤亡的，不属于防卫过当，不负刑事责任。

结论：**在实施其他犯罪过程中，因受到严重危及人身安全的暴力犯罪而采取必要的防卫行为的，成立正当防卫。**

案例 15：黄中权故意伤害案（案例来源：《人民法院案例选》2009 年第 3 辑）

（一）基本案情

2004 年 8 月 1 日 22 时 40 分，被告人黄中权驾驶一辆浅绿色湘 AT4758 捷达出租车，在长沙市远大路军凯宾馆附近搭载姜伟和另一青年男子。当车行至南湖市场的旺德府建材超市旁时，姜伟持一把长约 20 厘米的水果刀与同伙对黄中权实施抢劫，从其身上搜走现金 200 元和一台 TCL2188 手机。两人拔下车钥匙下车后，姜伟将车钥匙丢在汽车左前轮旁的地上，与同伙朝车尾方向逃跑。黄中权拾回钥匙上车将车左前门反锁并发动汽车，准备追赶姜伟与其同伙，因两人已不知去向，黄中权便沿着其停车处左侧房子绕了一圈寻找两人。当车行至该市场好百年家具建材区 D1-40 号门前的三角坪时，黄中权发现姜伟与同伙正搭乘一辆从事营运的摩托车欲离开，便驾车朝摩托车车前轮撞去，摩托车倒地后姜伟与同伙下车往市场的布艺城方向逃跑。黄中权又继续驾车追赶，姜伟拿出刀边跑边持刀回头朝黄挥舞。当车追至与两人并排时，姜伟的同伙朝另一方向逃跑，姜伟则跑到旺德府超市西北方向转角处由矮铁柱围成的空坪内，黄中权追至距离姜伟 2 米处围栏外停车与其相对峙，大约十秒钟后，姜伟又向距围栏几米处的布艺城西头楼梯台阶方向跑，黄中权迅速从后撞击姜伟将其撞倒在楼梯台阶处。随后，黄中权拨打"110"报警，并向公安机关交代了案发经过。经法医鉴定，姜伟系因巨大钝性外力作用导致肝、脾、肺等多器官裂伤引起失血性休克死亡。

（二）问题

1. 被他人抢劫后，驾车撞击抢劫的犯罪分子致其死亡的，能否成立正当防卫？

2. 对本案被告人而言，能否以自救行为作为出罪事由？

知识点：正当防卫的成立条件、自救行为。

（三）分析

根据我国《刑法》第 20 条的规定，正当防卫的成立必须同时具备以下五个要件：①必须有不法侵害行为的发生；②不法侵害正在进行。所谓正在进行，是指不法侵害已经开始而尚未结束，对尚未开始或已经结束的不法侵害行为进行防卫的，称为防卫不适时，不符合正当防卫的时间条件，属于非正当防卫，应当承担刑事责任；③行为人必须有防卫意识，即必须是为了使国家、公共利益、本人或者他人的人身、财产权利和其他权利免受不法侵害而实施的；④必须是针对不法侵害人本人实行；⑤不能明显超过必要限度造成重大损害。这五个条件必须同时具备，缺一不可。

本案中，有不法侵害行为的发生。姜伟及同伙对被告人实施了抢劫行为。但是，抢劫既遂后拔下出租车钥匙后逃跑，针对黄中权的不法侵害已经结束，不具有继续或重新对黄中权实行加害行为的现实危险性，不具备实施正当防卫的时间条件。而被告人在抢劫行为完成后，继续寻找、追踪被害人，并以驾车撞人的手段伤害犯罪人身体的行为构成事后防卫，属于防卫不适时，而且此时，被告人的目的已经不再是为了制止不法侵害，而是为了事后报复，不构成正当防卫。

自救行为，又称自助行为，是指权利被非法侵害的人，依靠自己的力量，来保全自己的权利或恢复原状的行为。自救行为在民法上一般被视为免除损害赔偿责任的一种情况，在刑法理论上则是被认为排除犯罪性行为的一种情况。但自救行为在我国刑法中并无明确规定。我们从理论上对自救行为的构成要件做如下探讨：①自救行为必须是针对某种法益造成损害的行为。②必须是自身的合法权益受到了不法侵害，这是自救行为成立的客观基础。③不法侵害已经结束，这是自救行为成立的时机条件。自救行为作为一种事后救济，必须以不法侵害已经结束为前提。不法侵害尚未发生而"自救"的，属于事前防卫或事前避险；不法侵害尚在进行中的，多数情况下属于正当防卫，特定情况下也可能成立紧急避险。④必须处于特定的紧急情况下，即不能及时请求国家机关公力救济，如果行为人不立即进行自我救助，其权利将明显陷入归于失效，或无法保全，抑或无法得到实质恢复的境地。⑤自救行为应当具有社会相当性。实施自救行为的手段、方法、程度必须适当。根据法益平衡原则，自救行为的手段、方法、程度必须以不超过必要限度为基准，不应造成自救人与加害人权利明显失衡的状态。因此，自救行为要符合公序良俗、社会公德以及社会主义法制原则，符合法律对于社会秩序的整体要求。本案被告人的行为满足了自救行为的部分要件，但其行为不具有社会相当性，行为的手段、方法、程度不适当。被告人为了挽回200元现金和一台TCL2188手机的财产损失，采取了用机动车撞击犯罪人身体的手段，致使犯罪人死亡，明显超过了必要限度，造成自救人与犯罪人的权利明显不公的结果，即为了维护较少的财产利益而损害了他人的生命权，不符合法益平衡原则，也有违公序良俗，故不构成自救行为。

结论：

（1）被他人抢劫后，驾车撞击抢劫的犯罪分子致其死亡的，系事后防卫，不成立正当防卫。

（2）具有社会相当性的自救行为，不以犯罪论处。

案例 16：黄德波故意伤害案（案例来源：《人民法院案例选》2005 年第 3 辑）

（一）基本案情

2001 年 9 月 8 日 10 时左右，被告人黄德波在鲍集镇肖嘴农贸市场卖梨时，被害人朱德军到其摊位上尝完梨后欲离开不买，黄德波上前向其索要吃梨款，双方因此发生争执，朱德军和同行余永亮、朱艳德等人即与黄德波缠打。缠打过程中，黄德波两次被打倒在地，后朱德军又将黄德波打倒在沈定松卖农具的摊位上，黄德波随手拿起一把草钩欲继续打斗，被摊主沈定松夺下，其又从该摊位上拿起一把镰刀用力横扫，将朱德军砍伤，后朱德军经抢救无效死亡。经鉴定，朱德军系被单刃锐器刺戳胸部致失血性休克死亡。作案后，被告人逃离现场并长期隐匿外地，直至 2004 年 12 月 17 日被抓获。

（二）问题

在互殴过程中，处于弱势的一方持械伤害强势一方，致对方伤亡的，成立正当防卫、防卫过当或者非防卫故意伤害（致死）？

知识点：互殴行为与正当防卫的关系。

（三）分析

如前所述，构成正当防卫必须同时具备以下五个要件：①必须有不法侵害行为的发生；②不法侵害正在进行；③必须有防卫意识，即必须是为了制止不法侵害、保护合法利益。如果行为人没有防卫意识而有侵害的意识，即不符合正当防卫的条件。不具有防卫意识而实施的貌似正当防卫的行为有防卫挑拨、互相斗殴等；④必须是针对不法侵害人本人实行；⑤不能明显超过必要限度造成重大损害。这五个条件必须同时具备，缺一不可。

防卫过当是指正当防卫明显超过必要限度造成重大损害的行为，是行为人在具备正当防卫的前四个条件（有不法侵害行为的发生、不法侵害正在进行、有防卫意识、针对不法侵害者本人实施），在实行正当防卫的过程中明显超过了必要限度造成重大损害的情形，防卫过当与正当防卫唯一的区别在于前者明显超过了必要限度造成了重大损害而后者没有。因此，如果行为人的行为不符合正当防卫的前四个条件，既不可能构成正当防卫也不可能构成防卫过当。

在司法实践中，很多人身伤害案件中常常带有被告人与受害人互相侵害的情节，因此在此类案件中，界定被告人的行为属于相互斗殴还是防卫具有重要的意义，两者的区别关键在于有无防卫意识。互殴双方都有侵害对方的故意，而防卫是针对不法侵害者的侵害行为进行的制止不法侵害的行为。互殴行为在实践中表现十分复杂，要根据案件的实际情况，包括案件发生的时间、地点、环境、双方力量对比、是否持有器械等，全面、综合地考察分析，才能作出准确的判断。

在本案中，被告人黄德波与被害人朱德军等人因不能冷静处理在市场交易过程中所产生的普通民事纠纷致矛盾升级，发生打斗。双方在主观上均有侵害对方的故意，在客观上也实施了针对对方的加害行为。虽然被害人朱德军在起因上存在过错，但现有证据证实双方先争吵十余分钟继而打斗，这只是一种互殴行为，并不是单方不法侵害行为。因此，被告人黄德波不具有防卫意识，行为不符合正当防卫的条件，也谈不上防卫过当，被告人以侵害他人的故意实施伤害行为，构成故意伤害罪。至于起因上被害人的过错，只能作为对被告人从轻量刑的一个情节而已。

结论：在互殴过程中，处于弱势一方使用器械伤害强势的一方，致对方受伤并造成死亡结果的，不构成正当防卫，也不构成防卫过当，应以故意伤害罪论处。

案例 17：莫某某故意伤害案（案例来源：《中国法院 2017 年度案例 19》）

（一）基本案情

2014 年 3 月 24 日 17 时许，在北京市大兴区黄村镇大兴区第五中学附近，被告人莫某某与行人崔某发生碰撞，后崔某认为被告人莫某某对其有辱骂行为，遂折返至莫某某身边，从后面勒住莫某某的脖子，并击打莫某某头部，挑起与被告人莫某某的肢体冲突，莫某某在朋友帮助下挣脱未果后，持随身携带的刀具将崔某扎伤，经法医鉴定为重伤二级。被告人甘某某看到莫某某扎伤崔某后，同莫某某一起逃离现场，并于当日 20 时许，在大兴区黄村镇北京市大兴区第二中学外某小吃店内将莫某某作案时使用的刀具上的血迹洗掉，并将刀藏于其位于本市大兴区黄村镇高米店北里×楼×单元 602 号的家中，后被民警查获。被告人莫某某、甘某某分别于 2014 年 4 月 26 日被抓获归案。

公诉机关认为莫某某的行为不具有防卫性质，构成故意伤害罪。辩护人认为莫某某的行为属于正当防卫行使特殊防卫权，不负刑事责任。法院审理认为莫某某的行为具有防卫性质，但属防卫过当，构成间接故意，应以故意伤害罪定罪。

（二）问题

莫某某持刀伤人的行为是否具有防卫性质？是否属于防卫过当？

知识点：防卫过当的认定。

（三）分析

本案中，判断莫某某的行为是否具有防卫性质，关键在于认定莫某某的行为是否是针对不法侵害行为实施的，是否是对正在进行的不法侵害行为，行为人是否具有防卫意图。莫某某是未满 16 周岁的未成年人，且身高不足 170 厘米，被害人从后面勒住莫某某的脖子，并击打莫某某头部，属于不法侵害；莫某某挣脱未果，说明被害人将继续进行不法侵害；莫某某持随身携带的刀具将崔某扎伤，根据当时的情况及双方的力量对比，可以认为莫某某人身安全正遭受紧急不法侵害，如不加以反击，其合法权益将会进一步遭受损害。莫某某为免受正在进行的不法侵害，持刀伤害不法侵害者的行为具有防卫性质，属于防卫行为。

其次，莫某某的防卫行为是否过当？

防卫过当是指行为人在实施正当防卫的过程中明显超过必要限度造成重大损害，应当负刑事责任的行为。是否明显超过必要限度并造成重大损害是区分正当防卫与防卫过当、行为合法与非法的标志。防卫行为是否超过必要限度，主要看是否为足以有效制止不法侵害所必需，同时还要考虑所防卫利益的性质和可能遭受损失的程度。学界认为，正当防卫行为要与不法侵害行为可能造成损害的性质、程度大体相适应。从本案事实看，被害人实施的是从后面勒住莫某某的脖子，并击打莫某某头部的行为，虽然形成了一定的危害，但通常情况下还不足以对其生命或重大健康造成威胁，且当时路上行人很多，现场也有莫某某的朋友帮助其挣脱，莫某某却持刀反击，从防卫使用的工具看，防卫强度明显超过了必要限度；从防卫后果看，莫某某对被害人连刺数刀，造成被害人重伤二级，存在重大损害后果。因此，莫某某的防卫行为明显超过了必要限度，并造成重大损害，应当认定为防卫过当。关于罪过形式，笔者认为莫某某在持刀伤人时对自己行为的后果应有清楚的认识和意志，但却放任危害结果的发生，在这种情况下应是间接故意，应当成立故意伤害罪。

辩护人主张莫某某的行为属于行使特殊防卫权，不负刑事责任。我国《刑法》第 20 条第 3 款规定："对正在进行行凶、杀人、抢劫、强奸、绑架以及其他严重危及人身安全的暴力犯罪，采取防卫行为，造成不法侵害人伤亡的，不属于防卫过当，不负刑事责任。"从刑法的这一规定中可以看出，特殊防卫属于正当防卫，不存在过当的可能性。特殊防卫作为正当防卫的一种情形，其特点为在对象上具有严格的限制，即只能针对正在进行的行凶、杀人、抢劫、强奸、绑架以及其他严重危及人身安全（可造成重伤、死亡结果）的暴力犯罪才能实施，对除此以外的犯罪，不能实施特殊防卫。本案中，被害人的行为从暴力手段上看并未使用锐器，仅用手脚，侵害目的也只是为了教训莫某某、宣泄怒气，伤害后果也并未造成莫某某轻微伤以上的伤害，其行为远没有达到严重危及人身安全的程度，因此，莫某某在此过程中没有特殊防卫权。本案应系防卫过当，属间接故意，成立故意伤害罪。

结论：特殊防卫权只能针对正在进行的严重危及人身安全的暴力犯罪实施，对一般的正在进行的不法侵害进行防卫，超过必要限度造成重大损害的，构成防卫过当。

案例 18：谭荣财等强奸、抢劫、盗窃案（案例来源：《刑事审判参考》总第 63 辑［第 495 号］）

（一）基本案情

2003 年 5 月 23 日 20 时许，被告人谭荣财、罗进东与赖洪鹏（另案处理）在阳春市春城镇东湖烈士碑水库边，持刀对在此谈恋爱的蒙某某、瞿某某（女）实施抢劫，抢得蒙某某 230 元、瞿某某 60 元，谭荣财、罗进东各分得 80 元。抢劫后，谭荣财、罗进东、赖洪鹏用皮带反绑蒙某某双手，用粘胶粘住蒙的手腕，将蒙的上衣脱至手腕处，然后威逼瞿某某脱光衣服、脱去蒙的内裤，强迫二人进行性交给其观看。蒙因害怕，无法进行。谭荣财等人又令瞿某某用口含住蒙的生殖器进行口交。在口交过程中，蒙某某趁谭荣财等人不备，挣脱皮带跳进水库呼叫救命，方才逃脱。

（二）问题

1. 因生命受到现实威胁，被迫与他人性交的，是否成立犯罪？

2. 为寻求精神刺激，强迫他人性交和猥亵供其观看的，是否成立强奸罪和强制猥亵妇女罪？

知识点：紧急避险、间接实行犯。

（三）分析

案件首先要判断的是，蒙某某在他人持刀威逼下，与瞿某某性交行为的性质。蒙某某的行为侵犯了瞿某某的合法权利，是属于刑法中的紧急避险，还是胁从犯？

1. 紧急避险的成立

《刑法》第 21 条规定："为了使国家、公共利益、本人或者他人的人身、财产和其他权利免受正在发生的危险，不得已采取的紧急避险行为，造成损害的，不负刑事责任。"

根据刑法的规定，紧急避险的构成需要具备以下六个条件：

①必须遭遇现实的危险。所谓现实的危险，是指客观、真实的危险，不是想象或推测的危险；危险的来源包括自然力量产生的危险、动物的侵袭造成的危险、人的行为（包括人的不法侵害）造成的危险等。②必须是正在发生的现实危险。③必须是不损害某种合法权益就无法避免的危险（不得已）。④避险必须针对第三者的合法权利。⑤必须出于保护合法权益的目的。⑥必须没有明显超过必要限度造成不应有的损害。

一般情况下，紧急避险所保护的利益要大于损害的利益，不能等于或小于所损害的利益，否则就是避险过当，应当负刑事责任。

紧急避险行为中行为人因受威胁而为的损害他人利益的行为，与共同犯罪中胁从犯因被胁迫实施的犯罪行为有一定的相似性，即行为人均是在受人胁迫的前提下，实施了损害第三人利益的行为。但是，二者的区别还是比较明显的：一是从危险的紧急性来看，紧急避险中的危险是正在发生的危险，后者既可以是正在发生的危险，也可以是将来可能发生的危险。二是从保护的利益来看，紧急避险保护的是合法权益，包括国家、公共利益、本人或他人的人身、财产或其他权利，后者既可以是保护合法权益，还可以是保护非法权益，如本人或他人的非法所得、不良隐私、违法犯罪行为等。三是行为人选择意志的自由程度不同。紧急避险中的行为人在当时的危险状态下，其完全无选择意志的自由，即其实施损害第三人利益的行为是在别无他法可以避免危险时才允许，也就是"不得已"而为之。胁从犯虽然是被胁迫而参加犯罪，但其还是有一定程度的意志自由，其参加犯罪仍然是其自行选择的结果。四是是否承担刑事责任不同。紧急避险未超过必要限度的，不负刑事责任，超过必要限度造成不应有的损害的，应当负刑事责任；胁从犯则均应负刑事责任。可见，基于上述不同，对于紧急避险，从权益衡量原理出发，允许为了保护较大的合法权益而牺牲较小的合法权益，并将之看作是对社会有益的行为；而后者基于期待可能性原理，对被胁迫参与犯罪的行为人只在量刑上予以适当考虑。

在本案中，蒙某某被他人持刀威胁，面临正在发生的现实威胁，为了保护自己及瞿某某的生命，在没有其他方法避险的情况下不得已侵犯了瞿某某的性权利，属于为了避免造成较大合法权益的损害而侵犯他人较小合法权益的行为，系紧急避险行为，不构成犯罪。

2. 间接实行犯的认定

共同犯罪的实行犯有两种，一种是行为人自己直接实行犯罪构成客观要件行为的直接实行犯，一种是利用他人作为犯罪工具实行犯罪行为的间接实行犯，如利用无责任能力者的身体活动、利用者对被利用者进行强制、利用缺乏故意的行为等。一般情况下，强奸罪或强制猥亵妇女罪的行为人为满足性欲、追求性刺激，均亲自直接实施强奸或猥亵行为，但在特殊情况下，行为人不必直接实施实行行为，而让其他人代为实施强奸或猥亵行为，亦能达到宣泄性欲，或者追求其他目的的效果，如打击报复、羞辱被害人等。这种情况下，未直接实施实行行为的行为人实际上是利用其他人作为犯罪工具，其虽然没有亲自直接实施强奸、猥亵行为，但行为人本人仍然构成间接实行犯，应当按照实行正犯来处理。

本案被告人谭荣财、罗进东为追求精神刺激，用暴力胁迫的方式，利用蒙某某作为犯罪工具，强迫蒙某某与瞿某某先后发生性交行为和猥亵行为供其观看，其虽然没有亲自实施强奸、猥亵瞿某某的行为，但其强迫蒙某某实施上述犯罪行为，实际是将无犯罪意图的蒙某某作为犯罪工具实施了其本人意欲实施的犯罪行为，因此，对二人应当按间接实行犯来处理。

结论：

（1）生命受到现实威胁，被迫与他人性交的，属于紧急避险行为，不构成犯罪。

（2）为寻求精神刺激，强迫他人性交和猥亵供其观看的，属于间接实行犯。

第八章

故意犯罪的停止形态

案例 19：谷玉某抢劫案（案例来源：《中国法院 2017 年度案例 19》）

（一）基本案情

2014 年 9 月 15 日，被告人谷玉某因没钱遂预谋抢劫出租车司机。同月 17 日凌晨 0 时许，被告人谷玉某携带事先准备好的一把砍刀、一条绳子窜至晋江市安海镇浪潮百货附近，雇来被害人付明某的出租车到晋江市灵源街道灵水社区安直房路口，欲到灵源山上对被害人付明某实施抢劫。后因被害人付明某不肯开车到灵源山上，双方在山脚下因车费问题发生争吵，随后被巡逻队员发现，当场抓获被告人谷玉某，从其身上扣押到砍刀一把、绳子一条。

一种意见认为，被告人谷玉某的行为属于犯罪未遂。被告人谷玉某在准备砍刀、绳子后，乘坐被害人付明某的出租车前往灵源山，欲实施抢劫，但被害人不肯开车上山，后被巡逻队员发现而被抓获，因而未能得逞。其携带作案工具，选定作案目标，并前往作案地点，如果不是被巡逻队员发现的话，可能得逞，应视为已经着手实行犯罪，因其意志以外的原因而未能得逞，符合犯罪未遂的形态认定，应定为抢劫罪，属犯罪未遂。

另一种意见认为，被告人谷玉某的行为属于犯罪预备。被告人谷玉某为了实施抢劫而准备犯罪工具，选定作案目标，行为上尚未对被害人付明某流露出要劫取钱财的犯意，既未言语威胁也未亮出砍刀对被害人实行威胁或者殴打就被巡逻队员发现抓获，应视为尚未着手实行犯罪，仍属于为犯罪准备工具，制造条件，应认定为犯罪预备。

（二）问题

准备了犯罪工具，制造了部分犯罪条件，因为意志以外的原因而没有完成犯罪，属于犯罪预备还是犯罪未遂？

知识点：犯罪预备与犯罪未遂的区别。

（三）分析

《刑法》第 22 条第 1 款规定："为了犯罪，准备工具、制造条件的，是犯罪预备。"刑法理论一般认为，犯罪预备是为了实行犯罪，准备工具、制造条件，但由于意志以外的原因而未能转为着手实施犯罪的犯罪形态。《刑法》第 23 条第 1 款规定："已经着手实行犯罪，由于犯罪分子意志以外的原因而未得逞的，是犯罪未遂。"可见，犯罪预备和未遂的相同之处在于：主观上都是为了实行犯罪，在客观上都是因为意志以外的原因没有完成犯罪。两者的区别在于是否"着手"实施犯罪。犯罪预备的行为人还没有着手实施犯罪而在预备阶段停顿下来，而犯罪未遂的行为人已经"着手"实施犯罪，因为犯罪分子意志以外的原因没有完成犯罪。

如何判断"着手"，学界有不同看法。通说认为，"着手"是指行为人已经开始实施刑法分则规定的某一犯罪客观方面的行为。

本案中，行为人是否实施了刑法分则规定的犯罪客观方面的行为？根据《刑法》第 263 条的规定，抢劫罪的客观方面表现为"以暴力、胁迫或者其他方法抢劫公私财物"。所谓"暴力"，是指对被害人实施殴打、捆绑、禁闭等足以使被害人身体受到强制，处于不能反抗或者不敢反抗状态的方法；"胁迫"，是指对被害人以立即实施暴力相威胁，使之产生恐惧，不敢抗拒的方法；其他方法，是指除了暴力、胁迫以外的使被害人不知抗拒或无法抗拒的方法，如麻醉方法。那么，本案行为人是否实施了暴力、以暴力相威胁或其他方法？被告人谷玉某出于抢劫出租车主的犯罪目的，准备了刀、绳子等凶器，选定了抢劫对象，并诱骗其开向预定路线，但自始至终未对被害人实施暴力、威胁等行为，没有实施刑法分则规定的抢劫罪的客观方面的行为，即没有着手。谷玉某的行为尚停留在犯罪预备阶段，属于准备工具、制造条件，由于意志以外的原因未转为着手实施犯罪的形态，构成犯罪预备。

结论：准备了犯罪工具，制造了部分犯罪条件，因为意志以外的原因而没有着手实施犯罪的，属于犯罪预备。

案例 20：王贵某强奸案（案例来源：《中国法院 2016 年度案例 19》）

（一）基本案情

2014 年 6 月 16 日 6 时许，被告人王贵某见罗某某（不满 14 周岁）的父亲罗远达离开家后便进入罗某某家，在罗某某家门旁边的洋芋堆上拿了个白色塑料袋套在头上后进入罗某某房间对罗某某实施强奸，在实施强奸的过程中，遭到被害人罗某某的反抗，被罗某某认出身份后，便逃离现场。

（二）问题

奸淫不满14周岁的幼女，因幼女反抗而停止的，构成犯罪中止还是犯罪未遂？

知识点：犯罪未遂与犯罪中止的区别——中止的自动性。

（三）分析

根据《刑法》第24条第1款的规定："在犯罪过程中，自动放弃犯罪或者自动有效地防止犯罪结果发生的，是犯罪中止。"中止的自动性，是犯罪中止的本质特征，是区别于犯罪未遂的根本标志。自动性是指在当时的环境、条件下，行为人认为自己能够继续完成犯罪而自动放弃犯罪。犯罪分子自动放弃犯罪的思想动机是多种多样的：有的是出于犯罪分子的真诚悔悟；有的是基于对被害人的怜悯；有的是慑于法律的威严，惧怕受到惩罚；也有的是被害人认出其身份等。不管出于什么样的思想动机，只要是行为人在当时的情况下自认为能够继续完成犯罪而自动放弃了犯罪行为，都不影响犯罪中止的成立。

本案被告人王贵某知道被害人家一家住在村头，被害人父亲外出干农活一时回不来，虽然被害人反抗，但被害人不满14周岁，其力量无法与被告人王贵某抗衡；尽管被害人认出被告人（有可能事后报案），但在当时的情况下被告人是完全能够完成此犯罪的。被告人自认为能够完成犯罪行为，但自动停止犯罪，是在能为的情形下而不为，因此其行为构成犯罪中止。

结论：在行为人自认为能够完成犯罪的情况下自动停止犯罪，属于犯罪中止。

案例21：李官容抢劫、故意杀人案（案例来源：《刑事审判参考》总第73辑［第611号］）

（一）基本案情

2008年6月上旬，被告人李官容因急需用钱而预谋对其认识的被害人潘荣秀（女，时年20岁）实施抢劫后杀人灭口。2008年6月19日20时许，李官容在县城租用闽FE0860小轿车，携带作案工具绳子、锄头等，以一同到龙岩玩为由将潘荣秀骗上车。李官容驾车在杭永公路、上杭县城区至旧县乡角龙村公路行驶，伺机寻找抢劫地点。20日凌晨，在上杭县庐丰畲族乡安乡大桥附近，李官容停车，用绳子将潘荣秀绑在座位上，抢走潘荣秀提包内的现金人民币130余元及白色奥克斯859型手机一部（价值990元）、农业银行金穗卡一张，并逼迫潘荣秀说出金穗卡密码。20日4时许，李官容用绳子猛勒潘荣秀的脖子致其昏迷，并用绳子将潘荣秀的手脚捆绑后扔到汽车后备厢。李官容在回上杭县城途中发现潘荣秀未死遂打开后备厢，先用石头砸潘荣秀的头部，后用随身携带的小剪刀刺潘荣秀的喉部和手臂，致潘荣秀再次昏迷。20日6时许，李官容恐潘荣秀未死，在上杭县临城镇城西村"诚意食杂礼品经营部"购买一把水果刀，并将车开到杭永公路绿蒙牛场旁的汽车训练场准备杀害潘荣秀。苏醒后的潘荣秀挣脱绳索，乘李官容上厕所之机，打开汽车后备厢逃至公路上向过路行人曾庆攀呼救，曾庆攀用手机报警。李官容见状即追赶潘荣秀，并用水果刀捅刺潘荣秀的腹部，因潘荣秀抵挡且衣服较厚致刀柄折断而未能得逞。李官容遂以"你的命真大，这样做都弄不死你，我送你去医院"为由劝潘荣秀上车。潘荣秀上车后李官容又殴打潘荣秀。当车行驶至上杭县紫金公园门口时，李官容开车往老公路方向行驶，潘荣秀在一加油站旁从车上跳下向路人呼救。李官容大声说"孩子没了不要紧，我们还年轻，我带你去医院"以搪塞路人，并再次将潘荣秀劝上车。李官容威胁潘荣秀不能报警否则继续杀她，潘荣秀答应后，李官容遂送潘荣秀去医院。途中，潘荣秀要回了被抢的手机、银行卡等物，并打电话叫朋友赶到医院。20日8时许，李官容将潘荣秀送入上杭县医院治疗，并借钱支付了4000元医疗费。经鉴定，潘荣秀的伤情程度为轻伤。

（二）问题

对被害人多次实施杀害行为未得逞又将被害人送医院救治的，成立犯罪中止还是犯罪未遂？

知识点：犯罪未遂、犯罪中止的认定。

（三）分析

根据《刑法》的规定，犯罪中止有两种情形：一是在犯罪行为未实施终了的情况下自动放弃犯罪从而避免了危害结果的发生；二是犯罪行为已经实施终了但尚未既遂，行为人自动采取措施有效地防止了危害结果的发生。犯罪未遂与犯罪中止的相同之处在于：都没有完成犯罪。不同之处在于：①犯罪未遂系行为人由于意志以外的原因而没有得逞，行为人并非主动停止犯罪行为而是被迫停止；犯罪中止是指行为人认识到客观上可能继续实施犯罪，但基于自己的意志决定自愿放弃原来的犯罪意图，不再希望犯罪结果发生或自动有效地防止了结果发生，即犯罪未遂是欲达目的而不能，犯罪中止是能达目的而不欲。②犯罪中止的主观恶性比犯罪未遂要轻。犯罪中止的行为人对结果的发生不追求甚至不放任（自动防止结果发生），结果的不发生符合行为人的意志，而犯罪未遂的行为人始终对危害结果是追求的，结果没有发生违背行为人的意志。《刑法》第 23 条第 2 款也规定，"对于未遂犯，可以比照既遂犯从轻或者减轻处罚"，第 24 条第 2 款规定，"对于中止犯，没有造成损害的，应当免除处罚；造成损害的，应当减轻处罚。"根据《刑法》对未遂犯和中止犯的处罚原则规定及上述刑法理论，犯罪中止行为人的主观恶性远小于犯罪未遂。

本案中，被告人在犯罪过程中没有自动放弃犯罪。被告人为了追求抢劫杀人的结果，多次对被害人实施杀害行为，在仍未得逞的情况下被迫停止犯罪（认为被害人命大，死不了），属于欲达目的而不能，不构成第一种情形的犯罪中止。那么，被告人随后送被害人上医院治疗的行为，是否属于第二种情形的犯罪中止？

1. 被告人的行为已经成立犯罪未遂，不可能构成犯罪中止

犯罪形态是故意犯罪过程中停顿下来所呈现的状态，因而在一个具体的犯罪中，只存在一种犯罪形态，如果构成了犯罪未遂，就不能再构成犯罪中止、犯罪预备。同样，构成了犯罪预备，就不可能构成犯罪未遂、中止等。

本案中，被告人已经着手实施犯罪，但因为意志以外的原因被迫停止犯罪而未得逞，犯罪未遂已经成立，根据刑法理论，不再构成犯罪中止。

2. 按犯罪未遂处罚符合刑法的罪责刑相适应原则

根据刑法对犯罪中止和未遂的处罚原则，对于中止犯的处罚明显比对未遂犯要轻。本案中，被告人对被害人多次实施杀害行为，犯罪意志坚定，追求被害人死亡的心理状态极为明显，主观恶性极大，按中止犯处罚不符合罪刑相适应的刑法原则。尽管后来将被害人送医院抢救，但改变不了其前期犯罪情节的恶劣及其主观恶性的严重，其放弃犯罪及救治被害人的被迫性大于自动性，按犯罪未遂处罚符合罪责刑相适应的原则，送医院救治的行为只能属于未遂后的表现，可以酌情从轻处罚。

综上，对本案应当以故意杀人罪（未遂）论处。

结论：对被害人多次实施杀害行为未遂又将被害人送医院救治的，因其被迫性大于自动性，成立犯罪未遂。

第九章

共同犯罪

案例 22：朱某某、刘某某交通肇事案（案例来源：《中国法院 2017 年度案例 19》）

（一）基本案情

2015 年 2 月 12 日 2 时许，被告人刘某某明知被告人朱某某无相应驾驶资格，仍指使被告人朱某某驾驶中型普通客车。当日 4 时 55 分许，被告人朱某某驾驶上述车辆，沿本区大叶公路由西向东行驶至大叶公路 2758 号路段时，撞击前方在路边行走的行人胡某某，致车辆受损，被害人胡某某头、胸、腹部及骨盆部等全身多发损伤而死亡。案发后，被告人朱某某驾车逃逸。经上海市公安局奉贤分局交通警察支队调查认定，被告人朱某某、刘某某负事故的主要责任。

（二）问题

指使无驾驶资格的人驾驶机动车发生重大交通事故，指使者和驾驶者是否构成共同犯罪？

知识点：共同故意的构成条件。

（三）分析

我国《刑法》第 25 条规定："共同犯罪是指二人以上共同故意犯罪。二人以上共同过失犯罪，不以共同犯罪论处；应当负刑事责任的，按照他们所犯的罪分别处罚。"

根据《刑法》的规定可知，共同犯罪的成立需具备三个条件：犯罪主体为二人以上、主观上有共同的犯罪故意、客观上有共同的犯罪行为。这三个条件缺一便不构成共同犯罪。

共同的犯罪故意又包括三层含义：①每个共同犯罪人分别来看都是故意

地进行犯罪活动，即他们都明知自己的行为会发生危害社会的结果并且希望或者放任这种结果发生，这是构成共同故意的基础；②各个共犯人有相同的犯罪故意，即对同一罪有故意；③各个共犯人之间有意思联络，即每个共同犯罪人都不仅认识到自己在实施某种犯罪，而且认识到还有其他共犯人和自己一起互相配合共同实施这种犯罪。只有这样，才能使共犯人的活动具有内部的一致性。

本案中，朱某某、刘某某的行为不构成共同犯罪。刘某某明知朱某某无驾驶资格而仍指使朱某某开车，表面上看似乎是故意，但刑法上的故意是"明知自己的行为会发生危害社会的结果"，是对行为尤其是对危害结果的故意。本案中两人对危害结果均无故意，他们两人都没想到自己的行为会发生交通事故导致被害人的死亡，更没有共同的犯罪故意，也谈不上意思联络，所以尽管他们二人共同的行为导致了交通事故，造成了被害人死亡，也不符合共同犯罪成立的主观条件，不构成共同犯罪。刘某某作为有驾驶经验的正常人，应当预见自己的行为（把车交给没有驾驶资格的人驾驶）可能发生危害社会的结果（造成交通事故导致他人死亡），朱某某也应当预见自己没有驾驶执照、没有开车经验而开车可能发生交通事故，但都因为疏忽大意而没有预见，属于共同过失犯罪，构成交通肇事罪。根据刑法规定，应当按照他们所犯的罪分别处罚。

结论：指使无驾驶资格的人驾驶机动车发生重大交通事故，指使者和驾驶者因为没有共同的故意而不构成共同犯罪。

案例 23：孟克杰日格力、布音其尔格强奸案（案例来源：《中国法院2016 年度案例 19》）

（一）基本案情

2014 年 1 月 20 日 1 时许，被告人孟克杰日格力、布音其尔格与海某三人酒后前往大柴旦行委铁石观傲日格里牧场被害人雅某与其男友加某的住处，将已经睡觉的加某与被害人雅某叫醒后，五人一起在加某的住处喝酒，当加某与被害人雅某醉酒睡着后，被告人孟克杰日格力与雅某发生了性关系，随后被告人布音其尔格与海某从外面回到房间后，被告人布音其尔格与雅某又发生了性关系。

（二）问题

被告人孟克杰日格力、布音其尔格与被害人雅某先后发生性关系是否构成共同犯罪？

知识点：先后犯的认定。

（三）分析

如上所述，共同犯罪的故意不仅要求每个共同犯罪人有相同的犯罪故意，而且要求各个共犯人之间有意思联络，即每个共同犯罪人都不仅认识到自己在实施某种犯罪，而且认识到还有其他共犯人和自己一起互相配合共同实施这种犯罪。只有这样，才能使共犯人的活动具有内部的一致性。

共同的犯罪行为是指共同犯罪人的行为在共同故意支配下相互配合，相互补充，形成一个整体。各共犯人的行为都是共同犯罪行为这一整体的有机组成部分。

先后犯是指二人以上在同时或极为接近的时间、场所内先后故意实施某种性质相同的犯罪，以各自行为侵害同一对象，彼此之间无意思联络的情况。由于主观上没有共同的故意，客观上没有共同的行为，先后犯不构成共同犯罪，行为人对其行为只能分别承担责任。

本案中，在主观上，二人没有共同的故意。尽管孟克杰日格力、布音其尔格两人都有强奸故意，但主观上没有犯意联络，相互之间并不认为是在与对方一起相互配合共同实施犯罪行为；在客观上，无共同的行为，尽管二人在客观上也先后强行与被害人雅某发生性行为，但无证据证实二人在强奸过程中实施了相互支持、互相帮助、协作配合等协力行为，二人均在进行各自的行为，不属同一犯罪活动，未以统一整体的形式出现，二人的行为缺乏内在的联系。也就是说，二人主观上没有意思联络，客观上没有相互配合，没有共同的行为，只成立单独的犯罪，系强奸犯罪的先后犯。

结论：先后对同一对象实施同一犯罪行为，主观上没有犯意联络、客观上没有共同的行为，不构成共同犯罪。

案例24：徐开雷保险诈骗案（案例来源：《刑事审判参考》总第61辑［第479号］）

（一）基本案情

2002年6月，被告人徐开雷个人购买了一辆"凤凰"牌重型自卸货车，并挂靠在原无锡市郊区北郊汽车运输队（后更名为无锡市滨湖区北郊汽车运输队，以下简称北郊运输队），牌照号码为苏B17621，并以北郊运输队的名义向中华联合财产保险股份有限公司无锡市锡山支公司办理了盗抢险保险业务，所有上牌、年检、保险的相关费用均由被告人徐开雷个人支出。2005 年 5 月 4 日，被告人徐开雷将自己购买的上述苏 B17621 号"凤凰"牌重型自卸货车出售给他人，次日即向公安机关及保险公司谎报假案，称车辆失窃。2005 年 9 月，被告人徐开雷通过北郊运输队从中华联合财产保险股份有限公司无锡市锡山支公司骗得盗抢险保险金 63 130.97 元。

（二）问题

被保险车辆的实际所有人在挂靠单位不知情的情况下，利用挂靠单位实施保险诈骗行为的，是否成立保险诈骗罪？

知识点：间接正犯。

（三）分析

在刑法理论中，间接正犯是指行为人利用他人作为中介实施犯罪行为，其所利用的他人由于具有某些情节而不负刑事责任，间接正犯对于其通过他人所实施的犯罪行为完全承担刑事责任的情况。间接正犯在主观上具有利用他人犯罪的故意，也就是指行为人明知被利用者没有刑事责任能力或者没有特定的犯罪故意而加以利用，希望或者放任通过被利用者的行为达到一定的犯罪结果；在客观上具有利用他人犯罪的行为，即行为人不是亲手犯罪，而是以他人作为犯罪工具。因此，间接正犯与被利用者之间不存在共同犯罪故意，间接正犯不属于共同犯罪的范畴。因被利用者不负刑事责任，其实施的行为应视为利用者自己实施，故利用者应对被利用者所实施的行为承担全部责任，也就是说，对利用不负刑事责任的人实施犯罪的，应按照被利用者实行的行为定罪处罚。同时，这种利用他人犯罪的故意也不同于教唆故意与帮助故意。教唆故意是唆使他人犯罪的故意，帮助故意是帮助他人犯罪的故意，这是一种共犯的故意，以明知被教唆人或被帮助人的行为构成犯罪为前提，具有主观上的犯罪联络。而在间接正犯的情况下，行为人明知被利用者的行为不构成犯罪或者与之不存在共犯关系，因而具有单独犯罪的故意，即正犯的故意。一般而言，间接正犯利用他人犯罪的常见情形有：利用未达到刑事责任年龄或利用没有辨认控制能力的人实施犯罪；利用他人无罪过行为实施犯罪；利用他人合法行为实施犯罪；利用他人过失行为实施犯罪等。

在本案中，由于具体的保险理赔操作中，保险公司只会受理名义上的被保险人（保险合同签订人）提出的理赔申请。因此，被告人徐开雷在将自己购买的自卸货车出售给他人后，想要实现谎报假案并虚假理赔骗取保险公司保险金的目的，必须借助于显名被保险人（名义投保人）北郊运输队来实施，而作为名义上的被保险人和投保人，北郊运输队不知道被告人徐开雷的自卸货车实际上没有失窃，并不明知徐开雷诈骗保险公司保险金的意图，客观上也没有实际获取保险公司的理赔金，由于缺乏主观上的共同犯意，因而北郊运输队与被告人徐开雷不构成保险诈骗犯罪的共犯，也就是说，被告人徐开雷单独对其利用北郊运输队实施的骗取被害单位中华联合财产保险股份有限公司无锡市锡山支公司盗抢险保险金 63 130.97 元的行为承担刑事责任。可见，被告人徐开雷利用挂靠单位从保险公司骗得盗抢险保险金的行为属于隐名被保险人（实际投保人）利用无犯罪故意的显名被保险人（名义投保人）实施的保险诈骗行为，构成保险诈骗罪的间接正犯。

结论：被保险车辆的实际所有人利用挂靠单位的名义实施保险诈骗行为的，以保险诈骗罪的间接正犯论处。

案例 25：王元帅等抢劫、故意杀人案（案例来源：《刑事审判参考》总第 32 辑［第 242 号］）

（一）基本案情

2002 年 6 月 6 日，被告人王元帅主谋并纠集被告人邵文喜预谋实施抢劫。当日 10 时许，二人携带事先准备好的橡胶锤、绳子等作案工具，在北京市密云县鼓楼南大街骗租杨某某（女，29 岁）驾驶的松花江牌小型客车。当车行至北京市怀柔区大水峪村路段时，经王元帅示意，邵文喜用橡胶锤猛击杨某某头部数下，王元帅用手猛掐杨的颈部，致杨昏迷。二人抢得杨某某驾驶的汽车及诺基亚牌 8210 型移动电话机 1 部、寻呼机 1 个等物品，共计价值人民币 42 000 元。

王元帅与邵文喜见被害人杨某某昏迷不醒，遂谋划用挖坑掩埋的方法将杨某某杀死灭口。杨某某佯装昏迷，趁王元帅寻找作案工具，不在现场之机，哀求邵文喜放其逃走，邵文喜同意掩埋杨时挖浅坑、少埋土，并告知掩埋时将杨某某的脸朝下。王元帅返回后，邵文喜未将杨某某已清醒的情况告诉王。当日 23 时许，二人将杨某某运至北京市密云县金叵箩村朱家峪南山的土水渠处。邵文喜挖了一个浅坑，并向王元帅称其一人埋即可，便按与杨某某事先约定将杨掩埋。王元帅、邵文喜离开后，杨某某爬出土坑获救。经鉴定，杨某某所受损伤为轻伤。

（二）问题

在共同犯罪过程中，在没有意思联络的情况下单独中止犯罪，并有效防止危害结果发生的，对于全体共同犯罪人而言，是否成立犯罪中止？

知识点：共同犯罪的犯罪形态。

（三）分析

如何认定共同犯罪中各共同犯罪人的犯罪形态？

犯罪的形态分为完成形态与未完成形态。就完成形态（既遂）来说，刑法学界一般认为，共同犯罪中一人的行为导致了危害结果的发生构成既遂，则全体共同犯罪人都构成既遂，即"一人既遂，全部责任"。因为共同犯罪是一个整体，各共同犯罪人既有共同的故意、又有共同的行为。犯意的达成、行为的实施与每个共同犯罪人都有关。尽管一人的行为直接造成了结果，但其实是他们共同的行为导致了结果，其他共犯人的行为对结果都有原因力（除非有的共犯人能彻底隔断他与共同犯罪的联系）。未完成形态，是指整个共同犯罪出现预备、未遂或中止形态。对于未完成形态，学界没有统一的认识。从实践中看，最容易引起争议的是犯罪未遂和犯罪中止的认定。根据刑法理论，未遂与中止的主要区别在于行为人的主观恶性不同，犯罪中止的行为人主观上不希望甚至不放任（自动有效地防止危害结果发生）结果发生，而犯罪未遂的行为人希望结果发生。因此共同犯罪在未完成的情况下各行为人的犯罪形态应根据具体案件中行为人的主观心理状态以及未完成的原因来判定。如果未完成的原因是其中一人的行为导致，该行为人又自动停止犯罪，该自动停止与未完成之间有因果关系的，对该行为人定犯罪中止；如果未完成与该行为人行为无关，行为人已实施了自己的行为或完成了自己的"使命"，整个犯罪又进入了实行阶段，则该行为人应定未遂。

本案中，在当时的环境、条件下，邵文喜能够完成犯罪，但其从主观上自动、彻底地打消了原有的杀人灭口的犯罪意图。因惧怕王元帅，邵文喜未敢当场放被害人逃跑，而是采取浅埋等方法给被害人制造逃脱的机会。邵文喜主观意志的变化及所采取的措施与被害人未死而得以逃脱有直接的因果关系，邵文喜有效地防止了犯罪结果的发生，其行为属于自动有效防止犯罪结果发生的犯罪中止。邵文喜在犯罪开始时曾用橡胶锤将被害人打昏，给被害人的身体已经造成损害，根据我国《刑法》的规定，对于中止犯，造成损害的，应当减轻处罚，故对邵文喜减轻处罚是正确的。

相形之下，王元帅所犯故意杀人罪的犯罪形态显然有所不同。王元帅杀人灭口意志坚定，其主观故意自始至终未发生变化，被害人未死、逃脱完全是其意志以外的原因造成的，王元帅构成故意杀人罪，属于行为实施终了的未遂。

需要说明的是，构成共同犯罪，各行为人在主观方面必须具有共同的犯罪故意，在客观方面实施了共同的犯罪行为。但这并不等于说各行为人在共同犯罪中的犯罪形态就必然是一致的，尤其在犯罪未完成的情形下。正如共同犯罪中各行为人的地位、作用会有所不同一样，共同犯罪中各行为人对犯罪后果的心态也可能有所不同，这种差异既可能发生在犯罪预备阶段，也可能发生在犯罪实施过程中，从而影响各自的犯罪形态。

结论：在共同犯罪过程中，在没有意思联络的情况下单独中止犯罪，有效防止危害结果发生的，应当认定为犯罪中止；对于不知情的其他行为人，应当认定为犯罪未遂。

案例 26：刘小某等盗窃案（案例来源：《中国法院 2016 年度案例 19》）

（一）基本案情

2014 年 5 月上旬的一天，被告人刘甲发现其居住的宜昌市猇亭区国华瑞景小区 6 号楼一楼门面房内存放有空调、电线等物品，遂打电话邀约被告人刘小某、刘乙欲共同实施盗窃，受到其妻的劝阻。刘甲将此情况告知刘小某，表示其本人不参与盗窃了。刘甲从此再未与刘小某和刘乙联系此事。嗣后，刘小某、刘乙开车到宜昌市猇亭区国华瑞景小区进行查看，并购买了开锁工具。5 月 10 日凌晨 2 时许，刘小某、刘乙再次开车来到该小区，将存放于 6 号楼一楼门面房的 2 台空调及 43 卷电线（其中有一卷已使用一半）盗走平分。经鉴定，被盗空调及电线价值 17 836 元。

（二）问题

共谋犯罪后又单独放弃犯罪实行行为的，能否构成犯罪中止？

知识点：共犯中止的认定。

（三）分析

根据我国《刑法》第 24 条第 1 款的规定，"在犯罪过程中，自动放弃犯罪或者自动有效地防止犯罪结果发生的，是犯罪中止"。对犯罪中止的认定，应当把握两个基本要素，第一，自动性，自动放弃犯罪，是指行为人在其完全有条件、有能力继续实施犯罪行为的前提下，主动放弃犯罪，即"能为而不为"；第二，有效性，即在犯罪完成以前停止继续实施犯罪或者有效地防止犯罪结果的发生。

对于单个人的犯罪行为的中止是较容易认定的，但是对于共同犯罪犯罪中止的认定比较难以把握。共同犯罪中部分犯罪人停止犯罪，由于其先前的行为已经融入共同犯罪的整体行为之中，因此，停止犯罪的人犯罪中止的成立必须同时具备下列条件：

1. 应当具备及时性

共同犯罪的中止可以发生在犯罪预备阶段和犯罪实行阶段，也可以发生在犯罪行为已经实行终了犯罪结果尚未发生以前。但是犯罪结果一旦发生，无论其结果是由全体共同犯罪人的行为造成的，还是由部分共同犯罪人的行为造成的，共同犯罪已经既遂，就不能存在犯罪中止。

2. 必须具备有效性

这个有效性必须具备两个因素：主观上，中止犯罪的共同犯罪人自动切断与其他共同犯罪人的共同故意的联系，并且将中止的意图以言行的方式告知其他的共同犯罪人；客观上，中止犯罪的共同犯罪人必须有效地阻止其他共同犯罪人的犯罪行为或有效地切断自己的以前行为与共同犯罪整体行为的有机联系。"切断"的结果是，其他共同犯罪人犯意的形成以及犯罪行为、犯罪结果与中止者再无瓜葛。

因此，如果共同犯罪人自动、消极地停止自己的犯罪行为并能切断自己先前行为与共同犯罪的联系，就具有了有效性。如果共同犯罪人自动、消极地停止了自己的犯罪行为，并不能切断自己先前行为与共同犯罪的联系，就必须采取积极的行为阻止其他共同犯罪人继续实施犯罪或者有效地防止危害结果的发生，才能具有有效性，才能认定为犯罪中止。否则，共同犯罪中个别行为人中止行为，但未切断自己先前行为与共同犯罪的联系，以致共同犯罪继续进行或者产生犯罪结果的，就不能认定为犯罪中止。

本案中，被告人刘甲的行为不能构成犯罪中止。被告人刘甲发现被盗目标后主动邀约被告人刘小某等人共同盗窃并提供相关信息，积极为共同盗窃制造条件，是犯意的发起者，没有他，就不会有这次盗窃活动。虽然经过其妻子的劝说，在着手实施具体的盗窃行为之前就放弃共同盗窃的犯意，并没有参与刘小某等人共同实施的盗窃，单从其个体而言似乎是"自动放弃"了犯罪，但是就共同犯罪而言，犯意已经形成，犯意的形成与刘甲密切相关。

刘甲未能使刘小某和刘乙打消犯意，未能切断与刘小某等人之间盗窃的行为联系，也未能采取积极的行为阻止刘小某等人继续实施犯罪，没能有效地防止危害结果的发生，因而其行为不构成共同犯罪犯罪中止的有效性要件。应该按照"部分行为，全部责任"（一人既遂，全部责任）的原则认定和处理。被告人刘甲构成犯罪既遂，要对共犯刘小某、刘乙的行为及结果承担刑事责任，其自动放弃犯罪行为，只能作为酌定量刑情节予以考虑。

结论：共同犯罪中个别行为人中止行为，但未切断自己先前行为与共同犯罪的联系，以致共同犯罪继续进行或者产生犯罪结果的，就不能认定为犯罪中止。

案例 27：王兴佰故意伤害案（案例来源：《刑事审判参考》总第 52 辑 ［第 409 号］）

（一）基本案情

2003 年，被告人王兴佰与被害人逄孝先各自承包了本村沙地售沙。被告人王兴佰因逄孝先卖沙价格较低影响自己沙地的经营，即预谋找人教训逄孝先。2003 年 10 月 8 日 16 时许，被告人王兴佰得知逄孝先与妻子在地里干活，即纠集了被告人韩涛、王永央及崔某某、肖某某、冯某某等人。在地头树林里，被告人王兴佰将准备好的 4 根铁管分给被告人王永央等人，并指认了被害人逄孝先。被告人韩涛、王永央与崔某某、肖某某、冯某某等人即冲入田地殴打被害人逄孝先。其间，被告人韩涛掏出随身携带的尖刀捅刺被害人逄孝先腿部数刀，致其双下肢多处锐器创伤致失血性休克死亡。2003 年 10 月 15 日，被告人王兴佰被抓获归案。2004 年 1 月 16 日，被告人韩涛投案自首。2004 年 4 月 1 日，被告人王永央被抓获归案。崔、肖、冯等人仍在逃。

（二）问题

因教唆意思不明确而造成更严重危害结果，教唆者对此结果应否承担刑事责任？

知识点：教唆犯与实行过限。

（三）分析

教唆他人犯罪的，是教唆犯。在刑法中，教唆犯包括独立教唆和共犯教唆。被教唆人没有犯被教唆的罪，教唆犯属于独立教唆。被教唆的人犯了被教唆的罪，教唆犯和被教唆犯构成共同犯罪。在共同犯罪过程中，个别行为人实施了超出共同故意内容的过限行为的，应当根据过限行为的性质对其定罪量刑，其他行为人对此不负刑事责任。同样，被教唆人实施的行为超出教唆范围的，教唆者对超出部分不负刑事责任；教唆内容较为概括的，只要被教唆人的行为未明显超过所教唆的罪，教唆者均应负相应的刑事责任。在司法实践中，对于教唆故意范围的认定，主要看教唆者的教唆内容是否明确，即教唆犯对被教唆人的实行行为有无明确要求；或正面明确要求用什么犯罪手段达到什么犯罪后果，如明确要求用棍棒打断被害人的一条腿；或从反面明确禁止实行犯采用什么手段，不得达到什么犯罪结果等，如在伤害中不得使用刀具、不得打击被害人头部、不得将被害人打死等。如果教唆内容明确，则以教唆内容为标准判断实行者的行为是否过限。如果教唆内容不明确，则属于一种盖然的内容，一般情况下不应认定实行行为过限，除非实行行为显而易见地超出教唆内容。

就本案而言，王兴佰预谋找人教训一下被害人，至于怎么教训，教训到什么程度，并没有特别明确的正面要求；同时，王兴佰事前也没有明确禁止韩涛等人用什么手段、禁止他们教训被害人达到什么程度的反面要求。所以，被告人王兴佰的教唆内容属于盖然性教唆。在这种情况下，虽然王兴佰仅向实行犯韩涛、王永央等提供了铁管，韩涛系用自己所持的尖刀捅刺的被害人，但因其对韩涛的这种行为事前没有明确禁止，王兴佰在主观上对被害人死亡结果持包容、放任的态度，所以不能判定韩涛行为属于过限行为，教唆者王兴佰仍应对被害人的死亡承担刑事责任，与韩涛构成故意伤害致死的共同犯罪。

结论：**教唆内容不明确，属于一种盖然教唆，一般情况下不应认定为实行行为过限。**

第十章

罪数

案例 28：袁鸣晓等以危险方法危害公共安全案（案例来源：《人民法院案例选》2009 年第 6 辑）

（一）基本案情

被告人袁鸣晓、吴苕青经事先预谋，单独或共同驾驶车辆在本市主干路及高速路，采用突然加速撞击前方违反让行规定、违反交通标志而变道、转弯车辆的侧后方，通过制造由对方承担全部责任的交通事故等方法，向对方索赔钱款人民币几百元至几千元不等，并造成对方经济损失。从 2006 年 1 月至 2007 年 4 月间，袁、吴先后驾驶牌号分别为苏 DJK387、沪 BF8662、苏 DJK820 的轿车，采用上述方法单独或共同制造类似交通事故共计 178 起，其中袁单独向对方驾驶员索赔金额 75 733 元（人民币，下同），吴单独向对方驾驶员索赔金额 72 281 元，共同向对方驾驶员索赔金额 17 210 元，同时给对方造成财产损失计 23 479 元。

（二）问题

以骗取财物为目的，在城市交通干道及高速路上，故意制造交通事故的，构成以危险方法危害公共安全罪还是诈骗罪？

知识点：牵连犯。

（三）分析

1. 被告人的行为同时触犯了诈骗罪和以危险方法危害公共安全罪

诈骗罪，是指以非法占有为目的，使用虚构事实或隐瞒事实真相的方法，使被害人信以为真，从而自愿交付数额较大公私财物的行为。以危险方法危害公共安全罪，是指使用与放火、决水、爆炸、投放危险物质等危险性相当的、能够同时造成特定或者不特定多数人死伤或者公私财产广泛破坏的其他危险方法，危害公共安全的行为。以危险方法危害公共安全罪的主观方面既可以由直接故意构成，也可以由间接故意构成，所侵犯的客体是不特定多数人的生命、健康或者重大公私财产的安全，客观方面表现为实施了除放火、决水、爆炸、投放危险物质以外的其他危险方法危害公共安全的行为。

本案中，被告人袁鸣晓等的主观目的是诈骗被害人的财物，在客观方面表现为虚构事实、隐瞒事实真相（故意制造交通事故——故意撞击"违反让行规定、违反交通标志而变道、转弯的车辆"，造成被害人事故全责的假象），使被害人信以为真，自愿向被告人交付钱款，侵犯了被害人的财物所有权，其行为符合诈骗罪的犯罪构成要件。

同时，袁、吴单独或共同驾车在本市主干路及高速路上故意制造道路交通事故的行为，也符合以危险方法危害公共安全罪的特征。首先，被告人袁鸣晓、吴苟青在城市主干道及高速路上撞车，而城市主干道和高速公路车流量大、行车速度快、行人多，被告人明知自己的行为会危害道路的行车安全，威胁车辆、行人的生命安全、健康及公私财产的安全，而仍然多次实施撞车行为，有危害公共安全的故意；其次，袁鸣晓、吴苟青实施了以危险方法危害公共安全的行为。他们驾车在 15 个月的时间内多次撞车，发生了将近 200 起道路交通事故，严重危害了公共安全，符合以危险方法危害公共安全罪的犯罪客观要件和客体要件。

2. 被告人的行为属于方法行为与目的行为之间的牵连

我国 1979 年颁布的《刑法》以及 1997 年修订后的《刑法》对牵连犯的概念和处罚未作明文规定，但理论上和司法实践中一般均加以认可和适用。牵连犯是指犯罪人以实施某一犯罪为目的，而其犯罪方法或结果行为触犯其他罪名的犯罪。牵连犯的牵连关系有两种：目的行为与方法行为的牵连，原因行为与结果行为的牵连。

本案被告人袁鸣晓等的主观目的是诈骗被害人的财物，采用的方法是碰撞被害人车辆造成被害人承担全责的交通事故，进而向被害人索赔来达到诈取被害人钱财的犯罪目的，目的行为符合诈骗罪的构成要件，方法行为符合以危险方法危害公共安全罪的构成要件，因而被告人的行为触犯了诈骗罪与以危险方法危害公共安全罪，构成牵连犯，属于目的行为与方法行为的牵连。

3. 本案被告人构成以危险方法危害公共安全罪

目前刑法理论以及司法实践认为，牵连犯虽然实际上构成数罪，但因其追求的目的只有一个，同追求几个目的的数罪比较起来，社会危害性比较小。因此，对牵连犯原则上不适用数罪并罚，而是择一重罪处罚。最后认定的罪名也只有一个，因而成为裁判上的一罪。

被告人袁鸣晓等的行为构成牵连犯，应择一重罪处罚。按照相关法律规定，个人诈骗公私财物不满 10 万元，属于数额巨大，应当处 3 年以上 10 年以下有期徒刑，并处罚金。以危险方法危害公共安全罪，尚未造成严重后果的，处 3 年以上 10 年以下有期徒刑。在量刑上两罪区别不大，但是危害公共安全罪的社会危害性明显重于侵犯财产犯罪，因此，本案认定被告人构成以危险方法危害公共安全罪。

结论：**以骗取被害人财物为目的，在城市交通干道及高速路上，故意制造交通事故，构成以危险方法危害公共安全罪与诈骗罪的牵连犯，应以危险方法危害公共安全罪论处。**

案例 29：冯留民破坏电力设备、盗窃案（案例来源：《刑事审判参考》总第 64 辑［第 504 号］）

（一）基本案情

被告人冯留民于 2002 年 11 月至 2003 年 2 月间，多次伙同范远飞、杨显坤、王志永（均已判刑）、王东、"羊羔子"（均另案处理）等人，雇佣康德贵（已判刑）的面包车，在北京市怀柔区宰相庄、北京市顺义区板桥养殖场、北京市密云县十里堡镇王各庄村、河北省滦平县虎什哈镇马圈子等地，盗剪正在使用中的光铝线 6700 余米，造成直接经济损失 2 万余元。

（二）问题

盗窃正在使用中的电力设备，构成破坏电力设备罪还是盗窃罪？

知识点：想象竞合犯。

（三）分析

1. 冯留民的行为触犯了盗窃罪与破坏电力设备罪

盗窃罪是指以非法占有为目的，盗窃公私财物，数额较大的，或者多次盗窃、入户盗窃、携带凶器盗窃、扒窃的行为。在客观上，具备数额较大、多次盗窃、入户盗窃、携带凶器盗窃、扒窃这五种情形之一的，即可构成盗窃罪；破坏电力设备罪，是指故意破坏电力设备，危害公共安全的行为。危害公共安全包括已经造成了危害公共安全的严重后果和足以造成严重后果，危害公共安全。

被告人冯留民以非法占有为目的，多次伙同他人盗剪正在使用中的光铝线 6700 余米，造成直接经济损失 2 万余元，既属于多次盗窃，又属于数额较大，触犯了《刑法》第 264 条规定的盗窃罪；冯留民盗窃正在使用中的输电设备——光铝线，影响电力的正常输送，影响人们的生产及生活，足以危害公共安全，触犯了《刑法》第 118 条规定的破坏电力设备罪。

2. 被告人的行为属于想象竞合犯

根据我国刑法理论，想象竞合犯，是指行为人实施一个行为，触犯数种不同罪名的犯罪。我国刑法中没有规定想象竞合犯的概念，但在刑法分则中有关于想象竞合犯的规定，理论上和实践中也认可想象竞合犯。

被告人冯留民的行为属于想象竞合。冯留民多次盗窃正在使用中的光铝线，行为既符合盗窃罪的犯罪构成，又符合破坏电力设备罪的犯罪构成，属于一行为触犯数种罪名，构成了破坏电力设备罪与盗窃罪的想象竞合犯。

3. 冯留民的行为构成破坏电力设备罪

根据刑法理论，想象竞合犯属于一罪，它的处断原则是"择一重罪处罚"，即应当结合犯罪的具体情节来考虑应该在哪一个量刑幅度内对其量刑，进而确定哪一罪为"重罪"，从而选择哪一罪名定性。盗窃 2 万元属于数额较大，法定刑为 3 年以下有期徒刑、拘役或者管制。破坏电力设备罪尚未造成严重后果的，法定刑为 3 年以上 10 年以下有期徒刑，造成严重后果的，法定刑为 10 年以上有期徒刑、无期徒刑或者死刑。显然，本案按照破坏电力设备罪量刑更重，所以定破坏电力设备罪。

结论：以非法占有为目的，盗窃正在使用中的电力设备，系一行为触犯两罪名，属于想象竞合犯，应择一重罪处罚。

案例 30：李志远招摇撞骗、诈骗案（案例来源：《刑事审判参考》总第 24 辑 [第 162 号]）

（一）基本案情

1999 年 4 月，被告人李志远经人介绍认识了居住在现实冶金厂家属区的郭某某（女），李谎称自己是陕西省法院处级审判员，可帮助郭的两个儿子安排到省法院汽车队和保卫处工作，骗取了郭的信任，不久两人非法同居几个月。期间，李志远还身着法官制服，将郭某某带到陕西省法院及渭南市的公检法机关，谎称办案，使郭对李深信不疑。

1999 年 7 月初，被告人李志远认识了某法院干部（已亡两年）的遗孀周某某，李谎称自己是陕西省法院刑庭庭长，因吸烟烧毁了法官制服，遂从周处骗取法官制服 2 件及肩章、帽徽。随后李志远因租房认识了房东邵某某（女），李身着法官制服自称是陕西省法院刑一庭庭长并谎称和山西省交通厅厅长关系密切，答应将邵的女儿调进陕西省交通厅工作，以需要进行疏通关系为名，骗取了邵人民币 4000 元。

1999 年 8 月，王某某（女）因问路结识了身着法官制服的被告人李志远，李自称是陕西省法院刑一庭庭长，可帮王的表兄申诉经济案件，骗得王的信任，并与王非法同居。

1999 年 9 月 18 日，被告人李志远身着法官制服到陕西省蓝田县马楼镇玉器交易中心，因躲雨与该中心经理郭来娃闲聊，李自称是陕西省法院刑一庭庭长，骗得郭的信任，答应可帮郭的妹夫申诉经济案件，骗取了郭的玉枕一个、项链一条（价值共计 240 元）。

（二）问题

冒充国家机关工作人员骗取他人财物数额较大的，成立招摇撞骗罪还是诈骗罪？

知识点：法条竞合。

（三）分析

1. 被告人的行为同时触犯了招摇撞骗罪和诈骗罪

招摇撞骗罪，是指为了谋取非法利益，冒充国家机关工作人员进行招摇撞骗的行为。诈骗罪，是指以非法占有为目的，使用虚构事实或者隐瞒事实真相欺骗的方法，骗取数额较大公私财物的行为。从《刑法》第 266 条和第 279 条所规定的两个罪的犯罪构成可以看出：在犯罪手段上，诈骗罪可以采取任何一种虚构事实或者隐瞒真相的方法，当然可以涵盖招摇撞骗罪中冒充国家机关工作人员这一特殊手段。而在犯罪目的上，招摇撞骗罪的目的可以是骗取多种类型的非法利益，法条中对行为人所骗取的非法利益类型并无明确、特别的限制，因此，自然也可以包含诈骗罪中骗取公私财物目的在内。也就是说，诈骗罪与招摇撞骗罪两罪有相同之处：①犯罪手段有相同之处，两罪都可以采取冒充国家机关工作人员或人民警察的方法实施；②目的有相同之处，两罪都可以以骗取公私财物为目的。所以当行为人以冒充国家机关工作人员身份的手段，骗得他人信任，非法占有他人数额较大的财物时，就会出现既符合诈骗罪的犯罪构成，又符合招摇撞骗罪的犯罪构成的情况。

本案被告人李志远以非法占有财物为目的，虚构自己是法官的身份，隐瞒自己的真实身份，使他人信以为真，骗取他人的财物数额较大，其行为符合诈骗罪的犯罪构成。同时，其为了谋取非法利益（财物），冒充国家工作人员招摇撞骗，符合招摇撞骗罪的犯罪构成。

2. 李志远的行为属于法条竞合

所谓法条竞合，是指一个犯罪行为，同时符合刑法分则数个法条规定的犯罪构成，以致有数个法条可以同时适用，但只能适用其中一个法条，按一个法条的规定定罪量刑，不实行数罪并罚的情形。法条竞合有以下基本特征：①实施了一个犯罪行为；②同时触犯了数个法条规定的数个罪名；③数个法条间存在包容或交叉关系；④由于只有一个犯罪行为，所以是实质的一罪，因此，只能适用其中的一个法条，而不能实行数罪并罚。

被告人李志远实施一个犯罪行为——冒充国家机关工作人员骗取他人财物，该行为既符合诈骗罪的犯罪构成，又符合招摇撞骗罪的犯罪构成，属于法条竞合。

3. 李志远的行为构成招摇撞骗罪

在刑法理论上，法条竞合的处罚原则是：①特别法优于普通法，即如果特别法条和普通法条对某一行为规定的法定刑一样，就适用特别法条定罪量刑；②重法优于轻法，即如果特别法条和普通法条对某一行为规定的法定刑不一样，就选择适用法定刑较重的那一个法条。因为只有这样才能做到罚当其罪，实现罪刑相适应原则。

根据《刑法》的规定，招摇撞骗罪的法定刑为："冒充国家机关工作人员招摇撞骗的，处 3 年以下有期徒刑、拘役、管制或者剥夺政治权利；情节严重的，处 3 年以上 10 年以下有期徒刑。"而诈骗罪的法定刑为："诈骗公私财物，数额较大的，处 3 年以下有期徒刑、拘役或者管制，并处或者单处罚金；数额巨大或者有其他严重情节的，处 3 年以上 10 年以下有期徒刑，并处罚金；数额特别巨大或者有其他特别严重情节的，处 10 年以上有期徒刑或者无期徒刑，并处罚金或没收财产。"由此，行为人冒充国家机关工作人员骗取他人财物，有以下几种处理方式：

（1）骗取财物数额较大的，按招摇撞骗罪定罪量刑

招摇撞骗罪有两档法定刑：

第一，情节一般的，处 3 年以下有期徒刑、拘役、管制或者剥夺政治权

利。这种情况，招摇撞骗罪的法定刑轻于诈骗罪的法定刑（两者的法定最高刑相同，都是 3 年有期徒刑，招摇撞骗罪的法定最低刑为剥夺政治权利，低于诈骗罪的最低刑管制，且诈骗罪还有附加刑罚金的规定）；

第二，情节严重的，处 3 年以上 10 年以下有期徒刑。这种情况，招摇撞骗罪的法定刑重于诈骗罪数额较大的法定刑。

如何判定情节的轻重？通常来说，冒充国家机关工作人员骗取财物不仅侵犯了他人财产的所有权，同时破坏了国家机关的威信，其社会危害性重于不采用冒充国家机关工作人员方式骗取同等财物的诈骗罪。因此，冒充国家机关工作人员骗取财物数额较大的，可视为招摇撞骗情节严重，按招摇撞骗罪定罪量刑。

（2）骗取财物数额巨大的、数额特别巨大的，按诈骗罪定罪量刑

数额巨大的诈骗罪法定刑为 3 年以上 10 年以下，并处罚金，而情节严重的招摇撞骗罪没有罚金的规定，其法定刑低于诈骗罪；数额特别巨大的诈骗罪，法定刑远高于招摇撞骗罪的法定刑。

（3）骗取财物没达到数额较大，不属于法条竞合

如果行为人招摇撞骗行为骗取的财物没有达到数额较大的程度，自然也就没有和诈骗罪竞合的情形，应视案件的具体情况，骗取其他利益需要定罪处罚的话，直接以招摇撞骗罪论处就可以了。

本案被告人冒充国家机关工作人员骗取他人财物数额较大，既侵犯了公民的财产所有权，又侵犯了国家机关的威信，属于情节严重，根据重法优于轻法的原则，以招摇撞骗罪定罪处罚。

结论：**冒充国家机关工作人员骗取他人财物数额较大的，构成招摇撞骗罪与诈骗罪的法条竞合，适用重法优于轻法的原则。**

分则篇

第一章

危害公共安全罪

案例 31：王新生等放火案（案例来源：《刑事审判参考》总第 24 辑［第 150 号］）

（一）基本案情

1998 年 5 月份的一天，被告人王新生为骗取保险金与被告人赵红钦合谋，由赵将王承包的篙县汽车站的豫 C－19222 号客车烧掉（客车所有权属于篙县汽车站，投保人也为该汽车站），事后付给赵 1500 元酬金。1998 年 6 月 4 日凌晨 3 时左右，赵红钦携带汽油到篙县汽车站，将王新生停放在汽车站院内的豫 C－19222 号客车烧毁，造成直接经济损失 14 400 元。当时车站内停有其他车辆十余辆，燃烧地点距家属楼 16 米，距加油站 25 米，距气象站 7 米。事后，王新生付给赵红钦酬金 1500 元。中保财险公司篙县支公司当时未能查明起火原因，遂向投保人篙县汽车站支付赔偿款 34 400 元。案发后，篙县汽车站已将该款返还保险公司。

（二）问题

意图放火烧毁特定财物，但客观上危及公共安全的，成立放火罪还是故意毁坏财物罪？

知识点：放火罪的客体及客观方面、放火罪与故意毁坏财物罪的区别。

（三）分析

故意毁坏财物罪，是指故意毁灭或者损坏公私财物，数额较大或者有其他严重情节的行为。本罪属于侵犯财产罪，它侵犯的客体是公私财产的所有权，毁坏财物的方式是多种多样的，当然也包括纵火的方法。放火罪，是指故意用放火焚烧公私财物的方法危害公共安全的行为。以放火方式实施的放火罪，也往往会造成数额较大的公私财物的损失。但放火罪属于危害公共安全的犯罪，侵犯的客体是社会的公共安全。放火罪和故意毁坏财物罪的重要区别，就在于行为人的放火行为客观上是否足以危及公共安全。也就是说，如果行为人实施的放火行为，本身没有危害公共安全，也不可能危及公共安全，就只能属于故意毁坏财物行为。反之，如果已危害或足以危及公共安全，主观上是故意的，就只能是放火罪。判断行为人的放火行为是否足以危及公共安全，就要结合放火的地点以及放火时周围的具体环境等因素来分析。本案中，教唆他人放火的被告人王新生、实施放火的被告人赵红钦，他们实行共同放火行为的地点是车站，放火时周围停有十多辆其他汽车，邻近是家属楼、加油站等，且两被告人对此是明知的。两被告人的共同放火行为，客观上足以危及公共安全，主观上明知放火行为会危及公共安全，但为实现骗取保险金的目的，仍放任这种危险的发生，符合放火罪的主客观构成要件，已构成放火罪。

结论：意图放火烧毁特定财物，但客观上危及公共安全，行为人主观上对危害公共安全的后果持放任态度的，以放火罪论处。

案例 32：陈学某故意伤害案（案例来源：《中国法院 2016 年度案例 20》）

（一）基本案情

2013 年 6 月 19 日凌晨 1 时许，被告人陈学某与司某等人在温岭市明都大酒店乘电梯上四楼时，与明都大酒店 KTV 的服务员胡某在电梯中相遇。被告人陈学某指责胡某说话太大声，双方发生口角。在到达酒店房间后，被告人陈学某决定找对方理论。随后，被告人陈学某与司某打电话约了王某，三人一起来到明都大酒店四楼的 KTV，找到了胡某。王某先动手打胡某一巴掌，后胡某与 KTV 的同事一起与被告人陈学某等三人互殴。被告人陈学某等人不敌，逃出 KTV，其中司某被对方十多人追打。王某跑到马路对面的拉面馆里拿了两把菜刀与 KTV 服务员对峙，被告人陈学某（未取得驾驶证）逃到明都大酒店后面的停车场，驾驶浙 JA790F 路虎越野车从停车场出来时被 KTV 的人发现并追赶，被告人陈学某遂将车开往曙光假日酒店方向，在摆脱追赶的人后发现司某被人围在本市太平街道万昌路消防大队前路段殴打，即驾车先后三次冲撞人群。在此过程中，王某、李家某（路人）被撞伤。后被告人陈学某驾车逃离现场。

经鉴定，王某右胫骨踝关节内侧粉碎性骨折，其损伤程度已构成轻伤；李家某头皮挫伤、右大腿挫伤、右踝关节擦伤，其损伤程度未达轻伤。

2013 年 6 月 19 日，被告人陈学某到温岭市公安局太平派出所投案，但未如实供述其驾车故意冲撞人群的事实。

公诉机关指控被告人陈学某犯以危险方法危害公共安全罪，温岭市人民法院以"故意伤害罪"定罪处罚。

（二）问题

被告人陈学某无证驾驶汽车撞向人群的行为构成何罪？

知识点：以危险方法危害公共安全罪与故意伤害罪的区别。

（三）分析

以危险方法危害公共安全罪，是指使用与放火、决水、爆炸、投放危险物质等危险性相当的、能够同时造成特定或者不特定的多数人死伤或者公私财产广泛破坏的其他危险方法，危害公共安全的行为。其他危险方法常见的有：以驾车撞人的危险方法、以破坏井下通风设施的危险方法、以私设电网的危险方法等。故意伤害罪，是指故意非法损害他人身体健康的行为。伤害的方式多种多样，也可以采取驾车撞人的方式实施。以危险方法危害公共安全罪与故意伤害罪的区别在于：以危险方法危害公共安全罪侵犯的客体是社会的公共安全，它可能造成不特定多人的死伤、财产的重大损失；故意伤害罪侵害的客体是他人的健康权利而不是公共安全，犯罪对象是特定的个人。实践中，有的行为人以侵害某一特定对象为目的，但是行为发生在公共场所，危害或足以危害公共安全，行为人主观上又是故意的，符合危害公共安全罪的犯罪构成。

本案属于驾车撞人，从方式方法上看，具备"足以危害公共安全"的特点，即一经实施，可能同时造成特定或不特定多数人的人身伤亡或重大财产损失。判断本案被告人行为性质的关键在于开车冲撞行为是否发生在公共场所，是否足以危及公共安全。本案发生在太平街道万昌路消防大队前路段，该路段属于较繁华地段，被告人针对的不仅是围困并殴打同伙司某的人群（三人以上），而且还有路人通过，行为足以危害公共安全，被告人作为正常人明知有公共危险性，仍然不管不顾、驾车冲撞，导致王某、李家某（路人）被撞伤，构成以危险方法危害公共安全罪。

结论：在公共场所驾车冲撞人群，危及公共安全的，构成以危险方法危害公共安全罪。

案例 33：李某、苏某过失以危险方法危害公共安全案（案例来源：《中国法院 2016 年度案例 20》）

（一）基本案情

2014 年 6 月 6 日 20 时 50 分许，被告人李某在无驾驶证的情况下，驾驶牌号为云 C64783 的众泰越野车，搭载被告人苏某和胡某到镇雄县泼机中学操场的跑道上。李某提议教胡某学开车，胡某觉得危险便拒绝。李某又提议教被告人苏某学开车，苏某遂答应。李某给苏某讲了开车的基本原理后，苏某便驾驶车辆在跑道上行驶，正在打篮球的邓某某过来捡篮球，李某便喊苏某踩刹车，因苏某不懂操作，误将油门当刹车踩，车在往前冲的过程中将邓某某撞伤，李某和苏某等人立即将邓某某送往镇雄县人民医院进行抢救。同时，李某打电话到泼机派出所报案。次日 0 时 40 分，邓某某因抢救无效死亡。经镇雄县公安局司法鉴定中心对邓某某的尸体进行法医学尸体检验鉴定，邓某某系颅脑损伤合并脾脏破裂大失血性死亡。

（二）问题

被告人李某、苏某的行为构成过失以危险方法危害公共安全罪还是过失致人死亡罪？

知识点：过失以危险方法危害公共安全罪与过失致人死亡罪的区别。

（三）分析

本案处理的重点在罪名的认定上。被告人李某在不具备驾驶技能的情况下，在中学的跑道上教被告人苏某驾车，客观上造成被害人邓某某死亡的严重后果；在主观上，二被告人均是过失。那么，被告人构成过失致人死亡罪还是过失以危险方法危害公共安全罪？

过失致人死亡罪，是指由于过失而致人死亡的行为。过失以危险方法危害公共安全罪，是指行为人过失以其他危险方法（放火、决水、投放危险物质、爆炸等以外的危险方法），危害公共安全，致人重伤、死亡或者使公私财产遭受重大损失的行为。两罪的共同之处在于主观上都是过失，客观上都可以造成死亡后果。两罪的不同在于：①侵犯的客体不同。过失以危险方法危害公共安全罪侵犯的客体是社会的公共安全，即不特定多人的生命、健康、重大公私财产以及正常的生产、工作、生活的安全，对象是不特定的多数人。所谓不特定，是指犯罪行为可能危害的对象，不是针对某一个人、某几个人的人身权或某项财产权，该行为一经实施，其犯罪就具有严重性或广泛性。

过失致人死亡罪侵犯的客体是他人的生命权，对象是特定的少数人。②客观要件不同。过失以危险方法危害公共安全罪客观上表现为行为人以危险方法实施了足以危及不特定多人的生命、健康和财产安全的行为，而且造成了重伤、死亡或者使公私财产遭受重大损失的严重后果。过失致人死亡罪客观上表现为行为人实施了致人死亡的行为，造成了特定被害人的死亡。

具体到本案中：①从犯罪客体看，二人的行为危害了社会的公共安全。二被告人在校园内的操场跑道上驾车，当时操场上有学生正在打篮球，操场属于公共场所，二被告人驾车的行为足以危及不特定多人的生命、健康和财产安全。②行为造成了邓某某死亡的严重后果。据此，符合过失以危险方法危害公共安全罪的主客观方面的要件，构成过失以危险方法危害公共安全罪。

结论：**过失以危险方法危害公共安全罪与过失致人死亡罪的主要区别在于犯罪的客体是不是公共安全。**

案例 34：陈全安交通肇事案（案例来源：《人民法院案例选》2008 年第 3 辑）

（一）基本案情

2005 年 6 月 27 日 23 时许，被告人陈全安驾驶悬挂鄂 A/17734 号牌（假号牌）的大货车从佛山市南海区丹灶镇往西樵镇方向行驶，至樵丹路北西科技园路口时靠边停车等人。期间张伯海驾驶粤 Y/B9357 号小型客车（车上搭载关志明）同向行驶，追尾碰撞陈全安驾驶的大货车尾部，导致粤 Y/B9357 号车损坏、关志明受伤和张伯海当场死亡。事故发生后，陈全安驾车逃逸。2005 年 7 月 29 日，陈全安及其肇事货车被公安机关缉获。经交警部门认定，被告人陈全安发生交通事故后逃逸，负事故的主要责任；张伯海酒后驾驶机动车，负事故的次要责任。

（二）问题

陈全安的行为是否构成交通肇事罪？

知识点：交通肇事罪的因果关系。

（三）分析

根据最高人民法院《关于审理交通肇事刑事案件具体应用法律若干问题的解释》第 2 条第 1 款第 1 项的规定，交通肇事致死亡 1 人或者重伤 3 人以上，负事故全部或者主要责任的，处 3 年以下有期徒刑或者拘役。本案发生了造成 1 人死亡、1 人受伤、车辆一定程度损坏的重大交通事故，交警部门认定被告人陈全安负事故主要责任。从表面看，陈全安的行为符合最高法院司法解释的规定，似乎可认定其行为构成交通肇事罪，但按照《刑法》第133条对交通肇事罪的规定，则得不出这样的结论。

《刑法》第133条规定："违反交通运输管理法规，因而发生重大事故，致人重伤、死亡或者使公私财产遭受重大损失的"，构成交通肇事罪。根据《刑法》的规定，交通肇事罪的客观要件为：①行为人实施了违反交通运输管理法规的行为；②发生了致人重伤、死亡或者使公私财产遭受重大损失的重大事故；③行为人违反交通运输管理法规的行为与所发生的重大事故之间有因果关系。本案中，没有证据表明，被告人陈全安的驾车行为及靠边停车等人的行为违反了交通运输管理法规，陈全安违反交通运输管理法规的行为是事后的逃逸。但交通事故发生在前，陈全安的逃逸行为发生在后。事故（死伤）发生的主要原因是被害人张伯海酒后驾驶、没有与前车保持足以采取紧急制动措施的安全距离等，逃逸行为并非引发本案交通事故的原因，即逃逸行为与所发生的结果之间没有因果关系。因此，陈全安的行为不具备交通肇事罪的犯罪构成，不构成交通肇事罪。

结论：违章行为与重大事故之间没有因果关系的，不构成交通肇事罪。

案例35：孙伟铭以危险方法危害公共安全案（案例来源：《刑事审判参考》总第71辑［第586号］）

（一）基本案情

2008年5月，被告人孙伟铭购买一辆车牌号为"川A43K66"的别克轿车。之后，孙伟铭在未取得驾驶证的情况下长期驾驶该车，并多次违反交通法规。同年12月14日中午，孙伟铭与其父母为亲属祝寿，大量饮酒。当日17时许，孙伟铭驾驶其别克轿车行至成都市成龙路"蓝谷地"路口时，从后面撞向与其同向行驶的一辆比亚迪轿车尾部。肇事后，孙伟铭继续驾车以超过限定的速度（60公里/小时）行驶。行至成龙路"卓锦城"路段时，越过中心黄色双实线，先后与对面车道正常行驶的4辆轿车相撞，造成其中一辆长安奔奔轿车上的张景全、尹国辉夫妇和金亚民、张成秀夫妇死亡，代玉秀重伤，以及公私财产损失5万余元。经鉴定，孙伟铭驾驶的车辆碰撞前瞬间的行驶速度为134公里/小时~138公里/小时；孙伟铭案发时血液中的乙醇含量为135.8毫克/100毫升。案发后，孙伟铭的亲属代为赔偿被害人经济损失11.4万元。

（二）问题

醉酒驾车连续冲撞致多人伤亡的，构成交通肇事罪、危险驾驶罪还是以危险方法危害公共安全罪？

知识点：交通肇事罪与相关犯罪的区别。

（三）分析

交通肇事罪，是指违反交通运输管理法规，因而发生重大事故，致人重伤、死亡或者使公私财产遭受重大损失的行为。以危险方法危害公共安全罪，是指使用与放火、决水、爆炸、投放危险物质等危险性相当的、能够同时造成特定或不特定多数人死伤或者公私财产广泛破坏的其他危险方法危害公共安全的行为。以（驾车撞人的）危险方法危害公共安全罪与交通肇事罪的相同之处在于：都可以违反交通运输管理法规，都可能造成重大事故，致人重伤、死亡或财产重大损失。主要的区别在于两罪行为人的主观方面不同。交通肇事罪的行为人对发生重大事故，造成死伤的严重后果在主观上表现为过失，而以（驾车撞人的）危险方法危害公共安全罪行为人对发生或可能发生的危害公共安全的严重后果在主观上是故意，多为行为人明知自己的行为可能发生危害公共安全的结果而放任这种结果发生。

在司法实践中，判断行为人行为时是出于故意还是过失，往往从"事故是否属于一次性撞击"、"行为人是否采取紧急制动措施"和"行为人是否在繁华人多路段高速或高速逆向行驶"等方面考虑。

（1）是否属于一次性撞击。最高人民法院《关于醉酒驾车犯罪法律适用问题的意见》第1条规定，"行为人明知酒后驾车违法、醉酒驾车会危害公共安全，却无视法律醉酒驾车，特别是在肇事后继续驾车冲撞，造成重大伤亡，说明行为人主观上对持续发生的危害结果持放任态度，具有危害公共安全的故意。对此类醉酒驾车造成重大伤亡的，应依法以以危险方法危害公共安全罪定罪。"而在绝大多数的交通肇事案件中，行为人对实害结果都是持排斥态度的，因为如果发生事故，行为人本身就是第一个受害人。醉酒驾驶机动车发生交通事故在通常情况下，是因为行为人盲目相信自己的驾驶技术，轻信能够避免危害结果的发生，主观上表现为过于自信的过失。因此，在醉酒驾车一次性撞击造成重大人员伤亡的情况下，一般定交通肇事罪为宜。

（2）是否采取紧急制动措施。在发生交通事故后，正常人的反应应该是采取紧急制动措施，使车辆尽快停下。如果行为人根本未采取紧急制动措施，除行为人醉酒程度已达到完全失去控制能力的情况外，表明行为人已克服本能反应，对危害结果是一种"管不了那么多了"的心态，意志因素表现为放任甚至是希望，属于间接故意或直接故意，构成以危险方法危害公共安全罪。

（3）是否在繁华人多等路段高速或高速逆向行驶。根据刑法理论，只有造成了与放火、爆炸等相当的具体的公共危险，才能成立以危险方法危害公共安全罪。在繁华人多等路段高速或高速逆行，对公众的生命财产安全造成极大威胁，其产生的公共危险与放火、爆炸等行为产生的公共危险相当，应以以危险方法危害公共安全罪定罪处罚。

本案中，孙伟铭驾驶轿车在车流量大的繁华路段行驶，当时正值车流量高峰，孙伟铭的醉酒驾驶行为对其他行驶中的车辆而言具有重大的安全威胁；行为多次撞击（先撞向与其同向行驶的一辆比亚迪轿车尾部，后孙伟铭继续驾车以超过限定的速度行驶，并越过中心黄色双实线，先后与对面车道正常行驶的4辆轿车相撞）而且没有采取制动措施。这些行为，足以说明孙伟铭的主观心态为故意，不管不顾、放任结果的发生。因此，构成以危险方法危害公共安全罪。

本案中，孙伟铭在道路上醉酒驾驶机动车，属于危险驾驶，是否构成危险驾驶罪？

《刑法》第133条之一第3款规定："有前两款行为，同时构成其他犯罪的，依照处罚较重的规定定罪处罚。"也就是说，行为人危险驾驶，同时构成危险驾驶罪、以危险方法危害公共安全罪或者交通肇事罪等的，在理论上属于法条竞合，依照处罚较重的规定定罪处罚。与以危险方法危害公共安全罪和交通肇事罪相比，危险驾驶罪的法定刑最轻，因此，不能以危险驾驶罪定罪处罚。

本案孙伟铭醉酒驾驶，行为符合危险驾驶罪的构成要件；同时在繁华路段驾车不管不顾，造成多人死伤，又构成以危险方法危害公共安全罪，依照处罚较重的犯罪"以危险方法危害公共安全罪"定罪处罚。

结论：醉酒驾车连续冲撞致多人伤亡的，以危险方法危害公共安全罪论处。

案例36：吴某交通肇事案（案例来源：《中国法院2016年度案例20》）

（一）基本案情

2014年4月3日17时45分许，被告人吴某（男，系安徽省阜阳市某汽车运输有限公司司机）驾驶牌号为皖NA3316的重型特殊结构货车，沿上海市奉贤区 G1501 公路内圈由东向西行驶至 101K 路段时，先后撞击停在应急车道内的皖 K02240 中型货车和皖 KL8139 轻型货车，致使正在皖 K02240 货车车底检查的驾驶员黄某某当场死亡、站在皖 KL8139 轻型货车后方的驾驶员赵某某受伤及货车车损。案发后，被告人吴某拨打"110""120"电话，并趁处警民警忙碌时离开现场。经上海市公安局奉贤分局交通警察支队调查认定，被告人吴某负事故的主要责任。

（二）问题

被告人吴某的行为是否属于交通运输肇事后逃逸？

知识点：交通肇事逃逸的认定。

（三）分析

最高人民法院 2000 年施行的《关于审理交通肇事刑事案件具体应用法律若干问题的解释》（以下简称《解释》）第 3 条规定："'交通运输肇事后逃逸'，是指行为人具有本解释第 2 条第 1 款规定和第 2 款第 1 至 5 项规定的情形之一，在发生交通事故后，为逃避法律追究而逃跑的行为。"

根据该解释，"交通运输肇事后逃逸"需具备以下条件：

（1）行为已构成交通肇事罪

即行为人违反交通运输管理法规，因而发生重大事故，致人重伤、死亡或者使公私财产遭受重大损失，符合解释第 2 条第 1 款规定和第 2 款第 1 至 5 项规定的情形之一。若行为尚未构成交通肇事罪，即使行为人交通肇事后逃逸，也不能认定该行为人具有"交通运输肇事后逃逸"的加重法定刑情节，该情节仅能作为治安处罚的从重情节考虑或者作为《解释》第 2 条第 2 款第 6 项规定的情形。

（2）行为人知道发生了交通事故

如果行为人主观上不知道自己的行为导致了交通事故的发生，则不能认定为交通肇事后逃逸。这里的"知道"包括"明知"和"怀疑"两种情形。所谓"明知"，即当事人在逃逸前，已经感知并确信发生了交通事故。所谓"怀疑"，即当事人在逃逸前，根据一些异常的情形，正常成年人的认知水平，已经意识到可能发生了交通事故。知道发生了交通事故而逃逸，说明行为人的主观恶性大。

（3）行为人客观上实施了逃跑的行为

逃跑即逃离事故现场。在司法实践中，逃离现场的行为很多，并不都是

《刑法》意义上的逃逸。

（4）逃逸的目的是"为了逃避法律追究"

如何理解"逃避法律追究"？

作为交通肇事罪的加重情节，交通运输肇事后逃逸绝不是简单的离开肇事现场，它之所以成为法定加重事由，其根本理由在于逃逸行为会造成行为人在肇事后应当承担的对伤者和财产的抢救义务未能及时有效地履行，以及事故责任认定的困难，使肇事责任的归结无法落实。因此逃逸的动机、目的是为了逃避对被害人的救助义务和法律追究，只有两者有机结合起来才能更好地认定交通肇事逃逸。

在司法实践中，行为人在交通肇事后往往有以下几种常见做法：

1. 行为人既不履行救助义务，又逃避法律追究，构成逃逸

如行为人在交通肇事后既不报警也不拨打救助电话，而是直接选择逃离现场，无疑构成逃逸。

2. 行为人履行救助义务，应视情况而定

第一，行为人在交通肇事后拨打救助电话，或将被害人送至医院后，趁机逃走，逃避法律追究，应认定为交通肇事后逃逸；

第二，行为人在交通肇事后将被害人送至医院并积极协助救治、照顾被害人，而后逃跑，逃避法律追究，应认定为逃逸但予以酌情从轻处罚。

第三，行为人在交通肇事后将被害人送至医院并积极协助救治、照顾被害人，无精力去自首而被公安机关抓获的，不应认定为逃逸。

3. 行为人不履行救助义务，但不逃避法律追究，视情况而定

不履行救助义务又分两种情况：一是客观上不能履行，比如受到被害人家属的殴打，可能危及自己生命、健康，暂时离开现场，其后又主动归案的，不构成交通运输肇事后逃逸；二是主观上不想履行救助义务而逃跑，导致被害人无法得到及时救助而致损失扩大，即使后来自首，仍然属于交通肇事逃逸。因为从一定意义上说，行为人救助伤者的义务比接受法律制裁的义务更重要。

4. 行为人肇事后拨打报警电话和救助电话，但在民警等尚未到达即逃离现场，视情况而定

如果报警时表明自己身份，自己随后到案的，不应认定为逃逸；如果报警时没有表明自己身份且一直不到案，应认为逃避法律追究，以逃逸论处。

从本案实际情况来看，被告人吴某在发现交通肇事后，及时拨打"110""120"电话，在民警到达现场询问和处理时，其因害怕等原因离开现场。应该说侦查机关已经初步掌握了其犯罪事实，被害人也得到了及时的救助。综合全案证据显示，被告人的行为并不具有逃避法律制裁的故意，也没有妨碍司法机关及时办案，且其能在第二天及时到公安机关投案自首，亦能佐证其自愿接受法律制裁的悔罪态度。故根据司法解释规定，不认定其具有逃逸情节。

结论：**交通肇事后逃逸的认定，应区分不同情形。**

案例37：韩正连故意杀人案（案例来源：《刑事审判参考》总第56辑［第439号］）

（一）基本案情

2005年10月26日21时许，被告人韩正连酒后驾驶苏GJ9118"解放"牌货车，行驶至连云港市桃林社区岛山巷时，将在路边行走的妇女徐寿花撞倒。韩正连发现撞人后，为逃避法律追究，将徐寿花转移到岛山巷10号楼2单元道口藏匿，致使徐寿花无法得到救助而死亡。当夜，韩正连又借用苏M00280"东风"牌货车，将徐寿花的尸体运至连云区板桥镇，将尸体捆绑在水泥板上，沉入烧香河中。

（二）问题

交通肇事后将被害人带离事故现场藏匿，致使被害人因得不到救助而死亡的，构成交通肇事罪还是故意杀人罪？

知识点：交通肇事罪与故意杀人罪的区别。

（三）分析

最高人民法院《关于审理交通肇事刑事案件具体应用法律若干问题的解释》第6条规定："行为人在交通肇事后为逃避法律追究，将被害人带离事故现场后隐藏或者遗弃，致使被害人无法得到救助而死亡或者严重残疾的，应当分别依照刑法第232条、第234条第2款的规定，以故意杀人罪或者故意伤害罪定罪处罚。"交通肇事罪是过失犯罪，行为人对致人死亡的严重后果只能持过失的心理态度。故意杀人罪是故意犯罪，行为人对被害人死亡结果持故意的心理态度。交通肇事后，行为人将被害人带离事故现场后隐藏或者遗弃，将会造成被害人得不到救治而死亡或重伤，行为人对此是明知的，即明知自己的行为会发生被害人死亡或重伤的结果，而放任甚至希望结果发生，因此，以故意杀人罪或故意伤害罪定罪处罚。

本案被告人韩正连交通肇事将被害人撞伤后，有义务送被害人去医院抢救，但为逃避法律追究，将被害人带离事故现场隐藏，主观上具有放任被害人死亡的犯罪故意，客观上导致被害人因无法得到救助而死亡的结果，符合最高人民法院《关于审理交通肇事刑事案件具体应用法律若干问题的解释》第6条的规定，其行为已构成故意杀人罪。

结论：交通肇事后，为逃避法律追究，将被害人带离事故现场后隐藏，致使被害人得不到救助而死亡的，以故意杀人罪论处。

案例 38：李卫东过失致人死亡案（案例来源：《人民法院案例选》2006年第 3 辑）

（一）基本案情

2005 年 6 月 16 日 18 时许，被告人李卫东驾驶自己的豫 A13099 号川路牌农用车，在少洛高速公路上施工下班回家途中，由西向东行驶至登封市君召乡水磨湾村大桥东 100 米处，因该公路未正常开通通行，在变更车道时，与相反方向行驶的王小红驾驶的二轮摩托车相撞，致王小红和乘车人王海娃当场死亡，乘车人王占杰受伤。登封市公安局交巡警大队事故责任书认定被告人李卫东负此事故的主要责任。

（二）问题

在未开通的公路上违规驾驶施工车辆，造成他人死亡的，构成交通肇事罪、重大责任事故罪还是过失致人死亡罪？

知识点：交通肇事罪、重大责任事故罪与过失致人死亡罪的区别。

（三）分析

最高人民法院《关于审理交通肇事刑事案件具体应用法律若干问题的解释》第 8 条规定："在实行公共交通管理的范围内发生重大交通事故的，依照刑法第 133 条和本解释的有关规定办理。在公共交通管理的范围外，驾驶机动车辆或者使用其他交通工具致人伤亡或者致使公共财产或者他人财产遭受重大损失，构成犯罪的，分别依照刑法第 134 条、第 135 条、第 233 条等规定定罪处罚。"

根据此司法解释，对本案作如下分析：

1. 本案不构成交通肇事罪

交通肇事罪必须发生在公共交通管理的范围内，而本案发生在未正常开通的公路上，不属于公共交通管理的范围，不构成交通肇事罪。

2. 本案不构成重大责任事故罪和重大劳动安全事故罪

根据《刑法》第134条的规定，重大责任事故罪是指从事生产、作业的人员在生产、作业的过程中违反了有关安全管理规定，因而发生重大伤亡事故或者造成其他严重后果的行为。而本案是发生在李卫东完工后的回家途中，并非是生产作业过程中不服管理、违反规章制度，故不应以重大责任事故罪追究李卫东的刑事责任。重大劳动安全事故罪是指安全生产设施或者安全生产条件不符合国家规定，因而发生重大伤亡事故或者造成其他严重后果，本案是在变更车道过程中发生事故，不属于这种情况。

3. 被告人行为构成过失致人死亡罪

过失致人死亡罪，是指由于过失而致人死亡的行为。本案行为人在变更车道时，由于粗心、疏忽、马虎而与相反方向行驶的二轮摩托车相撞，在主观上属于疏忽大意过失；在客观上，造成了被害人死亡的结果，符合过失致人死亡罪的构成要件，应以过失致人死亡罪定罪处罚。

结论：在公共交通管理的范围外，驾驶机动车或者其他交通工具致人伤亡或者公共财产重大损失的，不构成交通肇事罪。发生在生产、作业过程中的，以重大责任事故罪论处；并非发生在生产、作业过程中而致人死亡的，以过失致人死亡罪论处。

第二章

破坏社会主义市场经济秩序罪

案例 39：俞亚春生产、销售有毒、有害食品案（案例来源：《刑事审判参考》总第 25 辑 [第 166 号]）

（一）基本案情

2001 年 8 月 13 日左右，被告人俞亚春用人民币 200 元向他人购得 1 公斤盐酸克伦特罗（又称瘦肉精、β‑兴奋剂）。俞亚春明知盐酸克伦特罗系国家有关部门明文禁止使用的养殖添加剂，但为了提高其饲养肉猪的瘦肉率以谋取非法利益，连续 1 周用该添加剂掺入饲料中喂养 200 多头肉猪。同月 21 日下午，俞亚春将其中 34 头肉猪销售给个体贩猪户徐全根，得款 18 000 余元。后徐全根将该批肉猪销售给浙江省桐庐县个体贩猪户李明水。李明水除自留 2 头外，又将其中的 32 头肉猪销售给桐庐县多个屠宰户，致使该县洋洲乡、凤川镇、桐庐镇等多个乡镇的 170 多名消费者食用有毒猪肉、猪内脏后出现不同程度的头痛、头昏、肌肉抽搐、呼吸急促、呕吐等中毒症状。经医院诊断，上述症状均系食物中毒所致。经浙江省饲料监察所采样检验，俞亚春存栏的肉猪、李明水自留的肉猪尿样中均含有盐酸克伦特罗，呈 β‑兴奋剂强阳性。

（二）问题

生产、销售以有毒物质饲养的肉类致多人中毒的，构成何罪？

知识点：生产、销售有毒、有害食品罪的构成要件。

（三）分析

生产、销售有毒、有害食品罪，是指违反国家食品安全管理法规，在生产、销售的食品中掺入有毒、有害的非食品原料，或者销售明知掺有有毒、有害的非食品原料的食品的行为。该罪侵害的客体是国家对食品安全的管理制度和不特定多数人的身体健康权利，客观上实施了生产、销售有毒、有害食品的行为，主观上是故意。猪肉属于食品，盐酸克伦特罗（瘦肉精）是对人体有毒的饲料添加剂。俞亚春明知"瘦肉精"是国家明令禁止食用的饲料添加剂，仍将"瘦肉精"掺入饲料喂养肉猪，并将其中 34 头销售给他人，从而导致众多消费者食用猪肉后中毒，其行为已构成生产、销售有毒食品罪。应指出的是，《刑法》第 144 条规定的生产、销售有毒、有害食品罪是选择性罪名，并且属于行为（生产、销售）加对象（有毒食品、有害食品）性选择适用罪名。审判实践中，对这种选择性罪名的适用，不仅要考虑被告人所实施的具体行为，还要考虑被告人所实施行为的具体对象。对于被告人没有实施的行为或者对象，不应适用其罪名。本案中，被告人俞亚春生产、销售含有"瘦肉精"的食品，属于有毒食品，相应地只能适用生产、销售有毒食品罪，而不应适用"生产、销售有毒、有害食品罪"的罪名。

结论：**生产、销售以有毒物质饲养的肉类致多人中毒的，以生产、销售有毒食品罪论处。**

案例 40：杨吉茂伪造货币案（案例来源：《刑事审判参考》总第 3 辑［第 23 号]）

（一）基本案情

1994 年 11 月，被告人杨吉茂为获取高额利润，通过他人介绍结识了在巴中市新华印刷厂制版车间工作的被告人李阳、赵简，并两次前往巴中市，要求二人为其印刷 1934 年版、面值为 500 元和 100 元的假美元。李、赵二人同意后，即用本车间的照相制版设备，制出了美元胶片。杨吉茂为此付给李、赵二人人民币各 5000 元。1995 年 2 月，为能印制出假美元，杨吉茂出资同李阳前往重庆市购回名片机一台，试制美元未获成功。同期，赵简来到成都，三人又前往成都市西门印刷一条街查看资料，并购回一台小型胶印机，由赵简调试机器，试印出了部分假美元。为此，杨吉茂又付给李阳人民币 3000 元，赵简人民币 5000 元。1995 年 6 月，为了印出效果更好的美元，杨吉茂出资人民币 8.4 万元，同李阳一起到四川省印刷物资公司购回一台北京牌 PI144DB 八开胶印机及立式制版照相机，并在成都市黄田坝天都酒楼租房，进行制版，印制了大量 1934 年、1966 年版假美元。为此，李阳从杨吉茂处又获得人民币 5000 元。1996 年 10 月案发后，公安机关从杨吉茂家中搜出假美元（成品）2270 万余元、假美元（半成品）426 万元及印刷设备等物。

（二）问题

伪造正在流通、使用的外币的，是否成立伪造货币罪？

知识点：伪造货币罪中"货币"的含义。

（三）分析

根据《刑法》第170条的规定，伪造货币罪，是指违反国家货币管理法规，依照人民币或者外币的图案、形状、色彩等，使用印刷、复印、描绘、拓印等各种制作方法，制造假货币、冒充真货币的行为。伪造货币罪，破坏国家货币管理制度，损害国家货币的信用，扰乱金融秩序，具有极大的危害性。本罪的对象是正在流通的货币，不仅包括我国的国家货币即人民币，也包括外币在内。这里所说的外币是广义的，是指境外正在流通使用的货币，既包括可在中国兑换的外国货币如美元、英镑、马克等，也包括港、澳、台地区的货币，还包括不可在中国兑换的外国货币。

本案被告人勾结他人，经过精心准备，仿照1934年、1966年版美元（均属正在流通的货币）的式样，印制了大量假美元，虽然杨吉茂侵犯的对象是美国国家对其货币的发行权，但美元是可以在我国流通或者兑换的货币，杨某等伪造美元则侵害了货币的公共信用，还会直接或者间接地侵犯我国公民财产上的利益，构成伪造货币罪。

值得一提的是，行为人只要实施了伪造货币的行为，不论是否完成了全部印制工序，即构成伪造货币罪；对尚未制造出成品、无法计算伪造、销售的假币的数额的，或者制造、销售用于伪造货币的版样的，不认定犯罪数额，依据犯罪情节决定刑罚。

结论：**伪造正在流通、使用的外币的，以伪造货币罪论处。**

案例41：张顺发持有、使用假币案（案例来源：《刑事审判参考》总第27辑［第188号］）

（一）基本案情

2001年2月中旬的一天，被告人张顺发与乙、丙从贵州省遵义市乘火车到重庆的途中，被告人张顺发购得总面额一万余元的假人民币。同月14日到达重庆甲住处后，被告人张顺发与甲、乙、丙乘车到合川市沙鱼镇五村村民罗华珍商店，由甲用一张面额100元的假人民币购买红梅香烟一包，获取真人民币95元。嗣后，被告人张顺发一伙又到周坤商店，仍由甲用一张面额100元的假人民币购买挂面时，被店主周坤和村民林春识破。林春向当地公安派出所报案后，公安民警赶来将被告人张顺发一伙抓获，分别从被告人张顺发和乙、甲身上搜查出面额 100 元的假币 92 张，加之他们丢弃在地的面额 100 元的假币 13 张及在被害人罗华珍处提取的 1 张，总计 108 张。经中国人民银行合川市支行鉴定均为假币。

（二）问题

购买假币后持有、使用的，成立购买假币罪一罪还是以购买假币罪和持有、使用假币罪数罪并罚？

知识点：购买假币罪的认定。

（三）分析

《刑法》第 171 条第 1 款规定了购买假币罪，第 172 条规定了持有、使用假币罪。虽然购买假币罪与持有、使用假币罪是两个独立的罪名，但是这两个罪名——两种行为（购买行为，持有、使用行为）在客观上存在内在的联系，构成牵连关系。牵连关系一般区分为两种：一是原因行为与结果行为的牵连；二是手段行为与目的行为的牵连。在本案中，行为人既实施了购买假币的行为，又实施了持有、使用所购买的假币的行为，完全符合两个罪的犯罪构成。但是案中购买是为了使用，购买假币与使用假币构成了手段与目的的牵连，而购买的结果是持有，购买与持有构成原因与结果的牵连。对于牵连犯的处理方法，理论上主张采取从一重罪处断的原则，即按数罪中处罚较重的一个罪定罪，并在该罪的法定刑内从重处罚，不数罪并罚。从我国刑法分则的规定看，购买假币罪的法定刑要重于持有、使用假币罪的法定刑，故根据最高人民法院《关于审理伪造货币等案件具体应用法律若干问题的解释》的规定，以购买假币罪定罪，从重处罚。

结论：购买假币后持有、使用的，构成牵连犯，以购买假币罪一罪从重处罚。

案例 42：高远非法吸收公众存款案（案例来源：《刑事审判参考》总第 8 辑［第 56 号］）

（一）基本案情

1995 年 3 月至 1996 年 11 月间，被告人高远以高额"尾息"（即利息）为诱饵，利用"经济互助会"的形式，采取"会书"承诺的方法，先后"邀会"41 组，其中 5 万元 1 组，3 万元 2 组，2 万元 5 组，1 万元 22 组，5 千元 2 组，2 千元 5 组，1 千元 3 组，5 百元 1 组。"邀会"金额 3394.345 万元，加上邀徐师有等 6 人会款 9.94 万元，共非法集资总金额为 3404.285 万元，放出会款总金额为 3222.6 万元，扣除"放会"款，高远共非法占有他人"上会"款 181.685 万元。此外，1993 年 6 月至 1996 年 12 月期间，被告人高远接受他人同类型的"邀会"，共"上会"600 组，"上会"总金额 5840.3803 万元，得会总金额 5703.8285 万元；1996 年 3 月至 1997 年 1 月期间，高远以周转会款为名，以高息为诱饵，骗取王云等 9 人现款 53.8 万元，后称无力偿还，以会账充抵 46.09 万元，另有 7.71 万元至今不能归还。

（二）问题

以高额利息为诱饵，吸收公众存款进行赢利，成立非法吸收公众存款罪还是集资诈骗罪？

知识点：非法吸收公众存款罪与集资诈骗罪的区别。

（三）分析

根据《刑法》第 176 条的规定，非法吸收公众存款罪是指违反国家规定，非法吸收公众存款或者变相吸收公众存款，扰乱金融秩序的行为。根据《刑法》第 192 条的规定，集资诈骗罪是指以非法占有为目的，使用诈骗的方法非法集资，数额较大的行为。集资诈骗罪和非法吸收公众存款罪都以非法集资为外在的表现形式，但二者同时又存在着根本的区别：

第一，犯罪的目的不同。集资诈骗罪的犯罪目的是非法占有所募集的资金（以非法占有为目的）；而非法吸收公众存款罪的目的则是企图通过吸收公众存款的方式，进行赢利，在主观上并不具有非法占有公众存款的目的。这是两罪最本质的区别。

第二，犯罪客观方面不同。两罪行为的客观表现虽有非法集资的共同外在表现形式，但具体实施方法也有根本不同。集资诈骗罪的行为人必须使用诈骗的方法骗取他人的集资款；而非法吸收公众存款罪则不以行为人是否使用了诈骗方法作为构成犯罪的要件之一，尤其是在吸收存款或募集资金的目的行为上并没有遮掩赢利的意图。

第三，侵犯的客体不同。集资诈骗罪侵犯的是复杂客体，不仅侵犯了国家的金融秩序，而且侵犯了出资人的财产所有权；非法吸收公众存款罪侵犯的是单一客体，即国家的金融管理秩序。当然，在有些情况下，非法吸收公众存款的行为人由于经营不善造成亏损，无法兑现其在吸收公众存款时的承诺，甚至给投资人、存款人造成了重大经济损失，但是，这种损失与行为人目的就是侵犯公私财物的所有权所造成的损失是不同的。

回到本案，高远非法吸收公众存款的目的，是通过"邀会"与"放会"的方式，赚取差价，谋取经济利益，并没有非法将会款占为己有的目的。至于不能归还会款，乃是由于经营不善，导致资金亏空，并未用于个人消费和挥霍，不能证明被告人主观上有非法占有目的，因此，不以集资诈骗罪论处。

结论：**以高额利息为诱饵，吸收公众存款进行盈利，如果不具有非法占有的目的，以非法吸收公众存款罪论处。**

案例 43：汪照洗钱案（案例来源：《刑事审判参考》总第 37 集 [第 286 号]）

（一）基本案情

被告人汪照于 2001 年底认识区丽儿（另案处理）后，在明知区丽儿的弟弟区伟能（另案处理）从事毒品犯罪并想将其违法所得转为合法收益的情况下，于 2002 年 8 月伙同区丽儿、区伟能到本市黄埔区广东明皓律师事务所，以区伟能、区丽儿的港币 520 万元（其中大部分为区伟能犯罪所得），购入广州百叶林木业有限公司的 60% 的股权。被告人汪照并协助区伟能运送毒资作为股权转让款。在取得公司控股权后，区丽儿、区伟能安排将该公司更名为广州市腾盛木业有限公司，由区丽儿任该公司法定代表人，直接管理财务。被告人汪照挂名出任该公司董事长，除每月领取人民币 5000 元以上的工资外，区丽儿、区伟能还送给汪照一辆 ML300 越野奔驰小汽车。之后，腾盛木业有限公司以经营木业为名，采用制造亏损账目的手段，掩饰、隐瞒其违法所得的来源与性质，意图将区伟能的毒品犯罪所得转为合法收益。2003 年 3 月 16 日，被告人汪照及同案人被公安人员抓获。

（二）问题

将他人毒品犯罪的违法所得用于投资经营活动，意在将毒赃的非法性质和来源合法化，成立隐瞒毒赃罪还是洗钱罪？

知识点：隐瞒毒赃罪和洗钱罪的认定。

（三）分析

《刑法》第 349 条规定，窝藏、转移、隐瞒毒品、毒赃罪是指明知是走私、贩卖、运输、制造毒品的犯罪分子的毒品或者毒赃，而为其窝藏、转移、隐瞒的行为。关于洗钱罪与窝藏、转移、隐瞒毒赃（犯罪所得的财物）罪的界限，从以下三个方面进行分析：第一，犯罪对象方面，洗钱行为所指向的对象是包括毒品犯罪在内的几类上游犯罪所得及其收益的非法性质和来源，故不一定直接涉及财物本身；而后者主要是针对毒品犯罪所得的财物而言的，故财物本身为其直接对象。或者说，前者不一定要求对作为犯罪所得或者收益的财物形成物理上的控制，而后者必须使该财物处于行为人的支配、控制范围或者状态之下。第二，行为方式方面，前者表现为将上游犯罪所得及收益通过金融机构等，采用提供资金账户、协助转移财产、转移资金、把资金汇往境外等方法使其具有表面合法化的性质；后者则主要是通过改变赃物的空间位置或者存在状态对赃物进行隐匿或者转移，使侦查机关不能或者难以发现，或者妨害司法机关对赃物的追缴，此类行为并无改变赃物非法性质之作用，不具有使之表面合法化的特征。就具体行为方式言之，前者远比后者复杂。第三，主观目的方面，前者的目的是掩饰黑钱的非法来源和性质，使黑钱合法化，此种目的同时决定了洗钱行为人并不必然要对赃物加以物理上的隐藏，洗钱行为中所表现出的财物就其存在状态而言仍可能具有一定的公开性；而后者的主观目的是为了逃避司法机关的侦查、追缴，力图藏匿财物，使他人不知该财物的存在，因而后者财物的存在状态具有秘密性。

本案被告人明知是他人毒品犯罪所得，而协助将其用于投资经营（购入广州百叶林木业有限公司的 60% 的股权）等活动，将毒赃的非法性质和来源合法化，符合洗钱罪的犯罪构成，应以洗钱罪论处。

结论：将他人毒品犯罪的违法所得用于投资经营等活动，意在将毒赃的非法性质和来源合法化的，以洗钱罪论处。

案例 44：吴晓丽贷款诈骗案（案例来源《刑事审判参考》总第 15 辑 [第 95 号]）

（一）基本案情

1995 年 8 月至 10 月，被告人吴晓丽以盖州市有色金属铸造厂的名义先后从盖州市辰州城市信用社贷款 105 万元。贷款期满后，吴晓丽未能偿还。1995 年 12 月 30 日，吴晓丽以盖州市镁厂的名义，从辰州城市信用社贷款 235 万元，将所欠该信用社的贷款本金、利息及其弟吴晓辉、其妹吴晓静欠辰州城市信用社的贷款本金及利息转入该合同。贷款期满后，吴晓丽仍未偿还。1997 年 12 月 24 日，吴晓丽又以营口佳友铸造有限公司的名义，用盖州市镁厂 2214 平方米厂房作抵押，与盖州市辰州城市信用社签订 310 万元的借款合同，将原未偿还的 235 万元贷款的本金及利息转入该合同。

1996年6月至8月间，被告人吴晓丽以盖州市镁厂名义，两次从盖州市城建信用社共计贷款人民币200万元。贷款期满，吴晓丽未偿还。1997年12月8日，吴晓丽用盖州市镁厂1404平方米厂房和机器作抵押，重新与盖州市城建信用社签订贷款251万元的借款合同，将原200万元贷款的本金及利息转入该合同。

上述贷款到期后，经两个信用社多次催要，吴晓丽没有偿还贷款。1998年9月3日，吴晓丽因在上述两信用社抵押财产未在产权机关登记，擅自将镁厂的全部建筑物及厂区土地（包含上述两项贷款抵押物）作价人民币400万元，一次性转让给盖州市亚特塑料制品厂厂长王晓春，双方在签订镁厂《转让合同书》过程中，吴晓丽隐瞒了镁厂已有部分建筑抵押给信用社的事实。吴晓丽从转让镁厂中收到王晓春分期给付的300万元现金，但未用于偿还贷款。

（二）问题

取得贷款时未采取欺诈手段，还贷过程中非法转移抵押物的，是否成立贷款诈骗罪？

知识点：贷款诈骗罪的犯罪构成。

（三）分析

本案涉嫌贷款诈骗罪、骗取贷款罪及贷款纠纷。根据《刑法》的规定，以非法占有为目的，使用虚构事实或者隐瞒真相的方法，诈骗银行或者其他金融机构贷款，数额较大的，构成贷款诈骗罪。骗取贷款罪，是指以欺骗手段取得银行或者其他金融机构贷款，给银行或者其他金融机构造成重大损失或者具有其他严重情节的行为。而贷款纠纷，是指因借用他人财物不能按时归还，在借用人与出借人之间产生的纠纷，一般贷款纠纷是一种民事法律关系，不产生刑事责任。

贷款诈骗罪与骗取贷款罪有相似或相同之处，即都采取欺诈手段。例如，编造引进资金、项目等虚假理由，使用虚假的经济合同，使用虚假的证明文件，使用虚假的产权证明作担保或者超出抵押物重复担保，等等。两者的区别在于，贷款诈骗罪的行为人主观上具有"非法占有的目的"，而骗取贷款罪的行为人主观上不具有"非法占有的目的"。如何判断行为人是否具有"非法占有的目的"？根据2001年最高人民法院《全国法院审理金融犯罪案件工作座谈会纪要》的规定，有下列情形之一的，属于"以非法占有为目的"：明知没有归还能力而大量骗取资金的；非法获取资金后逃跑的；肆意挥霍骗取资金的；使用骗取的资金进行违法犯罪活动的；抽逃、转移资金、隐匿财产，以逃避返还资金的；隐匿、销毁账目，或者搞假破产、假倒闭，以逃避返还资金的。

借贷纠纷的行为人更不具有非法占有他人财物的目的，在借贷时也未采取欺诈手段，只是因为借款人没有按期归还而产生纠纷。

就本案而言，被告人吴晓丽在签订借款合同之时，并没有采取欺骗手段，她所提供的抵押物是真实、合法的个人财产，所以不构成骗取贷款罪。虽然事后行为人转让抵押物，并未以转让所得偿还贷款，但不能证明其具有"非法获取资金后逃跑，肆意挥霍骗取资金，使用骗取的资金进行违法犯罪活动，抽逃、转移资金，隐匿财产，隐匿、销毁账目，或者搞假破产、假倒闭"的行为，其转让抵押物可能是为了进行其他经营、投资以归还债务，不能认定其存在非法占有的目的。因此，不应以贷款诈骗罪论处，而属于借贷纠纷。

结论：**取得贷款时未采取欺诈手段，还贷过程中非法转移抵押物的，主观上不具有非法占有目的，不构成贷款诈骗罪。**

案例 45：张平票据诈骗案（案例来源：《刑事审判参考》总第 77 辑 [第 653 号]）

（一）基本案情

2008 年 6 月 12 日下午，被告人张平至无锡市锡山区安镇镇南胶南村陆更巷 44 号林卫亚家，采用翻围墙、撬门锁等手段，窃得现金人民币（以下币种均为人民币）5000 元及银行承兑汇票 2 张（其中一张票号为 00257643，出票人为湘潭市奇胜摩托车销售公司，付款行是湘潭市商业银行，出票金额为 5 万元，收款人为株洲市锦宏摩托车经营部，出票日期为 2008 年 3 月 18 日，汇票到期日为 2008 年 9 月 18 日；另一张票号为 02214212，出票人为安徽省华皖酒业有限公司，付款行是徽商银行六安分行清算中心，出票金额为 5 万元，收款人为江阴市汇南彩印有限公司，出票日期为 2008 年 1 月 9 日，汇票到期日为 2008 年 7 月 9 日）。后被告人张平以票号为 02257643 的银行承兑汇票向杨伟兑换现金 4 万元，以票号为 02214212 的银行承兑汇票向王惠刚偿付结欠的货款 3 万元并兑换现金 1.7 万元。

林卫亚发现失窃后，于 2008 年 6 月 12 日晚向公安机关报案，并于次日向湘潭市商业银行及徽商银行六安分行清算中心对失窃的银行承兑汇票进行电话挂失，后又以无锡市锡山区安镇春伟五金加工厂名义，以公示催告程序向湘潭市岳塘区人民法院、安徽省六安市金安区人民法院申请宣告上述汇票无效，上述法院先后于 2008 年 8 月 29 日、9 月 22 日作出除权判决，宣告上述汇票无效。

（二）问题

盗窃银行承兑汇票并使用，骗取财物数额巨大的，构成盗窃罪还是票据诈骗罪？

知识点：票据诈骗罪的犯罪构成。

（三）分析

汇票分为商业承兑汇票与银行承兑汇票。其中银行承兑汇票是由收款人或承兑申请人签发的，并由承兑申请人向开户银行申请，经银行审查同意承兑的汇票。银行承兑汇票虽然具有与现金相类似的支付结算功能，但它不能完全等同于现金，属于有价证券的范畴，是记名、可挂失、不能即时兑现、有较多保护措施的有价证券，票据权利的行使受到诸多因素的制约，对于票据的丧失也有多种救济途径。

盗窃罪，是指以非法占有为目的，窃取公私财物的行为；票据诈骗罪，是指利用金融票据进行诈骗活动，骗取公私财物的行为。票据诈骗罪属于特殊的诈骗罪。对于行为的刑法评价，一般是从行为所侵犯的法益，即刑法所保护的客体入手。立法所保护的盗窃罪、票据诈骗罪的法益均包含公民的财产权利。对于盗窃票据并使用的行为，应根据票据持有人直接丧失票据记载的财产是盗窃行为所致还是使用行为所致进行判断。如果盗窃行为使票据持有人直接丧失票面记载的财产，则可以认定构成盗窃罪，其使用行为可作为赃物处理行为对待；如果盗窃行为并未使票据持有人的财产直接受损，其使用行为可认定构成金融诈骗罪；倘若盗窃行为直接侵犯票据持有人的财产，而其使用行为又侵犯了新的法益，则应以盗窃罪、票据诈骗罪两罪并罚。

本案被告人张平盗窃的银行承兑汇票是记名、可挂失、不能即时兑现的有价证券，持票人能够通过公示催告、诉讼、挂失止付等途径避免自己的损失，盗窃该类银行承兑汇票的行为并不必然使持票人的财产受损。事实上，失窃人林卫亚在被盗次日即向付款行电话挂失，后又向付款行所在地法院申请除权判决，宣告失窃票据无效，使自己免受了财产损失。然而，被告人张平用所窃汇票向杨伟兑换现金、向王惠刚偿付货款及兑换现金的行为，却使接受汇票方因汇票已被挂失而遭受财产损失。可见，张平盗窃汇票的行为并未使失窃人遭受财产损失，张平盗窃汇票后以票据权利人的名义使用票据的行为使接受张平交付汇票的人受到财产损失，该行为损害了国家对金融票据的管理制度和正常秩序，符合票据诈骗罪的客体特征。

根据《刑法》第194条的规定，票据诈骗罪客观上表现为以下行为方式之一：明知是伪造、变造的汇票、支票、本票而使用；明知是作废的汇票、本票、支票而使用；冒用他人的汇票、本票、支票；签发空头支票或者与其预留印鉴不符的支票，骗取财物；汇票、本票的出票人签发无资金保证的汇票、本票或者在出票时作虚假记载，骗取财物等。《刑法》的上述规定也表明，本罪的主观方面是故意，行为人主观上明知自己不是合法的汇票权利人或授权的代理人，但仍然假冒合法权利人或其代理人之名使用汇票，即属于冒用他人的汇票。本案张平的行为符合"冒用他人的汇票"的情形。冒用他人汇票的行为实质是假冒汇票权利人或其授权的代理人行使本属于他人的汇票权利，从而骗取财物。张平明知自己不是汇票权利人，却仍向受票人明确表示票据为其所有，以权利人的身份转让取得对价，符合冒用他人汇票的情形，其行为符合票据诈骗的主客观要件。

在本案中，被告人张平先后产生了两个犯意或目的，即盗窃财物的故意和利用所窃得的银行汇票实施诈骗的故意，在行为上亦表现为既有秘密窃取的行为，又有隐瞒事实真相冒充合法持票人实施诈骗的行为。被窃人5000元的损失和被骗人8.7万元的损失是由被告人张平先前的盗窃行为与嗣后的诈骗行为分别造成的。窃取5000元时，盗窃罪已经成立，其后冒用他人的汇票是基于票据诈骗的故意。即行为人基于两个犯罪故意，实施了两个独立的犯罪行为，既侵犯了公私财物的所有权，又侵犯了国家对金融票据的管理制度，两行为不具有牵连关系，应当实行数罪并罚。

本案也不宜参照《刑法》第196条第3款的规定。《刑法》第196条第3款规定："盗窃信用卡并使用的，依照本法第264条的规定定罪处罚。"立法者仅在信用卡诈骗罪中作了此种特别规定。信用卡密码是使用信用卡的关键，信用卡内的款项一般在盗窃行为完成时就处于行为人的控制之下。而银行承兑汇票的兑现则有一系列严格的审查程序，银行承兑汇票在流传过程中可能已被挂失，汇票所指向的财物可能已不存在。在该情形下，行为人要凭票获取财物主要依靠虚构事实或隐瞒真相的手段，行为对象不是汇票持有人而是第三人。对于混合使用盗窃、骗取手段的行为定性，理论和实务界均认为应当以获取财物的关键行为作为定罪标准。本案被告人盗窃银行承兑汇票时，并未实现对银行承兑汇票款项的控制，其获取巨额财产的关键在于盗窃后的诈骗行为，应当以票据诈骗罪而不宜以盗窃罪定罪处罚。

结论：**盗窃银行承兑汇票并使用，骗取财物数额较大的，以票据诈骗罪论处。**

案例 46：木某某信用卡诈骗案（案例来源：《中国法院 2016 年度案例 20》）

（一）基本案情

2014 年 8 月 20 日 15 时许，被害人蒲海某在布尔津县城镇神湖路中国工商银行布尔津县支行 ATM 自动柜员机内，往借用的姜玉某的信用卡内存入现金 10 000 元，后将信用卡遗忘在柜员机内。当日 15 时 11 分许，前来准备存款的被告人木某某发现柜员机内有他人遗忘的银行卡，遂提取了卡内 5000 元现金。后被害人记起返回取卡时，被告人才从 ATM 自动柜员机内将卡取出退还被害人。

（二）问题

使用他人遗忘在自动柜员机内的信用卡提取现金的，如何定罪？

本案争议的焦点问题在于被告人木某某使用他人遗留在 ATM 机上的信用卡提取现金行为的定性问题，也即被告人的行为是否构成犯罪、构成何种犯罪。2008 年 4 月 18 日，最高人民检察院颁布了《关于拾得他人信用卡并在自动柜员机（ATM 机）上使用的行为如何定性问题的批复》，指出：

"拾得他人信用卡并在自动柜员机（ATM 机）上使用的行为，属于刑法第 196 条第 1 款第 3 项规定的'冒用他人信用卡'的情形，构成犯罪的，以信用卡诈骗罪追究刑事责任。"

尽管最高检就"拾得信用卡并在 ATM 机上使用"颁布了司法解释，但在理论上对此类问题仍有争议，就本案来讲，主要存在以下三种不同意见：

第一种意见认为，被告人的行为构成盗窃罪。此观点认为，ATM 机是机器，机器是没有思维意志的，就没有被骗者基于错误认识自愿交付财物的客观行为，因此不能够作为诈骗犯罪的对象，实际财产的损失人是被害人蒲海某，被害人蒲海某把信用卡遗忘在 ATM 机上，ATM 机属于银行服务设备，因此信用卡还在银行的控制下，被告人木某某捡拾信用卡后提取人民币 5000元，是在被害人不知情和银行控制的情况下进行的，是秘密窃取财物的行为，因此构成盗窃罪。

第二种意见认为，被告人的行为构成侵占罪。侵占罪是把对财物的合法持有变成非法占有，被害人是在 ATM 机可提款的情况下丢失的银行卡，实质上就是丢失了银行卡中的财产所有权，这些财产应当理解为遗忘物。被告人捡拾到银行卡，其实就是直接占有了银行卡中的财物，被告人通过操作提取人民币 5000 元，客观上也就实现了非法占有的目的，因此应定为侵占罪。

第三种意见认为，被告人的行为构成信用卡诈骗罪。此观点认为被告人虽然拾得处于可提款状态下的信用卡，但被告人是冒用被害人的身份进行提款，符合信用卡诈骗罪的构成要件，因此应当定为信用卡诈骗罪。

知识点：盗窃罪、诈骗罪（信用卡诈骗罪）、侵占罪的区别。

（三）分析

侵占罪的行为和盗窃罪、诈骗罪（信用卡诈骗罪属于特殊的诈骗罪）同属于侵犯财产所有权的犯罪，它们的主体、主观方面、客体都有相同之处，不同之处在于：

（1）犯罪故意产生的时间不同

盗窃、诈骗是行为人先产生非法占有的故意，然后将他人控制之下的财物非法占有；而侵占是先合法持有，后产生非法占有的故意，将自己合法持有（控制）的财物非法占为己有不退还。

（2）客观方面不同

侵占罪的行为人在实施侵占行为时被侵占之物在其实际控制之下，即合法持有，盗窃、诈骗罪的行为人在实施盗窃、诈骗行为时财物在他人（所有人、保管人）控制之下。

（3）行为对象不尽相同

侵占罪的对象是代为保管的他人财物、他人的遗忘物或者埋藏物，而盗窃罪、诈骗罪的对象为财物，没有限制。

1. 本案不构成侵占罪

被告人不属于合法持有非法占有。受害人尽管将银行卡遗忘在 ATM 机，但被告人并未合法持有，银行卡仍在银行的控制下。被告人先产生非法占有的故意，然后使用一定的手段将银行控制下的财物非法占有，而且侵占罪还有"拒不交出"这一条件，显然本案不属于侵占罪的范畴。

2. 本案不构成信用卡诈骗罪

诈骗罪与盗窃罪的主要区别在于：行为方式不同。

诈骗罪，是指行为人使用虚构事实或者隐瞒事实真相的方法，骗取公私财物的行为。传统观点认为，盗窃罪是指行为人采取自认为公私财物的所有人、管理人不会发觉的方法，秘密将他人财物非法占为己有。诈骗罪是骗财，盗窃罪是窃财。

在理解（信用卡）诈骗罪时，需要关注两个问题：

（1）机器能否被骗

大陆法系国家刑法理论与审判实践公认机器不能被骗，只有对自然人实施欺骗行为才能构成诈骗罪。但这一观点是否科学、是否适应当今社会的需要？本人认为，从犯罪构成的角度看，是否构成犯罪主要取决于行为人的行为及主观心理态度（犯罪主体一般情况下不会有太多问题）以及侵犯的法益，只要行为人实施了刑法规定的行为，侵犯了一定的法益，主观上具有刑法要求的罪过，就构成犯罪。就诈骗罪而言，《刑法》规定的是"诈骗公私财物数额较大"，可知，《刑法》要求诈骗罪在客观上实施了诈骗行为、侵犯了公私财物所有权即可，没有规定诈骗的直接对象必须是人。当今社会，新型金融服务不断出现，ATM 机是银行的专用金融服务设备，有一定的智能性，是银行工作人员服务的延伸及银行工作人员的代理者，对 ATM 机的操作可以视为同银行工作人员的交流。拾得他人的信用卡，并输入一定的密码在 ATM 机上使用，符合"虚构事实、隐瞒真相，使银行信以为真从而自愿交付财物"的诈骗特点，当然构成信用卡诈骗罪。上述最高检的司法解释也承认了这一点。

（2）诈骗罪的构成要求行为人有欺诈行为和欺诈故意

欺诈行为，即无中生有，虚构事实，或者隐瞒事实真相的行为。欺诈故意，是指为达到非法占有的目的而有意虚构事实或隐瞒事实真相。

本案中，行为人没有虚构事实、隐瞒真相，即没有实施欺诈行为。行为人利用他人未退出自动取款机操作系统的信用卡提取现金的行为，由于行为人并没有输入密码之类的操作行为，故自动取款机并没有被骗；相反地，行为人使用有效的信用卡恰恰是满足了取款机程序的要求。因此，该行为并不符合冒用他人信用卡之构成，不构成信用卡诈骗罪。

3. 本案认定盗窃罪较为妥当

遗忘在 ATM 机内的银行卡在银行控制之下。本案行为人看到银行卡后，产生非法占有的故意，即以非法占有为目的，将银行控制之下的财物秘密窃为己有，符合盗窃罪的特征，构成盗窃罪。

结论：利用他人未退出银行自动取款机的信用卡取出卡内款项的，构成盗窃罪。

案例 47：高某某合同诈骗案（案例来源：《中国法院 2016 年度案例 20》）

（一）基本案情

2012 年 5 月始，被告人高某某在河南省郑州市经营电动工具生意，其从江苏省启东市的电动工具厂商处批发电动工具，后销往河南省郑州地区的电动工具零售店。由于市场因素及自身经营原因，至 2013 年 5 月，被告人高某某已拖欠厂商（或供货商）二三十万元的货款。2013 年 5 月初，被告人高某某萌生向厂商进货后（货款暂欠），以低于进货价向各零售商倾销电动工具之念，以稳定市场及套现偿还之前所欠货款。5 月 2 日至 12 月 10 日期间，被告人高某某隐瞒其低于进货价销售电动工具及无实际履行合同能力的真相，以支付部分货款的方法，取得电动工具厂商和供货商的信任，先后骗取被害人张某、潘某、郁某、杜某某、潘某某、施某某等 6 名厂商（或供货商）货值共计人民币 2 659 509 元的电动工具，在河南郑州、洛阳等地低于进货价销售套现。期间，被告人高某某先后退还了上述被害人的部分货款或货物，价值共计人民币 1 389 994 元，实际骗得货值人民币 1 269 515 元的电动工具。被告人高某某套现后，部分用于偿还以前拖欠其他供货商的货款，部分用于其个人消费。

2013 年 12 月 10 日，被告人高某某逃离郑州并更换联系方式。2014 年 6 月 18 日，被告人高某某在广东深圳被民警抓获，归案后如实供述犯罪事实。

本案在审理过程中，对于被告人行为性质的认定问题上存在争议，出现了两种不同意见：第一种意见认为，被告人作为市场经营主体，其经营过程中虽存在对供货商欺诈行为，但尚属民商事法律调整范畴，不宜认定为合同诈骗罪。第二种观点认为，本案应当构成合同诈骗罪，理由是被告人通过支付部分货款取得供货商信任，签订购货合同收受货物后故意低价销售套现，拖欠大量货款事后逃匿，应当构成合同诈骗罪。

（二）问题

被告人高某某的行为是否构成合同诈骗罪。

知识点：合同诈骗罪的认定。

（三）分析

合同诈骗罪，是指以非法占有为目的，在签订、履行合同过程中，以虚构事实或者隐瞒真相的方法，骗取对方当事人财物，数额较大的行为。

民商事领域的合同欺诈行为与合同诈骗罪在司法实践中经常交织，容易混淆，区别二者的关键在于行为人主观上是否有非法占有的目的。合同诈骗罪行为人主观上有非法占有的目的，而合同欺诈行为行为人不具有非法占有的目的。实践中，根据合同诈骗罪的特点，在认定合同诈骗的非法占有目的时，应全面考虑行为人主体资格是否真实、行为人有无履约能力、有无履约的实际行动、没有履约的原因、行为人是否积极承担违约责任等方面的事实，进行综合评断：

第一，分析行为人有无履行合同能力。如果在签订及履行合同过程中始终没有履行合同能力，则其对无法履约的后果是明知的，行为人借此获利，当认定为具有非法占有的目的。例如，本案中，被告人高某某在实施本案犯罪行为之前就由于经营原因拖欠了数十万债务（主要是供货商的货款）。高某某通过签订购货合同取得货物后立即低于进货价倾销套现，其每做一笔生意都意味着亏损赔钱。可以看出，被告人从决定高买低卖的时刻起，其就不具备履行交易行为的能力和意图，也不可能实际真正履行合同支付货款，其目的就是为了以交易为幌子骗取财物。

第二，分析行为人有无履约的行为。有履约诚意的行为人会积极创造条件履约，而以非法占有为目的的行为人则不会有实质上的履约行动，即使有部分履行行为，也是为了骗取对方信任，以实现他人交付财物的目的。本案中，表面上被告人合同诈骗期间曾数次支付过部分货款，但仔细分析，被告人的"拆东墙补西墙"行为的实质是进行多次合同诈骗，并以后次诈骗财物归还前次诈骗财物，以便获取被害人信任，继续诈骗财物。同时，被告人拖欠大量货款后，本应为正常履约采取积极的补救措施，但其变更联系方式，逃匿于外地，其签订、履行合同过程中的非法占有目的就较为明显了。

第三，分析行为不履约的原因。如果因为行为人自身原因，故意导致无法履约，也不积极承担违约责任的，则可认定其具有非法占有目的。如果行为人不履约仅仅是客观原因导致，并积极承担违约责任的，则不能认定具有非法占有的目的。例如本案中，由于市场不景气和经营上的不善，被告人高某某在案发前就已经拖欠了供货商大量货款，但这些款项不能纳入合同诈骗的犯罪金额，因为亏损结果并非行为人故意所致，也是商业中必然存在的经营风险。但高买低卖（每笔生意都亏损）倾销套现的行为是被告人自己决定及实施的，其明知这种经营必将导致其无法履行向供货商足额支付货款的结果。故可以认定被告人具有非法占有目的。

综上所述，被告人在已经负债的情况下，隐瞒低于进货价销售货物及缺乏履行合同能力的真相，通过支付部分货款取得供货商信任，签订购货合同。取得货物后，故意实施"高买低卖"的亏损的经营行为，事后不采取积极的补救措施，而是以逃逸的方式躲避债务，这些行为充分证明，被告人具有非法占有的目的，构成合同诈骗罪。

结论：**通过支付部分货款取得供货商信任，签订购货合同，收受货物后故意低价销售套现，拖欠大量货款事后逃匿，应当构成合同诈骗罪。**

案例 48：李宁侵犯商业秘密案（案例来源：《人民法院案例选》2009 年第 1 辑）

（一）基本案情

北京奥尔环境艺术有限公司（以下简称奥尔公司）成立于 2002 年 3 月，主要从事园林绿化以及灯光照明设计及工程。被告人李宁受聘于奥尔公司并担任该公司业务部经理。2002 年四五月间奥尔公司委派被告人李宁以及该公司业务员张杨代表公司与湖南省湘潭市有关部门洽谈城市灯光改造项目，被告人李宁多次向奥尔公司汇报洽谈无结果。此间，被告人李宁与张杨等人预谋将湖南省湘潭市的相关工程转走。2002 年 8 月 29 日，被告人李宁在奥尔公司工作期间，与奥尔公司原工作人员张士亮共同出资成立了北京天诚鼎力环境艺术有限公司（以下简称天诚鼎力公司），该公司经营范围亦包括园林绿化及灯光照明设计。同年 9 月 9 日，被告人李宁代表"天诚鼎力公司"与湘潭市韶山东路建设指挥部签订了金额为人民币 70 余万元的照明灯具《供销合同》。次日，被告人李宁等人又以"天诚鼎力公司"的名义与湘潭市灯饰管理处签订了金额为人民币 101 万余元的照明灯具《供销合同》。后被告人李宁等人以"天诚鼎力公司"的名义向湘潭市上述单位提供了价值人民币 67 万余元的照明灯具并获利，给奥尔公司造成了人民币 100 余万元的经济损失。2002 年 10 月间，被告人李宁辞去了在奥尔公司担任的职务。2003 年 7 月 12 日，被告人李宁被告发归案。

（二）问题

未经许可，擅自使用企业之间因商洽经营业务而形成的信息的，构成何罪？

知识点：侵犯商业秘密罪中"商业秘密"的界定。

（三）分析

《刑法》第 219 条第 3 款明确规定了商业秘密的概念，即"不为公众所知悉，能为权利人带来经济利益，具有实用性并经权利人采取保密措施的技术信息和经营信息"。1998 年 12 月 3 日，国家工商行政管理局修订公布的《关于禁止侵犯商业秘密行为的若干规定》对商业秘密的有关术语作了进一步的解释。其中，不为公众所知悉，是指该信息是不能从公开渠道直接获取的；能为权利人带来经济利益、具有实用性，是指该信息具有确定的可应用性，能为权利人带来现实的或者潜在的经济利益或者竞争优势；权利人采取保护措施，包括订立保密协议、建立保密制度及采取其他合理的保密措施；技术信息和经营信息，包括设计、程序、产品配方、制作工艺、制作方法、管理诀窍、客户名单、货源情报、产销策略、招投标中的标底及标书内容等信息。这一解释为人民法院认定商业秘密提供了重要依据。根据《刑法》的规定，侵犯商业秘密罪客观方面表现为以下几种行为：①以盗窃、利诱、胁迫或者其他不正当手段获取商业秘密；②披露、使用或者允许他人使用以前项不正当手段获取的商业秘密；③违反约定或者违反权利人有关保守商业秘密的要求披露、使用或者允许他人使用其所掌握的商业秘密。第三种行为与前两种行为不同，行为人是以合法的方式掌握了他人的商业秘密（包括内部工作人员因工作关系掌握商业秘密），并违反保密义务披露、使用或者允许他人使用其掌握的商业秘密。

本案现有证据证明：奥尔公司通过专利产品的宣传和业务员的联系，获取了湖南省湘潭市欲对该城市道路及广场进行改造，需购置照明灯具的信息，尽管该信息起初可以通过网络等媒体获知，具有公开性，但当奥尔公司与湘潭方面就该工程达成合作意向，奥尔公司为湘潭方面做了大量的设计工作，试生产了大量专利产品的样品和模具，湘潭方面对此也表示满意，双方进入实质性签约阶段时，该经营信息被特定化，具有秘密性，只在有限的范围内公开，显然不能为公众所知悉；该经营信息能为奥尔公司带来经济利益，具有实用性；奥尔公司与员工都签订有保密协议，对相关经营信息采取了保密措施，故该经营信息已属奥尔公司享有，符合商业秘密的法律特征，系奥尔公司的商业秘密。

被告人作为奥尔公司的业务部经理，始终参与该公司与湖南省湘潭市有关部门洽谈的城市灯光改造项目，对相关的技术信息与经营信息了如指掌。但被告人为了牟利，伙同他人未经许可，违反权利人有关保守商业秘密的要求，将商业秘密使用于自己新建的公司，给奥尔公司造成重大损失，应以侵犯商业秘密罪论处。

结论：**未经许可，擅自使用企业之间因商洽具体经营业务而形成的信息的，应以侵犯商业秘密罪论处。**

案例 49：高秋生等非法经营案（案例来源：《刑事审判参考》总第 29 辑[第 212 号]）

（一）基本案情

2000 年 7 月 17 日上午，被告人高秋生、林适应、方枝英、李奋家在明知是烟草制品又无准运证的情况下，受方志雄（另案处理）的委托，将假冒的台湾地区产长寿牌香烟 318 箱，由福建省云霄县莆美镇运往南安市，高秋生、林适应驾驶东风牌厢式大货车（车号闽 E01879）运输，方枝英、李奋家驾驶金龙牌旅行车（车号闽 E80197）在前面探路，行至厦漳高速公路龙海路段被龙海市公安局查获。

（二）问题

明知是假冒专营、专卖产品而运输，情节严重的，是否成立非法经营罪？

知识点：非法经营罪的犯罪构成。

（三）分析

非法经营罪，是指违反国家规定，从事非法经营，扰乱市场秩序，情节严重的行为。常见的非法经营的行为主要有：①未经许可经营法律、行政法规规定的专营、专卖物品或者其他限制买卖的物品。②买卖进出口许可证、进出口原产地证明以及其他法律、行政法规规定的经营许可证或者批准的文件。③未经国家有关主管部门批准，非法经营证券、期货、保险业务的，或者非法从事资金支付业务的。

《中华人民共和国烟草专卖法》第 3 条规定："国家对烟草专卖品的生产、销售、进出口依法实行专卖管理，并实行烟草专卖许可证制度。"香烟属于我国法律规定的专营、专卖物品。被告人违反法律规定，未经许可，擅自经营假冒台湾产长寿牌香烟，扰乱市场秩序，属于非法经营。情节严重的，应以非法经营罪定罪处罚。而情节严重，法律、相关解释并无明确规定，按刑法原理，一般以非法经营数额或者违法所得数额等作为参考标准。最高人民检察院、公安部《关于经济犯罪案件追诉标准的规定》第70条规定，非法经营案件，个人非法经营数额在5万元以上，或者违法所得在1万元以上的，可以立案、追诉。两高《关于办理生产、销售伪劣商品刑事案件具体应用法律若干问题的解释》第2条第3款规定："货值金额以违法生产、销售的伪劣产品的标价计算；没有标价的，按照同类合格产品的市场中间价格计算。货值金额难以确定的，按照国家计划委员会、最高人民法院、最高人民检察院、公安部1997年4月22日联合发布的《扣押、追缴、没收物品估价管理办法》的规定，委托指定的估价机构确定。"而《扣押、追缴、没收物品估价管理办法》第4条规定："对于扣押、追缴、没收的珍贵文物，珍贵、濒危动物及其制品，珍稀植物及其制品，毒品，淫秽物品，枪支弹药等不以价格数额作为定罪量刑标准的，不需要估价。"本案中，各被告人运输的假冒长寿牌香烟的价值总额的认定，属于货值金额难以确定的情形。台湾地区产长寿牌香烟未在大陆市场流通，也没有同类合格产品的市场价格可参考估价，而非法经营罪不要求价格数额作为定罪量刑的唯一标准，故只能以运输假冒香烟的数量认定被告人的犯罪情节。本案运输长寿牌香烟318箱，应该属于情节严重，构成非法经营罪。

结论：明知是假冒专营、专卖产品而运输，情节严重的，以非法经营罪论处。

案例50：郑小平等抢劫案（案例来源：《刑事审判参考》总第17辑［第112号］）

（一）基本案情

1998年8月上旬，被告人郑小平、邹小虎与同案人周细熊、姜志敏、万年忠（均批捕在逃）商议贷款。数日后，郑小平、邹小虎、万年忠到抚州市临川区龙溪信用社主任徐德良家要求贷款人民币5万元，因手续不全，遭徐拒绝。邹小虎威胁说："你不贷也得贷，否则，有你好看的。"事后，邹小虎、郑小平等5人商议请人来威胁徐德良，并由邹小虎等人从临川请来"志武"等3名男青年。同月24日中午，邹小虎带领该3名男青年持铳闯入徐德良家，拔掉电话线，威胁徐说："如果不贷，今天对你不客气。"徐被迫同意贷款。

当日下午，经徐德良签字同意，由郑小平作担保人，邹小虎在龙溪信用社贷得人民币 3 万元，月息 1.68%，同年 12 月 10 日到期，未予归还。

（二）问题

使用暴力威胁的方式，强迫金融机构工作人员发放贷款的行为，构成抢劫罪、敲诈勒索罪还是强迫交易罪？

知识点：抢劫罪、敲诈勒索罪与强迫交易罪的区别。

（三）分析

抢劫罪是指以非法占有为目的，使用暴力、胁迫或者其他方法抢劫公私财物的行为。敲诈勒索罪是指以非法占有为目的，使用威胁或者要挟的方法，迫使被害人交付公私财物的行为。强迫交易罪是指以暴力、威胁手段强买强卖、强迫他人提供服务或者强迫他人接受服务，情节严重的行为。强迫交易罪与抢劫罪、敲诈勒索罪的相同之处在于两者都可以采取暴力或威胁（胁迫）的手段，不同之处有两点：①抢劫罪、敲诈勒索罪必须以非法占有为目的，如果不能证实行为人有非法占有的目的，就不能以抢劫罪或者敲诈勒索罪对行为定罪处罚。而强迫交易罪则不以非法占有为目的，而是有强买强卖，获取不法经济利益的目的。②抢劫罪、敲诈勒索罪侵害的客体是公私财产的所有权，而强迫交易罪侵害的是自由、公平交易的市场秩序。当然，如果行为人以市场交易为借口，以暴力或者威胁的手段索取、强拿的财物，远远超过正常买卖、交易情况下被害人应支付的财物，则属于以非法占有为目的，应根据《刑法》关于抢劫罪的规定，追究行为人的刑事责任。

本案中，被告人郑小平等人以暴力、威胁的方法强迫他人提供贷款，其行为特征与《刑法》规定的抢劫罪、敲诈勒索罪的某些客观方面特征相似，但是，从主观方面看，被告人郑小平等人使用暴力、威胁等强迫手段的目的，一开始就是为了获取贷款，没有证据证明是为了非法占有贷款或者勒索财物。因此，被告人郑小平等人强迫贷款的行为与直接以暴力、威胁手段非法占有他人财物，侵犯他人财产所有权的抢劫罪或者敲诈勒索罪有所不同，不能认定郑小平等有非法占有的目的。其次，行为人强迫贷款的行为，没有侵犯银行的财产所有权，虽然被告人郑小平等人将获取的贷款全部用于挥霍，但在强迫贷款的过程中，均办理了贷款手续，在形式上履行了合法手续，被告人郑小平等人与金融机构之间的债权债务关系已然存在。即便被告人郑小平等人主观上确有赖账不还的意图，由于债权债务关系的存在，金融机构完全可以通过民事诉讼向其主张债权；退一步说，即使郑小平等随后产生了赖账不还的意图，但不能证明他们在使用暴力、威胁手段时，就有非法占有的目的。因此，不符合抢劫罪、敲诈勒索罪的特征。郑小平等的行为，侵犯的是自由、公平交易的市场经济秩序。

既然不能认定被告人主观上具有非法占有公私财产之目的，也没有侵犯财产所有权，就不能以抢劫罪或者敲诈勒索罪追究被告人的刑事责任。本案被告人郑小平、邹小虎以暴力、威胁手段强迫他人为其提供贷款的行为，侵犯了公平的市场交易秩序，其行为完全符合强迫交易罪的构成特征，构成强迫交易罪。

结论：**主观上没有非法占有目的，客观上实施了强迫金融机构工作人员提供贷款行为的，构成强迫交易罪。**

第三章

侵犯公民人身权利、民主权利罪

案例 51：郝某故意杀人案（案例来源：《中国法院 2017 年度案例 20》）

（一）基本案情

被告人郝某与胡甲离婚后，因怀疑胡甲与宋某产生感情，遂事前用饮料瓶和果汁瓶装好汽油准备报复宋某。2015 年 2 月 20 日，郝某给其儿子郝某某打电话时，郝某某称要去博山区青龙山路某饭店找胡甲和宋某，郝某怕郝某某吃亏，携带事先准备好的汽油瓶和五把做菜用的刀具，准备杀死宋某。郝某和郝某某到达现场后，郝某看到宋某、胡乙等人与郝某某相互厮打，郝某将事先准备好的汽油泼到宋某、胡乙等人身上并点燃，后持菜刀追砍被害人，直到民警到场将其制止才停止侵害行为，宋某、胡乙被砍伤。检察机关以故意杀人罪向淄博市博山区人民法院提起公诉，被告人郝某及其辩护人认为其行为不构成故意杀人罪，应以故意伤害罪对其定罪量刑。

（二）问题

郝某的行为构成故意杀人罪还是故意伤害罪？

知识点：故意杀人罪与故意伤害罪的区别。

（三）分析

故意杀人罪，是指故意非法剥夺他人生命的行为。本罪行为人主观上具有杀人的故意，客观上实施了杀人的行为。故意伤害罪，是指故意非法损害他人身体健康的行为。本罪行为人主观上具有损害他人健康的故意，客观上实施了非法损害他人健康的行为。实践中，没有造成被害人死亡的故意杀人罪（故意杀人未遂）与故意伤害罪有相似之处，而造成了被害人死亡的故意伤害罪（故意伤害致死）又与故意杀人行为容易混淆。两者区别的关键在于：行为人主观故意的内容不同，故意杀人罪的行为人有剥夺他人生命的故意，即明知自己的行为会发生被害人死亡的结果而希望或放任这种结果发生，而故意伤害罪的行为人只有损害他人健康的故意。由于客观情况的复杂性和主观故意作为人的一种心理活动的隐蔽性，以及证明主观故意的证据主要是犯罪嫌疑人、被告人的供述，具有不确定性，因此，对故意内容的判断有一定难度。一般来说，司法实践中在判断时往往从以下几方面考虑：

1. 案件起因及背景

案件的发生是因为鸡毛蒜皮的小事还是行为人和被害人之间存在重大利益冲突；被告人与被害人平时的关系如何，有没有重大矛盾和积怨。如果有重大的利益冲突甚至有深仇或积怨很深，一定程度上可以判断被告人有杀人的动机。

2. 犯罪有无预谋和准备

行为人是由于一时激动还是经过密谋策划，是随意行凶还是刻意选择时间、地点后而实施犯罪。如果存在重大利益冲突和积怨，并在事前经过周密策划，刻意选择时间、地点、方法等，一般考虑行为人具有杀人的动机与目的；无利害冲突，一时激动，随意行凶，一般认为行为人无杀人动机，一般属于间接故意，根据实际造成的结果决定被告人的罪名的认定，造成死亡的，定（间接）故意杀人，造成伤害的，定故意伤害罪。

3. 使用的工具和打击的部位

如果使用枪支、砍刀、长矛等杀伤力较大的凶器，打击的又是要害部位，则故意杀人的可能性较大。如果使用不足以致人死亡的工具，或者打击的是被害人非要害部位，一般应认定为故意伤害罪。

4. 行为有没有节制

使用杀伤力很强的凶器，行为又没有节制的，可以认为有杀人的故意。如果行为人对自己的行为有所节制，一般说明行为人不追求被害人死亡的结果发生。

5. 犯罪人的一贯表现

行为人在犯罪前一贯争强斗狠，心狠手辣，漠视生命，动辄用刀子捅人的，可以考虑行为人有杀人的故意。

6. 犯罪后的态度和表现

犯罪后，行为人感觉到后悔、吃惊，并积极送往医院抢救的，一般可以认为没有杀人的故意。反之，得逞后扬长而去、满意而归，甚至犯罪后阻止他人救助的，可以认为具有杀人的故意。

当然，上述几种情形需要综合起来判断行为人主观故意的内容，不是具备了其中一种情形就可以认定，也不需要几点同时具备才能认定，应当根据案件的具体情况，判断行为人主观故意的内容。

本案中，被告人与被害人有重大的利益冲突，被告人认为被害人"抢了"自己的老婆，有夺妻恨；被告人经过了预谋，事前携带饮料瓶、果汁瓶装好的汽油和五把做菜用的刀具，进行了充分的准备；到现场后先是将事前准备好的汽油泼到被害人身上并点燃，后又持菜刀对被害人肆意追砍，并没有回避被害人的重要部位，而且行为没有节制，直到警察到场将其制止才停止侵害。这说明，行为人有剥夺他人生命的故意，尽管只造成被害人轻伤的结果，仍然可以认定被告人杀人的故意。

被告人主观上有非法剥夺他人生命的故意，客观上实施了向被害人泼汽油并点燃、持刀追砍被害人等严重危害生命安全的不法侵害，其行为已构成故意杀人罪（未遂），应当以故意杀人罪（未遂）定罪处罚。

结论：故意杀人罪与故意伤害罪的主要区别在于主观故意内容的不同。

案例 52：夏锡仁故意杀人案（案例来源：《人民法院案例选》2006 年第 1 辑）

（一）基本案情

被告人夏锡仁与被害人吴楷容系原配夫妻，夫妻关系一直融洽。2004 年 1 月的一天，吴楷容在结冰的路上行走时滑倒，致一条腿折断。此后，吴楷容陷入伤痛之中，加之面临经济困难，产生自杀念头。被告人夏锡仁在劝说吴楷容打消轻生念头没有效果之后，在眼前艰难处境的压力下也产生不想活的念头，便与吴楷容商量两人一起上吊结束生命。同年 5 月 12 日凌晨 1 时许，夏锡仁在租住的地下室准备了两张一高一矮的凳子，并准备了绳子，接着先将吴楷容扶到矮凳上，又从矮凳上扶到高凳子上，让吴楷容站立在凳子上，将绳子一端系在吴楷容的脖子上，另一端系在地下室的下水管上，然后其将吴楷容脚下的凳子拿开，吴楷容脚动了几下即窒息而死。过了十几分钟，夏锡仁也准备上吊自杀，但想到这样会连累房东，即打消自杀念头，于天明时到公安派出所投案自首。

（二）问题

相约自杀的一方在其他相约自杀方同意的情况下亲手剥夺其生命的，是否构成故意杀人罪?

知识点：相约自杀的刑事责任。

（三）分析

本案是一起相约自杀案件。相约自杀，是指二人以上约定共同结束自己生命的行为。我国《刑法》没有规定自杀的刑事责任，一般来讲，对自杀行为不存在犯罪问题。但是，在相约自杀部分行为人未得逞的情况下，对于未得逞方是否以故意杀人罪论，应分别不同情形而区别对待，常见的有以下几种情形：

（1）各自实施自杀行为，一方未对他方实施教唆、帮助或诱使自杀行为，对自杀未遂者不能追究刑事责任

这种情况，是指各相约方在相约自杀中所起的作用难以区分大小（没有教唆、引诱、帮助的情况），大家一拍即合，是自杀者自己产生自杀意图，以自己的行为结束生命，他人不负刑事责任。

（2）教唆或帮助他人自杀，自己也同他人自杀但自杀未遂

在共同自杀时，被教唆者或被帮助者自杀身亡，教唆者或帮助者自杀未遂的，教唆者或帮助者的行为符合故意杀人罪的要件。因为教唆行为使没有产生自杀意图的人产生自杀意图，实施自杀行为，自杀与教唆之间有因果关系，对此，教唆者是明知的；帮助自杀是自杀者已经有自杀意图，帮助者故意为其提供帮助，导致自杀成功，帮助行为与自杀结果之间有因果关系。

（3）行为人在其他相约方同意或要求下，先将其他相约方杀死后，自己改变主意未自杀或者自杀未遂的，以故意杀人罪论处。

此种情况，是行为人出于杀人的故意（明知自己的行为会发生被害人死亡的结果而希望或者放任这种结果发生），亲手剥夺了其他相约自杀方的生命，尽管可能是应对方要求，属于受嘱托杀人，是一种被害人承诺的行为，但从各国的立法及司法实践看，被害人的承诺一般不包括自己的生命，受嘱托而杀人的，构成故意杀人罪。

从以上几种情形可以得出，相约自杀（包括其中的帮助相约者自杀）未遂者是否构成故意杀人罪，主要看行为人主观上有没有剥夺他人生命的故意（包括唆使他人产生自杀意图的故意），客观上有没有剥夺他人生命的行为（包括教唆自杀的行为），如果既无剥夺他人生命的故意，也无剥夺他人生命的行为，是自杀者自己产生自杀故意实施自杀行为，则其他自杀者不构成故

意杀人罪。如果唆使或者帮助自杀者自杀，或亲手剥夺其他自杀者生命的，构成故意杀人罪。

在外国刑事立法例上，有关于"教唆、帮助自杀罪"的规定，理论上对本罪界定为鼓励、怂恿、诱使和帮助他人自戕的行为。据有关资料，日本、瑞士、西班牙、韩国、巴西、意大利、泰国、印度、美国等国均规定了本罪，而且对本罪的构成条件也做了相应的规定。

本案中，意图自杀的吴楷容，经受不了伤痛的折磨和经济的压力，欲以自杀方式自戕，作为其丈夫的夏锡仁劝说无效后，也产生了自杀的念头，约定共同自杀。在相约自杀的过程中，夏锡仁亲手剥夺了吴楷容的生命，尽管吴楷容有自杀的故意，但不能据此免除夏锡仁的责任。夏锡仁主观上明知自己的行为会造成吴楷容死亡的结果，并希望这种结果发生，有杀人故意；客观上实施了杀人行为造成了吴楷容死亡的结果，构成故意杀人罪。

一般而言，社会危害性的严重程度决定了刑罚的严重程度。相约自杀中剥夺其他相约者生命的危害性显然要轻于非相约自杀案件中谋杀他人的社会危害性，在量刑上前者也明显要轻于后者。按照我国《刑法》第232条的规定，故意杀人罪的处刑幅度有两个档次，其中第二档次，即情节较轻，处3年以上10年以下有期徒刑。剥夺相约者生命的故意杀人罪，应当认为属于情节较轻，在3年以上10年以下幅度内量刑。在此量刑幅度内，实践中还要根据相约自杀的人生前的行为认识能力和其承受痛苦的程度来确定量刑的幅度。一般来说，相约自杀致死者认识能力越高，承受痛苦的程度越重，对行为人的量刑越轻。就本案来说，吴楷容是认识能力完全的人，能够清楚地知道自杀行为将要产生结束自己生命的后果，其腿部的伤痛和经济困难压力促使其轻生，作为其丈夫的夏锡仁帮助其实现自杀目的，在此情况下夏锡仁实施的行为，应当在"情节较轻"的量刑幅度内处以较轻的刑罚。

结论：在相约自杀中帮助相约方自杀的，构成故意杀人罪，但可从宽处罚。

案例53：王卫明强奸案（案例来源：《刑事审判参考》总第7辑［第51号］）

（一）基本案情

1992年11月，被告人王卫明经人介绍与被害人钱某相识，1993年1月登记结婚，1994年4月生育一子。1996年6月，王卫明与钱某分居，同时向上海市青浦县人民法院起诉离婚。同年 10 月 8 日，青浦县人民法院认为双方感情尚未破裂，判决不准离婚。此后双方未曾同居。1997 年 3 月 25 日，王卫明再次提起离婚诉讼。同年 10 月 8 日，青浦县人民法院判决准予离婚，并将判决书送达双方当事人。双方当事人对判决离婚无争议，虽然王卫明表示对判决涉及的子女抚养、液化气处理有意见，保留上诉权利，但后来一直未上诉。同月 13 日晚 7 时许（离婚判决尚未生效），王卫明到原居住的桂花园公寓 3 号楼 206 室，见钱某在房内整理衣物，即从背后抱住钱某，欲与之发生性关系，遭钱拒绝。被告人王卫明说："住在这里，就不让你太平。"钱挣脱欲离去。王卫明将钱的双手反扭住并将钱按倒在床上，不顾钱的反抗，采用抓、咬等暴力手段，强行与钱发生了性行为，致钱多处软组织挫伤、胸部被抓伤、咬伤。当晚，被害人即向公安机关报案。

（二）问题

在离婚判决已经作出尚未生效期间，丈夫强行与妻子发生性关系的，是否成立强奸罪？

知识点：婚内强奸。

案例 54：白俊峰强奸案（案例来源：《刑事审判参考》总第 3 辑［第 20 号］）

（一）基本案情

被告人白俊峰与被害人姚某某 1994 年 10 月 1 日结婚，婚后夫妻感情不好，多次发生口角。姚某某于 1995 年 2 月 27 日回娘家居住，并向白俊峰提出离婚要求。经村委会调解，双方因退还彩礼数额发生争执，未达成协议。

1995 年 5 月 2 日晚 8 时许，被告人白俊峰到姚家找姚某某索要彩礼，双方约定，次日找中间人解决，后白俊峰回家。晚 9 时许，白俊峰再次到姚家。姚某某对白俊峰说："不是已经说好了吗，明天我找中间人解决吗？"并边说边脱衣服上炕睡觉。白俊峰见状，亦脱衣服要住姚家。姚父说："小红，你回老白家去。"白俊峰说："不行，现在晚了。"此时，姚某某从被窝里坐起来，想穿衣服。白俊峰将姚按倒，欲与其发生性关系。姚某某不允，与白撕掳。白俊峰骑在姚身上，扒姚的衬裤，姚抓白俊峰的头发。白俊峰拿起剪刀，将姚的内裤剪断。姚某某拿起剪刀想扎白俊峰，被白俊峰抢下扔掉，后强行与姚发生了性关系。姚某某与白继续厮打，薅住白的头发，将白的背心撕破。白俊峰将姚某某摁倒，用裤带将姚的手绑住。村治保主任陈某某接到姚父报案后，来到姚家，在窗外看见白俊峰正趴在姚某某身上，咳嗽一声。白俊峰在屋内听见便喊："我们两口子正办事呢！谁愿意看就进屋来看！"陈某某进屋说："你们两口子办事快点，完了到村上去。"陈给姚某某松绑后，回到村委会用广播喊白俊峰和姚某某二人上村委会。此间，白俊峰又第二次强行与姚某某发生了性关系。白俊峰对姚某某蹂躏达五个多小时，致姚某某因抽搐昏迷，经医生抢救苏醒。

（二）问题

在婚姻关系正常存续期间，丈夫违背妻子的意志，采用暴力手段，强行与妻子发生性关系的，是否成立强奸罪？

知识点：婚内强奸。

（三）分析

这两个案件考察的是婚内强行性交是否构成强奸罪。

根据《刑法》第236条的规定，强奸罪是指以暴力、胁迫或者其他手段，强行与女性发生性交的行为。根据此规定及刑法理论，强奸罪的主体是自然人一般主体，刑法没有规定或排除本罪主体的身份，即丈夫可以成为强奸罪的主体；本罪的客体为妇女的性自主权，犯罪对象为女性，包括不满14周岁的幼女和已满14周岁的妇女，《刑法》也没有明确规定或限制对象的身份，妻子可以成为本罪的犯罪对象。在我国刑法理论界，对于丈夫能否构成强奸罪，有否定论、肯定论和折中论三种说法。一般认为，在判断丈夫是否构成强奸罪时，既不能置婚姻关系于不顾，认为丈夫在任何情况下只要违背妻子意志，强行发生性行为，就构成强奸罪（因为根据《婚姻法》的规定，合法的婚姻，产生夫妻之间特定的人身和财产关系。同居和性生活是夫妻之间对等人身权利和义务的基本内容，双方自愿登记结婚，就是对同居和性生活的法律承诺。这虽未见诸法律明确规定或者法律的强制性规定，但已深深植根于人们的伦理观念之中，只要夫妻正当婚姻关系存续，即足以阻却婚内强奸行为成立犯罪，这也是司法实践中一般不能将婚内强奸行为作为强奸罪处理的原因。如果在合法婚姻关系存续期间，丈夫不顾妻子反对、甚至采用暴力与妻子强行发生性关系的行为，不属刑法意义上的违背妇女意志与妇女进行性行为，不存在丈夫对妻子性自主权的侵犯，一般不能构成强奸罪。同时，从保护社会秩序、维护家庭稳定的角度看，正常的婚姻存续期间的性行为应予保护，不能轻易定强奸罪），也不能过分强调夫妻关系，把夫妻关系等同于一般的契约，认为只要在婚姻关系存续期间强行发生性行为，一律不构成强奸罪。夫妻的同居义务是从自愿结婚行为推定出来的义务，不是法律规定的强制性义务，它以存在正常的婚姻关系为前提。如果婚姻关系已不正常，一方或双方已不愿继续婚姻，如进入离婚诉讼程序、长期分居等，婚姻关系实际已处于不确定中且无实质意义，这样的强行性行为不应受法律的保护。在此情形下，丈夫违背妻子的意志，采用暴力手段，强行与其发生性关系，从刑法理论上讲是可以构成强奸罪的。法律以维护社会秩序为己任，但法律维护的是合理的秩序，是良善和正义，对这种情况下的强行性行为进行惩罚，正是为了维护良善和正义。因此，不区别具体情况，对于所有的婚内强奸行为一概不以犯罪论处也是不科学的。例如在婚姻关系非正常存续期间，如离婚诉讼期间，婚姻关系已进入法定的解除程序，虽然婚姻关系仍然存在，但已不能再推定女方对性行为是一种同意的承诺，也就没有理由从婚姻关系出发否定强奸罪的成立。

就王卫明案而言，被告人王卫明两次主动向法院诉请离婚，希望解除婚姻关系，一审法院已判决准予被告人王卫明与钱某离婚，且双方当事人对离婚均无争议，只是离婚判决书尚未生效。在此期间，被告人王卫明与钱某之间的婚姻关系在王卫明主观意识中已经实质消失，因为是被告人主动提出离婚，法院判决离婚后其也未反悔提出上诉，其与钱某已属非正常的婚姻关系。也就是说，因被告人王卫明的行为，双方已不再承诺履行夫妻间同居的义务。在这种情况下，被告人王卫明在这一特殊时期内，违背钱某的意志，采用扭、抓、咬等暴力手段，强行与钱某发生性行为，严重侵犯了钱某的人身权利和性权利，其行为符合强奸罪的主观和客观特征，构成强奸罪。而被告人白俊峰的行为不构成强奸罪，主要理由是：被告人和被害人的婚姻关系合法有效且处于正常存续期间。尽管其妻姚某某与被告人白俊峰夫妻感情不好，姚某某向村委会提出离婚要求，但还处于村委会调解阶段，没有向人民法院或婚姻登记机关提出离婚，没有进入离婚诉讼程序，属于婚姻关系正常存续期间。因此，白俊峰使用暴力强行与妻子发生性行为，不构成强奸罪。

婚姻关系正常存续期间丈夫不构成强奸罪的主体，但根据情况可以构成其他罪。在本案中，如果姚某某受轻伤（及轻伤以上），白构成故意伤害罪，因为侵犯了姚某某的身体健康权；如果白俊峰长期、多次对姚某某实施类似行为，构成虐待罪，因为侵犯了姚某某的人格尊严和身心健康权利。

结论：婚内强奸的认定，要根据案件的具体情况具体分析。在婚姻关系正常存续期间，丈夫对妻子的强行性行为原则上不构成强奸罪；在婚姻关系处于非正常状态下，如长期分居、进入离婚诉讼阶段，强行性行为的，可以构成强奸罪。

案例 55：张雪某强奸案（案例来源：《中国法院 2016 年度案例 20》）

（一）基本案情

2013 年 9 月，被告人张雪某（男，1995 年 12 月 12 日生）通过朋友肖某介绍认识张某（女，2000 年 10 月 24 日生）并获知张某交友比较随便，曾与多人发生过性关系。被告人张雪某后通过 QQ 与张某互加为 QQ 好友。通过 QQ 联系，被告人张雪某了解到张某是某初中一年级学生，2000 年出生。9 月 22 日，被告人张雪某与张某在 QQ 上相约乘张某家中无人，去张某家里玩，并表示两人可以在张某家里发生亲密关系。后被告人张雪某联系了与张某早已认识的林某（男，2000 年 3 月 22 日出生）同去，并表示去张某家可以与张某发生性关系，林某曾与张某发生过性关系，同意前往。9 月 24 日，被告人张雪某及林某至张某家中，在张某的房间里，被告人张雪某及林某提出要与张某发生性关系，张某同意。林某提出其要第一个与张某发生性关系，被告人张雪某同意，后林某、被告人张雪某先后与张某发生了性关系。被告人张雪某到案后检举他人犯罪，经查证属实。

关于被告人张雪某的行为是否属于"轮奸"从而加重处罚，被告人张雪某的辩护人提出："因林某不满 14 周岁，不负刑事责任，林某与被告人张雪某不能构成强奸罪的共同犯罪，而轮奸首先要是共同犯罪，故被告人张雪某不构成轮奸"。

（二）问题

与未满刑事责任年龄、不具有刑事责任能力的人共同连续、轮流地对同一妇女或幼女实施奸淫的，是否属于《刑法》第 236 条第 3 款第 4 项的"二人以上轮奸"情节。

知识点：轮奸的认定。

（三）分析

根据《刑法》第 236 条第 3 款第 4 项的规定，轮奸属于强奸罪的加重处罚情节，而不是独立的罪名。刑法理论认为，轮奸是指两个以上的男性出于共同故意，先后紧接着对同一女性强行奸淫的行为。轮奸既包括两个以上的行为人使用暴力、胁迫或者其他手段强行与被害女性轮流发生性交，也包括行为人不使用强力，明知是幼女而轮流与之发生性交的行为。轮奸之所以被刑法规定为加重处罚情节，是因为轮奸与单个人的强奸相比，社会危害性更大。

实践中，常常存在有刑事责任能力的人与无刑事责任能力的人共同对被害人实施轮流奸淫的情形，因无刑事责任能力的人不具备犯罪主体的资格，他们共同的行为是否构成轮奸在学界有争议，正如本案被告人的辩护律师所说'轮奸首先要构成共同犯罪'。本人认为，轮奸作为加重法定刑的情节，社会危害性肯定大于普通强奸。而社会危害性的大小，在"轮奸"中主要体现为奸淫人数的多少、奸淫行为的方式而不是行为主体的年龄。二人以上轮奸侧重点在于强调"轮流强奸"这一事实或情节（轮流强奸一般情况下对被害人的心理及身体造成的伤害大），而并非必须要求二人以上均具备刑事责任能力，即轮奸的构成不要求必须构成刑法上的共同犯罪。实施轮奸行为的人，主观上有共同轮流强奸的故意，主观恶性大；客观上共同、轮流实施了奸淫行为，客观社会危害性大。因此，不具备刑事责任能力的人，不能作为犯罪而惩罚，并不意味着不能和具有责任能力的人共同构成"轮奸"，因此，不能减轻具有刑事责任能力人对"轮奸"的刑事责任。

本案被告人张雪某明知被害人张某系未满14周岁的幼女，仍与林某经合谋后轮流与张某发生性关系，其行为已经构成强奸罪，属于"二人以上轮奸"，应当适用《刑法》第236条第3款第4项的规定对被告人张雪某定罪量刑。鉴于被告人张雪某犯罪时已满16周岁不满18周岁，系未成年人犯罪，到案后检举他人犯罪，经查证属实，属立功，且其在庭审中能够自愿认罪，故对被告人张雪某予以了较大幅度减轻处罚。被告人张雪某犯强奸罪，判处有期徒刑4年。宣判后，被告人张雪某未提出上诉，公诉机关未提出抗诉，判决已发生法律效力。

结论：**与未满刑事责任年龄、不具有刑事责任能力的人共同连续、轮流地对同一妇女或幼女实施奸淫的，属于"二人以上轮奸"，按"轮奸"追究被告人的刑事责任。**

案例 56：孟铁保等赌博、绑架、敲诈勒索、故意伤害、非法拘禁案（案例来源：《刑事审判参考》总第 10 辑［第 74 号］）

（一）基本案情

1996 年 2 月 10 日晚，孟铁保为向陈云锁索要赌债 7 万元，纠集被告人梁宪刚、薛建平、孟宪亮等人，在一饭店门口将陈云锁拦住，孟铁保用火枪托将陈头部打破，又将陈挟持到太原。陈的亲友送来 5.5 万元后被放回家。事后梁宪刚、薛建平、孟宪亮各得人民币 1000 元。

1996 年 3 月 28 日晚 8 时许，孟铁保、梁宪刚、孟中有向杜俊杰索要其欠孟铁保的赌债 7 万元，将杜俊杰劫持到太原市一楼内，用皮带、折叠椅、轮流对杜殴打，杜答应将其重庆长安汽车折抵 3 万元，其余 4 万元每月还 5000 元后，才放杜回家。

1996 年 4 月的一天下午，孟铁保、梁宪刚、孟中有向王铁牛索要其欠孟铁保的赌债 1.2 万元，三人在徐沟镇将王铁牛劫持到汾河二坝水文部屋内，让王跪下，并分别用手、脚、打气筒轮流对王殴打，王被迫交给孟铁保人民币 1 万元。

1997 年 9 月，孟铁保在文水县谢家寨放赌时，该村村民岳建唐欠孟赌债 9900 余元。同年 11 月 4 日凌晨，孟铁保指使他人将岳建唐及其子岳永刚劫持到太原体育馆澡堂，孟铁保对岳建唐殴打后，逼岳永刚拿 3 万元赎人，后岳的亲属将 2.6 万元和传呼机一部交给庞利民后，孟铁保放岳建唐回家。

1997 年 11 月的一天下午，孟铁保伙同他人将麻耀强劫持到太原市一空房内，向其索要麻欠孟铁保的赌债 3 万元。孟铁保用桌腿打麻，威逼麻给其家人打电话拿 6 万元赎人，麻的亲属交给孟铁保 3 万元后才放麻回家。

（二）问题

1. 采用劫持、拘押人质、限制他人人身自由的手段索要赌债的，是否成立非法拘禁罪？

2. 非法劫持并扣押他人后，向被害人亲属索要明显超出赌债数额的财物的，是否成立非法拘禁罪？

知识点：非法拘禁罪与绑架罪的认定。

（三）分析

非法拘禁罪，是指以拘押、禁闭或者其他方法，非法剥夺他人人身自由的行为。本罪行为人在客观方面实施了劫持、扣押、禁闭等非法剥夺他人人身自由的行为，主观方面有剥夺他人人身自由的故意，至于行为人的动机如何，不影响本罪的成立。绑架罪，是指以勒索财物或满足其他要求为目的，绑架他人作为人质的行为。绑架他人作为人质，即以暴力、胁迫、麻醉或其他方法将他人置于自己的控制之下，剥夺他人的人身自由（绑架他人），并以危及被害人的生命安全或身体健康为要挟（作为人质），对被绑架人的亲属或其他人提出要求。在司法实践中，影响非法拘禁罪与绑架罪认定的，常常是索债型非法拘禁罪与勒索型绑架罪之间的界限。学界一般认为，两者的客观要件相同，在客观上不仅都有劫持、扣押、拘禁等剥夺他人人身自由的行为，而且都以人质作为交换条件而获取财物，区别的关键在于犯罪的主观方面不同。勒索型绑架罪行为人在主观方面必须以勒索财物为目的（《刑法》第239条第1款规定，以勒索财物为目的绑架他人的，处……），而索债型非法拘禁罪则是"为索取债务"（《刑法》第238条第3款规定："为索取债务非法扣押、拘禁他人的，依照前两款的规定处罚"）。因此，正确理解"以勒索财物为目的"和"为索取债务"的含义，对正确认定索债型非法拘禁与勒索型绑架，有着非常重要的意义。

根据《刑法》的相关规定及刑法理论，"以勒索财物为目的"是指行为人明知是他人的财物而意图通过要挟或威胁的手段非法获取，"以勒索财物为目的"可以理解为"以非法占有为目的"；而在理解《刑法》第238条第3款规定的"为索取债务"时，有两点需要明确，第一，对"债务"范围的理解；第二，对"为索取债务"的理解。

第一，对"债务"范围的理解。从法律上讲，债务分为合法债务和非法债务。合法债务，即民事法律关系上的财产给付义务，合法债务受法律保护。非法债务是指违反了法律规定的"债务"，如赌债、高利贷等，非法债务不受法律保护。从理论上看，债务又可以分为直接债务与关联性债务，责权明确的债务和难以查清的债务。直接债务是指因为某种原因一方直接对另一方负有债务；关联性债务，常常指三角债（如甲欠乙的钱，丙又欠甲的钱，乙和丙之间没有直接债务而是关联性债务）；责权明确的债务是指债权人和债务人之间的权利义务内容明确，双方无异议的债务；难以查清的债务是指在社会生活中，债权人因为法律意识的淡薄或碍于亲朋好友的面子，口头约定的债务或者当事人之间有某种经济往来，双方互有债权债务，行为人可能因为没有算清楚两者之间的经济账而认为有债权债务关系。在司法实践中，比较容易影响定罪的债务有四种：合法债务、非法债务、难以查清的债务以及关联性债务。对于索取合法债务而扣押、拘禁他人的定非法拘禁罪，学界并无异议，而对于索取非法债务、难以查清的债务及关联性债务能否定非法拘禁罪、定非法拘禁罪还是定绑架罪，学界看法不一。对这一问题的认定，还需要对

第 238 条第 3 款的"为索取债务"进行正确理解。

第二，对"为索取债务"的理解。"为索取债务"是行为人的主观心理状态还是客观行为方式（是主观评价还是客观评价）？如果是指行为人的主观心理状态（主观评价），那么只要行为人确实出于索债的目的而索取债务的，就符合索债型非法拘禁的主观方面，而不管债务事实上是否合法、是否为法律所保护（这只是一种法律评价）、欠债的方式如何等。如果是一种客观评价，那么需认定有没有客观存在的合法债务，只有客观存在合法债务，行为人索要的，才能认定为"为索债"，如果债务不合法，行为人自认为有债务而索要的，不属于"为索债"，不能认定为非法拘禁罪。

从《刑法》第 238 条第 3 款的规定看，"为索债"显然指的是行为人的主观心理状态或犯罪动机，"非法扣押、拘禁"才是行为的客观外在表现。因此，"为索取债务"是指行为人以索债为目的，即行为人只要基于索债的目的（行为人认为存在债权债务关系，而这种关系又为社会观念所接受）而意图索取的，就属于 238 条的"为索取债务"。尽管法律不保护赌债，但索取赌债的人主观上认为有债权债务关系，行为人主观上确实"为索债"（这种债务又为社会观念所接受）而不是为勒索，其主观恶性与以勒索财物为目的的绑架罪有本质的区别。

所以，为索取债务应包括为索取合法债务、非法债务、难以查清的债务以及关联性债务等。对此，最高人民法院于 2000 年 6 月 30 日通过了《关于对为索取法律不予保护的债务，非法拘禁他人行为如何定罪问题的解释》，明确规定："行为人为索取高利贷、赌债等法律不予保护的债务，非法扣押、拘禁他人的，依照刑法第 238 条的规定定罪处罚。"笔者认为，这一司法解释，实际上分清了索债型非法拘禁罪与勒索型绑架的界限。即只要主观上为索债，就属于事出有因，与以勒索为目的的绑架有本质区别。按照这一司法解释的精神，为索取高利贷、赌债等法律不予保护的债务而非法拘禁、扣押他人的，定非法拘禁罪，那么为索取前述的其他债务（合法债务、关联性债务及难以查清的债务）而非法扣押、拘禁他人的，理应以非法拘禁罪定罪。

本案中，被告人孟铁保伙同他人为索取赌债，扣押、拘禁他人，剥夺他人的人身自由，属于以索债为目的的扣押、拘禁他人，构成非法拘禁罪。被告人等在拘禁的过程中对被害人有殴打情节，根据《刑法》的规定，应当从重处罚。

此外，被告人孟铁保伙同他人，将只欠其9900余元赌债的岳建唐非法扣押后，向其亲属索要3万元的行为，其索要财物的金额大大超过了赌债的数额。这种情形，被告人行为的目的已不再单纯是索要赌债，行为的性质已不是为索取债务而非法剥夺他人人身自由，而转化成以索债为名，采取绑架的手段来勒索他人的财物，这一行为符合绑架罪以勒索财物为目的的绑架他人的特征，应当以绑架罪定罪处罚。

需要指出的是，对于为索取债务而扣押、拘禁他人的行为，只有行为人勒索的钱财明显大于被害人所欠的债务，才能以绑架罪定罪处罚〔在计算是否"明显大于"所欠的债务时，应考虑到债权人为"索债"所支出的正当费用，比如，甲欠乙2万元钱，因甲迟迟不还，乙被迫多次催讨并为此付出了交通费、住宿费等正当费用，因此乙将甲拘押，索要3万元甚至更多，其中多余部分（包括讨债费用）不应理解为"大大超过"所欠债务，讨债费用理应由甲承担，这样才能保护讨债人的正当权益〕。如果行为人索要的钱财没有超出被害人所欠的债务的范围，或者两者之间差额不大，就不能以绑架罪定罪处罚。

结论：

（1）采用挟持、扣押人质、限制他人人身自由的手段强行索赌债的，应以非法拘禁罪论处。

（2）非法挟持并扣押他人后，向被害人亲属索要明显超出赌债数额的财物的，应以绑架罪论处。

案例57：蔡克峰绑架案（案例来源：《人民法院案例选》2006年第1辑）

（一）基本案情

被告人蔡克峰自2004年8月结识并开始追求女青年叶晓春（19岁，厦门市第三医院见习护士），并与其建立恋爱关系，后叶晓春提出与被告人蔡克峰断绝恋爱关系。被告人蔡克峰对此心存不甘，多次前往叶家找叶晓春，要求恢复恋爱关系，但均遭到叶晓春的拒绝，被告人蔡克峰仍不罢休，继续纠缠。2004年11月13日上午8时许，被告人蔡克峰事先携带一把水果刀，窜至厦门市第三医院住院部叶晓春处，欲再次纠缠叶晓春，并达到恢复恋爱关系的目的。当被告人蔡克峰看到叶晓春前来上班时，即上前要求叶晓春与其一同到医院外面交谈，叶晓春谎称须上楼向科室领导请假并走上三楼，被告人蔡克峰即尾随叶晓春到该院住院部三楼妇产科办公室等候。叶晓春为躲避被告人蔡克峰的纠缠，上三楼后即躲进办公室内的更衣室并打电话告诉家人，被告人蔡克峰见状即窜入更衣室后将门反锁，并指责叶晓春为何打电话告诉其家人，同时掏出事先藏于身上的一把水果刀朝叶晓春的左手臂上划了一刀，踢了叶晓春一脚，尔后将叶晓春挟为人质，与接到报警赶到现场解救叶晓春的民警形成对峙。为保护人质即叶晓春的人身安全，现场民警对被告人蔡克峰展开规劝工作，并组织其亲属对被告人蔡克峰进行劝说，被告人蔡克峰仍拒绝缴械和释放人质，同时威胁要将叶晓春杀害后自杀。直至当日下午 2 时 30 分，公安民警被迫强行撞门进入办公室，将被告人蔡克峰制服，解救出人质叶晓春，同时缴获作案工具水果刀一把。

（二）问题

以恢复恋爱关系为目的，采用暴力手段挟持他人的，成立非法拘禁罪还是绑架罪？

知识点：绑架罪的犯罪构成。

（三）分析

根据刑法的规定，绑架罪是指以勒索财物或者满足其他要求为目的，使用暴力、胁迫或者其他方法，绑架他人作为人质的行为。该罪有两种类型：一种是以勒索财物为目的的绑架（简称勒索型绑架），另一种是以满足其他要求为目的的绑架（简称人质型绑架）。满足其他要求一般是指行为人要达到一定的政治目的或其他目的，如释放在押人犯、提供交通工具等而绑架他人。如果行为人绑架他人是为了实施杀人、伤害、强奸、拐卖妇女、儿童、妨害公务、虐待、暴力干涉他人婚姻自由、自己收养等，则不以绑架罪定罪。人质型绑架罪与非法拘禁罪（非索债型）的区别主要在于，人质型绑架罪有非法剥夺他人人身自由并将其作为人质进行要挟以满足行为人不法要求的目的，而非法拘禁罪（非索债型）行为人不具有这种目的；人质型绑架不仅侵犯他人的人身自由，而且严重危害被绑架人的生命安全及健康，而非法拘禁则主要只侵犯他人的人身自由。

本案中的被告人蔡克峰为达到与被害人叶晓春恢复恋爱关系的目的，持械并采用暴力手段，强行将被害人叶晓春挟持在护士办公室的更衣室内，并持水果刀划伤被害人，在医护人员、其亲属以及公安人员的规劝下，被告人蔡克峰仍拒绝缴械及释放被害人，并威胁要杀害被害人，被告人蔡克峰的行为侵犯的客体是被害人的人身权利（生命和健康），客观上实施了绑架他人作为人质的行为，符合绑架罪的构成特征，与非法拘禁罪只是为了非法剥夺他人人身自由的犯罪特征不符，因此不能以非法拘禁罪定罪处罚。

结论：**以恢复恋爱关系为目的，采用暴力手段劫持他人的，应以绑架罪论处。**

案例 58：蔡晓某侮辱案（案例来源：《中国法院 2016 年度案例 20》）

（一）基本案情

被告人蔡晓某因怀疑徐某某在陆丰市东海镇金喝路其服装店内试衣服时偷了一件衣服，于 2013 年 12 月 2 日 18 时许将徐某某在该店的视频截图配上"穿花花衣服的是小偷"等字幕后，上传到其新浪微博上，并以求"人肉搜索"等方式对徐某某进行侮辱。同年 12 月 4 日，徐某某因不堪受辱在陆丰市东海镇茫洋河跳水自杀。

广东省陆丰市人民法院根据被告人的犯罪事实、犯罪性质、情节和对社会的危害程度，依照《刑法》第 246 条之规定，判决被告人蔡晓某犯侮辱罪，判处有期徒刑 1 年。

被告人蔡晓某不服，提出上诉，称：

1. 本案是自诉案件，对被告人蔡晓某提起公诉属于程序不当。

2. 被告人蔡晓某的行为不符合侮辱罪犯罪构成要件，蔡晓某主观上没有对被害人进行侮辱的故意，被害人的自杀与被告人发布微博没有刑法意义上的因果关系，现有证据只能说明被告人发微博和被害人自杀在时间上有先后关系。

死者的父亲希望用诽谤罪来对服装店主蔡晓某提起告诉。

（二）问题

1. 如何理解侮辱罪的犯罪构成？侮辱罪与诽谤罪有何区别？"人肉搜索"致人自杀死亡是否构成侮辱罪？

2. 如何认定《刑法》第 246 条第 2 款"严重危害社会秩序和国家利益"提起公诉的情形。

知识点：侮辱罪的认定及处理。

（三）分析

1. 侮辱罪的认定

根据《刑法》第 246 条的规定，侮辱罪是指使用暴力或者其他方法，公然贬损他人人格，破坏他人名誉，情节严重的行为。侮辱罪的主体是自然人一般主体，构成侮辱罪要求行为人在主观上必须有侮辱他人的故意，客观上必须有侮辱他人的行为，侵犯他人的人格、名誉。

首先，行为人主观上必须有侮辱他人的故意。

侮辱他人的故意，是指行为人明知自己的行为会对被害人的人格、名誉造成损害，并希望或放任其结果发生。学界不少人认为，侮辱罪行为人必须有贬低他人人格、破坏他人名誉的目的，即侮辱罪主观方面只能是直接故意。本人不赞同这种说法。一般情况下，侮辱罪的行为人确实有贬低他人人格、破坏他人名誉的目的，但并非所有的侮辱案件都是这样。尤其是当今社会，网络发达，人们表达自己思想的渠道多样，行为方式也多种多样，有些人可能基于好奇、戏谑等心理在网上传播一些有损于他人人格、名誉的资讯，对他人的人格、名誉造成了严重的损害，但行为人与受害人之间没有利益关系，甚至互不相识，不能认定行为人均有贬低他人人格、破坏他人名誉的目的，只是放任损害人格、破坏名誉这一结果的发生，这种行为从性质上看仍然是侮辱，情节严重的，仍然构成侮辱罪。

其次，行为人客观上必须有侮辱行为，且情节严重。

侮辱罪的客观方面不仅要求有侮辱行为，还要求情节严重，在危害结果存在的情况下，侮辱行为与危害结果之间还要有因果关系。

侮辱的方式有暴力侮辱（这里的暴力不是指杀人、伤害，而是指使用强力破坏他人人格、名誉，如扒光衣裤、扇嘴巴、强迫吃粪便等）、言辞侮辱（使用言辞对被害人进行嘲笑、辱骂，使其当众出丑，如揭发隐私）、文字、图画侮辱（用文字、漫画等对被害人进行侮辱）等。总之，只要行为人当着第三者甚至众人的面，或者利用可以使不特定人或多数人听到、看到的方式，贬低他人人格、破坏他人名誉的，都属于侮辱行为。

所谓情节严重，通说一般认为主要是指手段恶劣、后果严重等情形，如强令被害人当众爬过自己的胯下；当众撕光被害人衣服；给被害人抹黑脸、挂破鞋、戴绿帽强拉游街示众；当众胁迫被害人吞食或向其身上泼洒粪便等污秽之物；当众胁迫被害人与尸体进行接吻、手淫等猥亵行为；因公然侮辱他人致其精神失常或者自杀身亡；多次侮辱他人，使其人格、名誉受到极大损害；对执行公务的人员、妇女甚至外宾进行侮辱，造成恶劣的影响；等等。总之行为有着一定程度的社会危害性。

根据刑法理论，在发生危害结果的情况下，行为人的侮辱行为与危害结果之间必须有刑法上的因果关系。有因果关系是行为人负刑事责任的基础。

刑法上的因果关系，是指危害行为与危害结果之间引起与被引起的关系，一般表现为原因在先，结果在后。如何认定刑法上的因果关系是刑法理论界长期争论的问题，有条件说、原因说、相当因果关系说及客观归责说，还有必然因果关系和偶然因果关系说。笔者倾向于后者，即必然因果关系说和偶然因果关系说，因为该说能包含在学界占重要地位的相当因果关系说及客观归责说的主要内容。按照必然因果关系说，当危害行为中包含有危害结果产生的根据（实在可能性——相当因果关系说中的相当性），并合乎规律地（相当性、客观归责说中实现不被允许的危险）产生了危害结果时，危害行为和危害结果之间就是必然因果关系。偶然因果关系是指某种事物在其发展过程中，偶然又有其他原因加入，由后来加入的这一原因合乎规律地引起这种危害结果，而前一行为与后一结果之间有某种关联。一般而言，刑法上的因果关系主要是指必然的因果关系，偶然因果关系常常仅对量刑具有一定意义，这是我国刑法学通说的观点。

诽谤罪，是指故意捏造并散布虚构的事实，贬损他人人格，破坏他人名誉，情节严重的行为。诽谤罪和侮辱罪的相同之处在于行为人主观上都有贬低他人人格、破坏他人名誉的故意，侵犯的客体同为他人人格和名誉。不同之处在于行为方式不同：诽谤罪表现为行为人捏造并散布虚构的事实对他人的人格、名誉进行侵犯；而侮辱罪不是用捏造的方式进行，侮辱是利用当事人的某种情况，公然地对他人人格进行损害。侮辱罪中的言辞侮辱，文字、图画侮辱，散布的可以是事实，也可以不是事实（但不是行为人有意捏造的），而诽谤罪散布的则必须是行为人故意捏造的虚假事实。从这个意义上讲，诽谤罪与侮辱罪之间具有基本法与补充法的关系，散布真实的或不真实的（包括不能证明事实的真实性的）"事实"，只要行为人不是故意捏造的，不成立诽谤罪，但只要证明存在损害他人名誉的事实，行为人对于损害他人人格、名誉主观上是故意的，即可肯定侮辱罪的成立。

本案行为人的行为构成侮辱罪。原因如下：

（1）行为人主观上有侮辱的故意

被告人蔡晓某因怀疑徐某某偷了一件衣服，便将徐某某在该店的视频截图配上"穿花花衣服的是小偷"等字幕后，上传到其新浪微博上，并以求"人肉搜索"等方式对徐某某进行侮辱。蔡晓某明知这种行为会使徐某某的人格、名誉遭受到极大的损害，但出于泄愤，仍然实施了这种行为，属于故意。

（2）客观上实施了侮辱行为且情节严重

将徐某某在该店的视频截图配上"穿花花衣服的是小偷"等字幕后，上传到其新浪微博上，并以求"人肉搜索"等方式对徐某某进行侮辱，这种行为，严重损害了徐某某的人格和名誉，属于"文字、图画"侮辱。虽然死者的父亲认为被告人发微博进行"人肉搜索"指责其女儿是偷衣服的小偷属于无中生有，但由于死者已逝，无法查清其是否有盗窃行为，而且蔡晓某不是故意捏造事实，她认为徐某某偷了她的衣服，不构成诽谤。侮辱行为导致徐某某因不堪受辱在陆丰市东海镇茫洋河跳水自杀，属于情节严重。

（3）侮辱行为与死亡结果之间有因果关系

即侮辱行为引起了死亡结果。将"盗窃事实"在新浪微博上传播，势必严重损害他人的人格和名誉，对任何洁身自爱、有尊严的人来讲都是极大的打击，尤其是年青女性，会感到抬不起头、无脸见人。因此该行为有使危害结果（自杀）产生的实在可能性，并合乎规律地产生了自杀结果，尽管介入了被害人自己的自杀行为，但该行为不属于异常的、孤立的，不能切断侮辱行为与死亡结果之间的因果联系。因此，侮辱行为和危害结果之间是必然因果关系。

2. 如何认定《刑法》第 246 条第 2 款"严重危害社会秩序和国家利益"可以提起公诉的情形

《刑法》第 246 条第 2 款规定："前款罪，告诉的才处理，但是严重危害社会秩序和国家利益的除外。"

如何理解"严重危害社会秩序和国家利益"所指的严重程度？

《刑法》之所以规定侮辱罪要告诉才处理，主要是考虑到侮辱行为大都发生在家庭成员、邻居、同事之间或日常生活之中，属于人民内部矛盾问题，且社会危害性不是很大，多数场合下可以通过调解等缓和方式来解决。此外，被害人或近亲属可能不愿意让更多的人知道自己受到侮辱的事实，如果违反被害人及近亲属的意志而提起诉讼，采用刑事制裁的方法解决反而会产生相反的效果。因此，要追究行为人犯侮辱罪的刑事责任，被害人必须向司法机关控告，告诉的才处理。但如果侮辱行为严重危害社会秩序和国家利益，社会危害性大、影响大、波及面广，则不属于上述情形，应当由检察机关提起公诉。

按照刑法通说和司法实践，"严重危害社会秩序和国家利益"主要是指侮辱行为造成被害人精神失常或者自杀，且影响大、范围广；侮辱党和国家领导人、外国元首、外交代表，严重损害国家形象或者造成恶劣国际影响的等。应当说，"严重危害社会秩序和国家利益"是一个综合性的标准，刑法之所以作如此规定，其本意并不是为了强调后果或对象等某一方面的具体内容，而是意味着，侮辱犯罪行为任何一个方面的情节，如果达到了"严重危害社会秩序和国家利益"的程度，那就应当由公诉权力进行介入。本案被告人利用影响大、范围广、传播速度快、互动性强、受众主动性和参与程度高的知名网络论坛进行广泛散布，并造成了被害人死亡的严重后果。"人肉搜索"属于网络暴力，不仅给当事人造成了恶劣的负面影响，还严重危害互联网的安全与管理秩序，应该说达到了"严重危害社会秩序"的程度，由人民检察院提起公诉并无不当。

结论：因怀疑他人是小偷而在互联网上以求"人肉搜索"的方式对被害人进行侮辱，情节严重的，构成侮辱罪。

案例 59：谢新冲出售公民个人信息案（案例来源：《刑事审判参考》总第 83 辑 ［第 741 号］）

（一）基本案情

2009 年 3 月至 12 月间，时任北京京驰无线通信技术有限公司（以下简称京驰公司）运维部经理的被告人谢新冲，利用中国移动通信集团北京有限公司授予其所在公司开展手机定位业务的权限，先后多次为被告人刘海亮、程春郊、张超英等人提供的 90 余个手机号码进行定位，非法获利人民币 9 万元。其中，刘海亮从谢新冲处非法获取手机定位 40 余个，并将其中部分转卖给程春郊，刘海亮还从程春郊处非法获取通话清单等信息近 10 条。程春郊通过刘海亮从谢新冲处非法获取手机定位 30 余个，后用于公司调查或转卖给他人，程春郊还从他人处非法获取座机名址、移动手机名址等公民个人信息近 10 条，后转卖给刘海亮。张超英从谢新冲处非法获取手机定位 10 余个。

（二）问题

出售手机定位信息的，能否以侵犯公民个人信息罪论处？

知识点：出售、非法提供公民个人信息罪的犯罪构成。

（三）分析

《刑法》第 253 条之一规定："违反国家有关规定，向他人出售或者提供公民个人信息，情节严重的，处 3 年以下有期徒刑或者拘役，并处或者单处罚金；情节特别严重的，处3年以上7年以下有期徒刑，并处罚金。

违反国家有关规定，将在履行职责或者提供服务过程中获得的公民个人信息，出售或者提供给他人的，依照前款的规定从重处罚。

窃取或以其他方法非法获取公民个人信息的，依照第1款的规定处罚。

单位犯前3款罪的，对单位判处罚金，并对其直接负责的主管人员和其他直接责任人员，依照各该款的规定处罚。"

本条规定的是侵犯公民个人信息罪。

根据刑法的规定，本罪有以下构成特征：

①本罪的主体是一般主体，包括自然人和单位。

②主观方面是故意，如果是基于过失将公民个人信息泄露的，不构成本罪。

③客观方面实施了向他人出售、提供公民个人信息情节严重或者窃取或以其他方法非法获取公民个人信息的行为。

④本罪的客体是公民个人的隐私及生活的安宁。

认定本罪必须明确的问题是，个人信息的界定以及对情节严重的理解。

《刑法》没有规定个人信息的范围及情节严重的标准，最高人民法院、最高人民检察院2017年颁布了《关于办理侵犯公民个人信息刑事案件适用法律若干问题的解释》，第1条规定："刑法第253条之一规定的'公民个人信息'，是指以电子或者其他方式记录的能够单独或者与其他信息结合识别特定自然人身份或者反映特定自然人活动情况的各种信息，包括姓名、身份证件号码、通信通讯联系方式、住址、账号密码、财产状况、行踪轨迹等"。本条规定将"行踪轨迹"作为公民个人信息的一种加以保护。

第5条规定，非法获取、出售或者提供公民个人信息，具有下列情形之一的，应当认定为刑法第253条之一规定的"情节严重"：非法获取、出售或者提供行踪轨迹信息、通信内容、征信信息、财产信息50条以上的；违法所得5千元以上的。

本案行为人的行为是向他人出售手机定位信息。手机定位是随着手机在社会生活中的广泛使用而出现的一种技术手段。其做法是通过特定的定位技术来获取移动手机或终端用户的位置信息（经纬度坐标），在电子地图上标出被定位对象的位置。通过对手机号码进行定位，定位人能够知道被定位人的行踪轨迹。从生活经验看，公民在某个时间内所处的具体位置在一般情况下并不具有明显的隐私性或者权益性，对于其本人或他人而言都并非值得关注的问题。但是，当公民从事某些活动不希望被他人获悉时，因其所处具体方位与所从事的活动之间具有直接联系，一旦被他人获悉，其所从事的活动也就相当程度地被暴露，损害其利益，故其所处行踪轨迹就具有明显的隐私性和权益性，属于刑法所保护的公民个人信息。此时，对公民手机进行定位，就属于侵犯公民隐私的行为。正是基于手机定位存在侵犯公民隐私和权益的危险，当前电信部门把手机定位作为一项特殊业务来开展，有较为严格的办理手续。

本案中，被告人谢新冲利用中国移动通信集团北京有限公司授予其所在公司开展手机定位业务的权限，未办理严格的审批手续，先后多次为被告人刘海亮、程春郊、张超英等人提供的 90 余个手机号码进行定位，非法获利人民币 9 万元，属于多次向多人出售多个公民个人信息，且非法获利数额巨大，应当认定为情节严重。因此，谢新冲的行为构成侵犯公民个人信息罪。

结论：**手机定位属于刑法保护的公民个人信息，出售手机定位信息的，应以侵犯公民个人信息罪论处。**

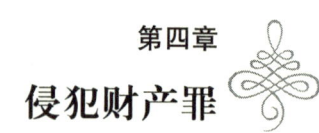

第四章

侵犯财产罪

案例 60：齐江涛抢劫案（案例来源：《中国法院 2017 年度案例 20》）

（一）基本案情

被告人齐江涛与被害人之一的杨某曾谈过恋爱，后被害人温某与杨某于 2012 年 6 月 30 日登记结婚，但杨某与齐江涛一直保持联系。因温某（在塘沽工作）很少回家居住，杨某与齐江涛多次在旅馆及被害人住处约会。其间，被告人多次要求杨某离婚后与其结婚，杨某一直未有明确表示。2014 年 1 月 22 日下午，杨某得知温某晚上要回家后，告知被告人晚上自己要与丈夫同住，被告人再次要求杨某离婚，未果。当日 21 时 10 分许，被告人到两被害人住所后假冒物业人员，温某开门后，被告人进入室内，掏出事先准备的水果刀，大喊一声"抢劫"，并以言语威胁，让被害人杨某将两被害人的手机、钱包等物品装在一个塑料袋中交与他。后在温某要求下，留下一部小米手机，而将装有两部手机、两个钱包的袋子拿走（内有现金 1400 余元及银行卡等物，经鉴定，被抢手机价值 1200 元）。被害人温某报警，杨某在公安机关做完笔录（未陈述其与被告人真实关系），找借口独自到自己单位宿舍（大寺镇王村）后，与被告人取得电话联系，并告知报案情况，被告人再次表示愿意与杨某在一起未果后，赶到杨某单位宿舍，因杨某不给开门，遂将所抢财物扔于杨某宿舍门口（被告人表示未打开过袋子，杨某也表示袋子不像打开过，且东西齐备）。2014 年 5 月 13 日，被告人在河北省团安县被公安机关抓获归案。

（二）问题

以暴力相威胁，将财物抢走后又送还给被害人的，是否构成抢劫罪？

知识点：抢劫罪"以非法占有为目的"的含义。

（三）分析

抢劫罪是以非法占有为目的，使用暴力、胁迫或者其他方法，劫取公私财物的行为。使用暴力、胁迫或者其他方法劫取公私财物，是抢劫罪的客观要件，以非法占有为目的，是抢劫罪的主观要件。

如何理解"以非法占有为目的"？

对于"占有"的含义，学界有不同的说法。有学者认为，"占有"是指排除权利人的权利，将他人财物作为自己的财物（排除意思），并遵从财物的用途，对之进行利用或处分（利用意思），"占有"是排除意思和利用意思的结合。也有学者认为，仅有排除意思即可，还有学者认为仅有利用意思即可。因此，正确理解"排除意思"和"利用意思"的含义，对正确认定"以非法占有为目的"的含义至关重要。

"排除"是指行为人使财物脱离其所有者、占有者（排除权利人的占有），将自己作为财物的所有人进行控制、支配。"排除"的主要机能是，将不值得以刑罚谴责的盗用、骗用行为排除在犯罪之外；"利用"一般是指遵从财物的用途进行利用。"利用"的机能在于使盗窃、诈骗等罪名与故意毁坏财物罪相区别。理解"利用"意思时，要注意：①"利用"不限于遵从财物的经济用途进行利用。如恋物癖男性偷女士内衣，数额较大或具备其他盗窃罪情节的，可以构成盗窃罪。②"利用"不限于遵从财物的本来用途进行利用。如窃取他人家具而取暖，符合盗窃罪构成要件的可以构成盗窃罪。所以，凡是以单纯毁坏、隐匿意思以外的意思而取得他人财物的，都可以评价为具有"利用"的意思，"利用"强调的是控制、支配、使用。

仅有"排除"的意思不足以构成"以非法占有为目的"（可能构成故意毁坏财物罪），而仅有"利用"的意思也不可能构成"以非法占有为目的"（可能属于盗用、盗骗等），排除意思和利用意思的结合才构成"以非法占有为目的"。而且，非法占有不能狭义地理解为财物归犯罪分子本人所有，而应当理解为财物脱离它的所有者，为犯罪分子所控制、使用、处分。

因此，"以非法占有为目的"是指行为人意图使他人财物脱离其所有者、占有者，将他人财物作为自己的财物的控制、支配、使用。

本案中，行为人采取暴力手段相威胁，劫取被害人手机和钱包等物，符合抢劫罪的客观要件。虽然抢劫后，将所抢财物扔于被害人宿舍门口（被告人表示未打开过袋子，杨某也表示袋子不像打开过，且东西齐备），但行为人在实施抢劫行为时的主观心理状态是使财物脱离其所有者，为自己所控制、支配、处分，事后返还属于犯罪既遂后对赃物的一种处分形式，不能据此认定行为人不具有非法占有的目的。在司法实践中，由于犯罪动机不同，犯罪分子劫取财物后的处分方式多种多样，比如有的是为了满足精神刺激，抢劫后又将物品归还；有的是为了救济他人，抢劫后将财物捐献；还有的是为了泄愤，抢劫后对财物并不进行实际处分和利用等，但这都不影响抢劫罪的构成。本案行为完全具备"使财物脱离它的所有者、占有者"并"为犯罪分子所控制、支配"的特点，属于"以非法占有为目的"，构成抢劫罪，返还物品行为只能作为量刑情节酌情予以考虑。

结论：**抢劫后将赃物返还被害人的，仍然认定为"以非法占有为目的"，构成抢劫罪。**

案例 61：伊永旺抢劫案（案例来源：《中国法院 2016 年度案例 20》）

（一）基本案情

2014 年 8 月 10 日 13 时许，被告人伊永旺使用技术性开锁工具进入到天津市河北区乌江路乌江里×号楼×门×号被害人李某家中，窃取现金人民币 2543 元以及戒指七枚、黄金转运珠一个、黄金耳环一枚、手链一条。在准备逃离现场时，适逢被害人回到家中，伊永旺为逃离现场与李某撕扯，挣脱后逃至楼道。后李某追至楼道中与伊永旺厮打。期间，造成李某受伤。李某将伊永旺控制后报警，公安机关到达现场后将伊永旺抓获归案。经鉴定，被害人李某体表软组织损伤程度为轻微伤，上述被盗物品价值共计人民币 8527.04 元。

公诉机关认为，被告人伊永旺入户盗窃，为抗拒抓捕当场使用暴力，致人轻微伤，应认定其行为构成入户抢劫。

辩护人认为，被告人伊永旺与被害人在室内有撕扯动作，但这种摆脱行为不能认定为使用暴力，因此被告人的行为不构成入户抢劫。

（二）问题

1. 被告人伊永旺的行为是否构成转化型抢劫？

2. 被告人伊永旺在被害人家中实施的挣脱行为是否应认定为暴力抗拒抓捕，构成入户抢劫？

知识点：转化抢劫、入户抢劫的认定。

（三）分析

本案的焦点主要是对转化型抢劫的界定及入户抢劫的认定。

1. 转化型抢劫的界定

根据我国《刑法》第 269 条的规定："犯盗窃、诈骗、抢夺罪，为窝藏赃物、抗拒抓捕或者毁灭罪证而当场使用暴力或者以暴力相威胁的，依照本法第 263 条的规定定罪处罚。"这就是刑法理论上所指的转化型抢劫。最高人民法院 2016 年 1 月 6 日颁发了《关于审理抢劫刑事案件适用法律若干问题的指导意见》（以下简称为《意见》），《意见》第 3 条也规定了转化抢劫。根据刑法第 269 条及《意见》的规定，结合刑法理论，转化型抢劫需具备以下三个条件：

（1）犯盗窃、诈骗、抢夺罪

《意见》规定的"犯盗窃、诈骗、抢夺罪"，主要是指行为人已经着手实施盗窃、诈骗、抢夺行为，一般不考察盗窃、诈骗、抢夺行为是否既遂。

行为人犯盗窃、诈骗、抢夺罪，是构成转化抢劫的前提条件。

（2）为窝藏赃物、抗拒抓捕或者毁灭罪证

窝藏赃物，是指行为人护着到手的赃物不被夺回；抗拒抓捕，包括行为人抗拒公安机关的抓捕（包括逮捕），也包括抗拒其他公民（包括被害人）的抓捕。

（3）当场使用暴力或以暴力相威胁

当场，是指在盗窃、诈骗、抢夺的现场以及行为人刚一离开现场即被他人发现并抓捕的情形。

使用暴力或以暴力相威胁，理论上一般指犯罪分子实施了足以危及抓捕者身体健康或生命安全的暴力行为或剥夺人身自由的强制手段，或以立即实施这种行为相威胁。如果暴力程度显著轻微或只是为了挣脱抓捕而推推搡搡，没有明显的暴力手段的，不适用《刑法》第 269 条的规定。《意见》也规定："对于以摆脱的方式逃脱抓捕，暴力强度较小，未造成轻伤以上后果的，可不认定为'使用暴力'，不以抢劫罪论处。"此《意见》中，是否要求造成"轻伤以上"后果才属于暴力？笔者认为不然。首先，《意见》用的是"可不认定为使用暴力"而不是"不认定为使用暴力"；其次，根据《刑法》对抢劫罪的规定及刑法理论，抢劫罪的强制手段，其程度应该为使被害人不能反抗、不敢反抗及无法反抗，因此，其"暴力"不应以轻伤以上为必要。转化型抢劫作为特殊的抢劫，依照抢劫罪定罪处罚，其社会危害性与普通抢劫相同。因此，转化型抢劫的"暴力"也不应以轻伤以上为必要。实践中，应综合案件的具体情况，结合《意见》精神，如果犯罪情节（包括犯罪过程、强度、手段、后果）较重的，即使没有造成轻伤以上后果，也应认定为"暴力"，以抢劫罪论处。即以摆脱的方式抗拒抓捕，情节较轻的，不认定为使用暴力；情节较重的，认定为使用暴力。

在本案中，被告人伊永旺入室盗窃后被发现，在其欲逃离现场时遇到被害人的阻拦反抗，符合转化抢劫的"犯盗窃罪、为抗拒抓捕"这两个条件。逃至楼道后，被告人与追至楼道的被害人厮打，造成被害人轻微伤，结合犯罪整个过程（入户）、强度（厮打）、后果（轻微伤），应属于情节较重，认定为"使用暴力"，构成（转化）抢劫罪。

2. 入户抢劫的认定

入户抢劫是指以实施抢劫等犯罪为目的，进入供他人家庭生活的、与外界相对隔离的住所实施抢劫的行为。入户抢劫也可以分为两种，第一种是为实施抢劫而进入他人住所，第二种是为实施其他犯罪进入他人住所。2005年最高人民法院发布的《关于审理抢劫、抢夺刑事案件适用法律若干问题的意见》指出，入户实施盗窃被发现，行为人为窝藏赃物、抗拒抓捕或者毁灭罪证而当场使用暴力或者以暴力相威胁的，如果暴力或者暴力胁迫行为发生在户内，可以认定为"入户抢劫"；如果发生在户外，不能认定为"入户抢劫"。2016年《意见》也指出，入户盗窃后，为了窝藏赃物、抗拒抓捕或者毁灭罪证，在户内当场使用暴力或者以暴力相威胁的，构成"入户抢劫"。根据上述两个文件，入户盗窃要转化为入户抢劫，必须具备两个条件：①为窝藏赃物、抗拒抓捕或者毁灭罪证，当场使用暴力或者以暴力相威胁；②暴力或威胁必须发生在户内。

本案中，案件发生在户内，但被告人伊永旺在户内对被害人只是实施了普通的挣脱、逃跑行为，并没有积极主动地实施殴打、伤害被害人的行为，其暴力程度远没有达到《意见》所规定的轻伤，也不属于情节严重。因此，不能认定为被告人在户内使用暴力，本案不构成入户抢劫。

结论：（1）入户盗窃被发觉，为逃离现场而在户内挣脱撕扯，没有明显的暴力，不构成入户抢劫；

（2）入户盗窃被发觉，为逃离现场，在楼道内与被害人厮打，造成被害人轻微伤的，构成抢劫罪。

案例62：韩庆东等抢劫案（案例来源：《人民法院案例选》2006年第2辑）

（一）基本案情

2005年11月12日晚10时许，被告人韩庆东、赵必虎、周顺成、何凌云预谋到秭归县茅坪镇陈家冲村一农户家抢劫影碟机和手机。四被告人至茅坪镇陈家冲村2组王东方、张永军租用住房处实施抢劫。韩庆东因害怕被认出来，商议后决定由其带路在房屋外望风，赵必虎、周顺成、何凌云撞门进入王东方、张永军租用住房内。周顺成在屋内找了一把不锈钢菜刀，赵必虎找了一把砍柴刀，何凌云持木棒先爬上二楼的卧室，将正在睡觉的王东方从被子里揪出，周顺成、赵必虎持刀威逼、殴打王东方，令其交出钱和手机，何凌云持木棒站在一旁助威，之后三被告人在室内搜索钱物未果。赵必虎、何凌云即用领带和电线将王东方、张永军手脚捆住，用毛巾堵住其嘴巴，三被告人将屋内一部东芝牌影碟机和一台鼓风机抢走。逃离现场时，韩庆东找了一把弹子锁将房屋大门反锁。秭归县价格认定中心鉴定被抢的影碟机和鼓风机价值为130元；法医鉴定王东方的损伤程度为轻微伤。

（二）问题

在他人租住的房屋内抢劫的，是否构成"入户抢劫"？

知识点：入户抢劫中"户"的认定。

（三）分析

在现实生活中，租用房屋有以下表现形式：从形成承租房屋的背景看，一是外出打工者居住，由于市场经济的作用，形成了一大批打工族，这些外来务工人员，除居住在临时搭建的工棚外，都是租住他人的房屋；二是租用场所从事经营；三是外迁户临时租住；四是不愿意定居，四处流浪暂时租用等。从租用房屋的使用性质来看，有的是用于家庭生活居住，有的是用于个人栖身，有的是作为经营场所，有的是作为护理场所，有的是作为集体宿舍等。从承租人家庭人员结构上来看，有的是全家人租用一套住房，供全家人生活居住；有的是一户人家仅一口人，同样租用一套房屋，供本人生活居住；有的是一户人家数口人，仅一人在外租用一套房屋或一间房屋，供一人生活居住；有的是几个人相互比较熟悉，共同租用房屋居住。进入租住的房屋实施抢劫是否构成"入户抢劫"，应充分理解"户"的含义以及司法解释对

"入户抢劫"的解释，结合租住的具体情况认定。

2005 年 6 月，最高人民法院发布的《关于审理抢劫、抢夺刑事案件适用法律若干问题的意见》指出，"户"是指住所，具有供他人家庭生活和与外界相对隔离两个特征，前者为功能特征，后者为场所特征。一般情况下，集体宿舍、旅店宾馆、临时搭建工棚等不应认定为"户"，但在特定情况下，如果确实具有上述两个特征的，也可以认定为"户"。根据这一解释，"户"是供家庭生活、具有私密性的住所，只要具备这两个特征的，不管是谁居住，几人居住，都属于"户"（一家一个人，其居住的住所也属于户；一家数口人，仅一人在外租用一套房屋或一间房屋供一人生活居住也属于户）。对于部分时间从事经营、部分时间用于生活起居的场所，行为人在非营业时间强行入内抢劫或者以购物等为名骗开房门入内抢劫的，应认定为入户抢劫。对于部分用于经营、部分用于生活且之间有明确隔离的场所，行为人进入生活场所实施抢劫的，应认定为入户抢劫。如场所之间没有明确隔离，行为人在营业时间入内实施抢劫的，不认定为入户抢劫，但在非营业时间入内实施抢劫的，应认定为入户抢劫。

入户抢劫不仅侵犯了公民的财产所有权和人身权利，而且侵犯了家庭生活的安全和住宅的安宁。因而，入户抢劫属于刑法规定的加重法定刑抢劫，处 10 年以上有期徒刑、无期徒刑或者死刑。

本案中，王东方、张永军承租的是一个房间，虽是为生活起居所用，但是二人不是一个家庭的组成人员，他们的生活不是家庭生活；二人共居一室，对其中任何一人而言，不能构成与外界相对隔离，不属于私密空间，是一个集体宿舍或栖息的寝室，而不是一个家庭生活的居所。因此王东方、张永军二人共同租住的房屋不具备"户"的必备条件。几名被告人在出租房内使用暴力、胁迫的方法抢劫他人财物，不属于入户抢劫。

结论：**租用的房屋，如果不能作为家庭生活场所并且与外界相对隔离的，不能认定为"户"。**

案例 63：李秀伯等抢劫案（案例来源：《人民法院案例选》2006 年第 1 辑）

（一）基本案情

2005 年 7 月 9 日，被告人李秀伯、吴仕桥预谋以卖淫女为目标实施抢劫，并准备了假身份证、鞋带、弹簧刀、乳胶手套、银行卡等作案工具。次日晚，李秀伯、吴仕桥利用电脑网络聊天室，分别结识了孙某和赵某，并以"包夜"为名约其到本市下关区锦江之星宾馆 8329 房间。孙某到达房间脱掉衣裤后，两被告人用鞋带捆住其手脚，将其藏于该房卫生间内。稍后，赵某亦到达该房间，赵某脱掉衣裤后，两被告人采取上述同样手段，用鞋带捆住赵某手脚。李秀伯将被捆住手脚的孙某从卫生间抱出置于床上，继而两被告人以弹簧刀相威胁，让孙某和赵某分别打电话向亲戚、朋友筹集人民币 4000 元（但无意于使被害人亲友知道被绑架的事实），并要求于 7 月 11 日上午将钱打入事先准备的银行卡内。在此过程中，吴仕桥从赵某的包内劫得人民币 200 元。

（二）问题

劫持他人后，迫使其向亲友筹借钱款，其亲友对被劫持事实并不知情的，成立抢劫罪还是绑架罪？

知识点：抢劫罪与绑架罪的区别。

（三）分析

抢劫罪，是指以非法占有为目的，使用暴力、胁迫或者其他方法抢劫他人公私财物的行为。抢劫罪作为侵犯财产的犯罪，其客体为公私财产的所有权，行为人使用暴力、胁迫或其他方法，同时侵害公民的人身权利；主观方面行为人有抢劫的故意，并以非法占有为目的；客观方面表现为对被害人使用暴力、胁迫或者其他方法，使被害人处于不能反抗、不敢反抗或无法反抗的状态而当场获取财物。

绑架罪属于侵犯公民人身权利的犯罪，绑架分勒索型绑架和人质型绑架两种。勒索型绑架是指以勒索财物为目的绑架他人，并以危害被绑架人的生命、健康相要挟，向被绑架人的近亲属或其他利害关系人索取财物的行为。绑架罪的客体主要为被绑架人的人身自由及生命、健康安全，勒索型绑架还侵犯财产权利；主观方面有绑架他人作为人质的故意，勒索型绑架还需以非法占有为目的；客观方面表现为以暴力、威胁和其他方法绑架他人作为人质。

可以看出，抢劫罪和勒索型绑架罪有相同之处：在客观上都可以使用暴力、胁迫和其他方法，捆绑既可以作为抢劫罪的暴力，也可以作为绑架罪的绑架行为；侵犯的客体都是公民的人身权利和公私财物所有权；主观上都是以非法占有为目的的。两者的不同在于：在客观上，抢劫罪中被使用强力和交出财物的往往是同一个人，即使不是同一个人，也是当场同时发生；而绑架罪的对象不是同一个人，一个是被绑架者，一个是被勒索者（被绑架人的亲属或其他与其有利害关系的人），获取财物往往不是在当场。在主观上，绑架罪行为人有绑架他人作为人质（即作为交换条件）的故意，而抢劫罪行为人没有此故意。

2005 年 6 月最高人民法院颁布了《关于审理抢劫、抢夺刑事案件适用法律若干问题的意见》，在认定抢劫罪和绑架罪的界限中指出，绑架罪是侵害他人人身自由权利的犯罪，其与抢劫罪的区别在于：第一，主观方面不尽相同，抢劫罪中，行为人一般出于非法占有他人财物的故意实施抢劫行为，绑架罪中，行为人既可能为勒索他人财物而实施绑架行为，也可能出于其它非经济目的实施绑架行为；第二，行为手段不尽相同，抢劫罪表现为行为人劫取财物一般应在同一时间、同一地点，具有"当场性"，绑架罪表现为行为人以杀害、伤害等方式向被绑架人的亲属或其他人或单位发出威胁，索取赎金或提出其他非法要求，劫取财物一般不具有"当场性"。这一司法解释为正确区分两罪提供了标准。

在本案中，李秀伯和吴仕桥两人为获取财物，将被害人骗至宾馆，用鞋带捆着被害人的手脚，以弹簧刀相威胁，迫使被害人打电话向亲友借钱。这些行为侵犯了被害人的财产权利和人身权利，看似符合绑架罪的要件。但仔细分析，仍不符合绑架罪的"绑架他人作为人质"以及"非当场性"的特点。李秀伯和吴仕桥的行为虽然具备了绑架罪的一些外在特征，即先劫持后索财，劫持与索财之间存在一定的时空间隔，但他们劫持两被害人的目的是直接劫取她们的财物，而非以其为人质来勒索第三人（李秀伯和吴仕桥在劫持两被害人后仅是让其向亲友借款，无意让被害人亲友知道其被绑架，两被害人的亲友并不明知其被绑架，当然也就不存在为此受到勒索），不满足绑架他人作为人质的条件。尽管两被告人要求被害人亲友第二天把钱打入其银行卡，但期间被害人一直被控制，仍属于"当场"。综上，李秀伯和吴仕桥的行为不构成绑架罪。

李秀伯和吴仕桥的行为符合抢劫罪的构成要件，两人以非法占有为目的，使用暴力和威胁的方式当场获取被害人的财物（当场不应拘泥于较短的时间，在暴力、胁迫手段的持续过程中，即使时间延续较长，同样应视为当场），侵犯了被害人的财产权利和人身权利，构成抢劫罪。

结论：**劫持他人后，迫使其向亲友筹借钱款，其亲友对被劫持事实并不知情的，以抢劫罪论处。**

案例 64：张宜同抢劫案（案例来源：《人民法院案例选》2006 年第 3 辑）

（一）基本案情

案发前，被告人张宜同代理苏州卡薇日化公司销售商品，由于缺乏周转资金，曾向他人提出借款，但没有借到。2004 年 6 月 15 日晚上，张宜同携带一把玩具枪、一把匕首和一卷透明胶带，翻墙入院，进入本组村民林树军家，持"枪"逼林树军夫妇用胶带自绑双腿，后张宜同又将两人双手从背后用胶带绑住，以威逼方式向林树军夫妇借钱。林树军夫妇不得已说出家中钱藏在床下。张宜同从床下取出一万元现金并写了一张借条给林树军，并向林树军夫妇磕头道歉后携款回家。当晚，被害人亲属报警后，侦查人员在张宜同家中将其抓获，并将一万元现金扣押后返还林树军夫妇。

（二）问题

暴力劫取现金后，向被害人出具借条的，能否视为民事借贷，不以犯罪论处？

知识点："非法占有目的"的认定。

（三）分析

根据我国刑法学界和实务界的通说，构成抢劫罪要求行为人主观上具有非法占有目的。而所谓非法占有目的，则是指明知是公私财物，而意图将其非法转归自己或第三者占有。在实践中，一些犯罪分子往往以借钱为名，行抢劫之实，非法占有公私财物，其行为自然构成抢劫罪。但是，应当注意区分以借贷为名的抢劫罪与暴力借贷之间的界限，不能一概将暴力借贷行为认定为抢劫罪。抢劫罪的行为人主观上具有使财物永久脱离财物原所有者或占有者而为犯罪分子所控制、支配、使用的意思，没有返还的意思。而暴力借贷则往往以使用为目的，在将来要归还。因此，两者之间的区分关键在于行为人主观上是否具有非法占有目的。如果行为人主观上没有非法占有目的，而只是为了一时使用（不是永久占有），即使采用非法手段掌握他人财物，也不宜认定为抢劫罪。参照现行司法解释，我们也可以得出上述结论。以盗窃罪为例，根据司法解释，偷开机动车送回的，不构成盗窃罪，这即说明仅有一时使用的目的不能认定为具有非法占有目的。

如何判断行为人主观上是否具有非法占有目的？我们认为可以通过以下两个方面来加以判断：第一，根据行为人实施非法取得财物行为的动机和背景来进行判断，比如行为人非法取得财物是否因一时急需，是否具有归还能力和归还意思，等等；第二，根据行为人行为后的表现来判断，比如非法取财后是否逃跑，是否肆意挥霍非法取得的财物，是否将非法取得的财物进行违法犯罪活动，等等。

就本案而言，被告人是做生意缺乏资金而"借钱"。众所周知，做生意是赔是赚，无法预料，即行为人无法证明自己有还款能力，无法证明其具有还款意思。也可以说，行为人明知自己可能归还不了"借款"，而仍然采取暴力手段强行劫取财物，行为人并非一时使用，而是有非法占有的故意。虽然出具了借条，但借条本身从民事法律关系上讲，并不能作为借款合同来看待（因合同需以双方当事人达成合意为前提）。因此，借条不能成为证明被告人与被害人之间存在债权债务关系的证据，也不能因此否认被告人具有非法占有目的。

行为人以非法占有为目的，使用暴力抢劫他人财物，构成抢劫罪。

结论：**暴力劫取现金后，向被害人出具借条的，不能视为民事借贷，具有非法占有目的的，应以抢劫罪论处。**

案例 65：姜金福抢劫案（案例来源：《刑事审判参考》总第 28 辑［第 204 号］）

（一）基本案情

2002 年 3 月 13 日晚 7 时许，被告人姜金福（1986 年 6 月 30 日生）在上海市浦东新区阳光三村崮山路西大门附近，乘被害人孙焱不备，抓住其左手腕，抢夺得孙焱手中的三星牌 388 型移动电话 1 部，价值人民币 3777 元。之后，姜金福乘坐出租车逃跑，孙焱亦乘坐出租车紧追其后。至浦东新区张扬路、巨野路路口时，姜金福下车继续逃跑，并用路旁的水泥块砸向协助抓捕的出租车驾驶员严安源头面部，致严安源头面部多处软组织挫伤，鼻骨骨折。经鉴定，该伤属于轻伤。

（二）问题

不满 16 周岁的行为人实施抢夺行为，为抗拒抓捕而当场使用暴力致人轻伤的，应否承担刑事责任？

知识点：不满 16 周岁的人实施转化抢劫行为的认定。

（三）分析

不满 16 周岁的人犯抢夺罪，依法不负刑事责任。但当其行为符合转化型抢劫罪的构成时，是否应当对其追究抢劫罪的刑事责任？

2006 年 1 月 11 日，最高人民法院发布了《关于审理未成年人刑事案件具体应用法律若干问题的解释》（以下简称《解释》），《解释》第 10 条规定："已满 14 周岁不满 16 周岁的人盗窃、诈骗、抢夺他人财物，为窝藏赃物、抗拒抓捕或者毁灭罪证，当场使用暴力，故意伤害致人重伤或者死亡，或者故意杀人的，应当分别以故意伤害罪或者故意杀人罪定罪处罚。已满 16 周岁不满 18 周岁的人犯盗窃、诈骗、抢夺罪，为窝藏赃物、抗拒抓捕或者毁灭罪证而当场使用暴力或者以暴力相威胁的，应当依照刑法第 269 条的规定定罪处罚；情节轻微的，可不以抢劫罪定罪处罚。"

《解释》没有规定已满 14 周岁不满 16 周岁的人盗窃、诈骗、抢夺他人财物，为窝藏赃物、抗拒抓捕或者毁灭罪证，当场使用暴力，故意伤害致人轻伤的如何处理，是定故意伤害罪还是定抢劫罪还是不构成犯罪？从刑法理论上看，抢劫罪较单纯侵犯他人财产权利的抢夺罪和单纯侵犯他人人身权利的故意伤害罪（包括轻伤），具有更为严重的社会危害性，在侵犯财产权利的同时侵犯人身权利。因此《刑法》并不要求构成抢劫罪要具备数额较大的条件，也没有规定年满 16 周岁才能追究刑事责任，而是规定凡年满 14 周岁具有刑事责任能力的自然人都应当承担刑事责任。而转化型抢劫，同样既侵犯了公民的财产权利，又侵犯了公民的人身权利，其社会危害性与一般的抢劫并无二致，《刑法》第 269 条规定了依照抢劫罪定罪处罚。因此，行为人只要实施了符合转化型抢劫要件的行为，主体达到抢劫罪刑事责任年龄的，构成转化型抢劫罪。

本案中，姜金福行为时不满 16 周岁，其先前的抢夺行为和后续的伤害行为分别来看都依法不负刑事责任，但该行为对社会的危害是客观存在的，即侵犯了他人的财产权利和人身权利。而且如果将该行为作为连续的、整体的行为来看，完全符合转化型抢劫的要件。依前所述，转化抢劫依照抢劫罪定罪处罚，而抢劫罪的刑事责任年龄为已满 14 周岁。因此，对被告人的行为应以抢劫罪追究刑事责任。

结论：**不满 16 周岁的行为人犯抢夺罪，为抗拒抓捕而当场使用暴力致人轻伤的，应负刑事责任，以抢劫罪论处。**

案例 66：沈某某盗窃案（案例来源：《刑事审判参考》总第 40 辑 [第 315 号]）

（一）基本案情

2002 年 12 月 2 日晚 12 时许，被告人沈某某在某市某区"皇家银海大酒店"3614 房间与潘某某进行完卖淫嫖娼准备离开时，乘潘某某不备，顺手将潘某某放在床头柜上的嫖资及一只"伯爵牌"18K 黄金石圈满天星 G2 连带男装手表拿走，后藏匿于其租住的某市某区荷城甘泉街 90 号二楼的灶台内。次日上午，潘某某醒后发现自己的手表不见了，怀疑系沈某某所为，便通过他人约见了沈某某。潘某某询问沈某某是否拿了他的手表，并对沈某某称，该表不值什么钱，但对自己意义重大，如果沈某某退还，自己愿意送 2000 元给沈某某。沈某某坚决否认自己拿走了该表。潘某某报案后，公安机关遂将已收拾好行李（手表仍在灶台内，被告人未予携带或藏入行李中）准备离开某市的沈某某羁押。沈某某在被羁押期间供述了自己拿走潘某某手表的事实及该手表的藏匿地点，公安人员据此起获了该手表，并返还给被害人。另经查明，在讯问中，沈某某一直不能准确说出所盗手表的牌号、型号等具体特征，并认为该表只值六七百元，拿走潘某某的手表是因为性交易中潘行为粗暴，自己为了发泄不满。经某市某区价格认证中心鉴定，涉案手表价值人民币 123 879.84 元。

（二）问题

行为人对盗窃的财物价值存在重大认识错误，在定罪量刑时，应当按照行为人认识的财物价值，还是财物的客观价值来认定犯罪、确定量刑幅度？

知识点：盗窃罪的犯罪故意。

（三）分析

盗窃罪是指以非法占有为目的，窃取公私财物的行为。盗窃公私财物数额较大或者多次盗窃、入户盗窃、携带凶器盗窃、扒窃的，处 3 年以下有期徒刑、拘役或者管制；数额巨大或者有其他严重情节的，处 3 年以上 10 年以下有期徒刑；数额特别巨大或者有其他特别严重情节的，处 10 年以上有期徒刑或者无期徒刑。本罪在客观上表现为盗窃行为，在不具备多次盗窃、入户盗窃、携带凶器盗窃、扒窃的情况下，数额较大是盗窃罪客观方面的成立标准；主观方面表现为有盗窃公私财产的故意。根据刑法理论，犯罪故意是认识因素与意志因素的统一。认识因素是指行为人明知自己的行为会发生危害社会的结果，既包括对行为本身的认识（行为的内容、作用与属性的认识），也包括对结果的认识（认识到自己的行为会发生何种危害结果）。那么以数额较大作为构成要件的盗窃罪，是否要求行为人认识到自己盗窃的数额达到了较大的程度才能构成？在量刑方面，是否要求行为人认识到自己盗窃了数额较大、数额巨大、数额特别巨大的财物才能按数额较大、数额巨大、数额特别巨大来量刑？即对盗窃结果的认识是否要求和犯罪构成要件或者和量刑条件相一致？如果要求相一致，本案行为人须认识到自己盗窃的数额达到了较大的程度才构成盗窃罪，认识到自己盗窃的数额达到了特别巨大的程度，才能处 10 年以上有期徒刑或者无期徒刑。如果不要求相一致，只要求大概知道行为的性质，而客观上又达到了一定的数额标准，那么就以实际数额定罪、量刑。这实际上就是在定罪和量刑上是采取主观标准还是客观标准还是主客观相统一的标准的问题。

刑法理论一般认为，在定罪和量刑时，对危害结果的认识，并不要求很具体，只要认识到行为可能侵害的社会关系的性质就可以了。因此，在司法实践中，往往以实际造成的结果定罪量刑，如盗窃罪、故意伤害罪。这是否意味着定罪量刑采取的是客观标准？

我们认真思考会发现，在司法实践中（以盗窃罪为例），之所以以实际窃取的数额作为盗窃罪定罪量刑的依据，是因为行为人主观上一般具有不确定的故意或者概括的故意，所以实际窃取的数额或多或少，都不违背行为人的意志。因此，窃取数额较大的，以犯罪论处，达不到数额较大又不具备其他情节的，不构成犯罪；窃取数额巨大或特别巨大的，按相应的法定刑处罚。这样处理，符合主客观相统一的刑法原则。但是，在行为人对所盗物品的价值存在重大认识错误的情况下，行为人所窃取的数额和他所欲窃取的数额出现了不一致，行为人不具有窃取数额较大或巨大或特别巨大公私财物的故意，按照主客观相统一的刑法原则，不应认定为犯罪或者按相应的法定刑处罚。

判断行为人是否对所盗物品价值存在重大认识错误，主要应从行为人的个人情况及其行为前后的表现来综合分析：本案被告人沈某某出生于贫困山区，从没有见过类似手表，也不知道或者听说过有此类名贵手表；沈某某年龄不大，从偏远农村来到城市时间不长，其工作环境又是一普通发廊，接触外界人、事、物相当有限，基本上无从接触到戴有如此昂贵手表的人；案发地附近的市场上也没有此类名表出售，最好的商场内出售的最好的手表也不过千元左右。因此，以本案沈某某的出身、作案时的年龄、职业、见识、阅历等状况来看，其对所盗手表的实际价值没有明确的或概括的认识是有可信基础的。被害人将价值如此巨大的手表与几百元的嫖资随便放在一起，也有使对手表本来就缺乏认识的沈某某产生该表价值一般（而非巨大）的错误认识的客观条件。被告人沈某某到案后，在历次询问中，始终不能准确说出该表的牌号、型号等具体特征，而且一直认为该表只值几百元钱，这表明其对名表确实一无所知，也不关心该表的实际价值。在盗得手表后，沈某某既没有马上逃走，也没有将财物及时处理掉，乃至收拾好行李准备离开某市时手表仍在灶台内，未予随身携带或藏入行李，也说明被告人对该表的实际价值既没有明确的认识，也没有概括的认识。如果被告人对该表的实际价值有所认识，按常理是不可能不随身带走或转卖的。被害人在追索手表的过程中，虽表示愿意以2000元换回手表，但其仅称该表"对自己意义重大"，并未明确表明该表的实际价值，而只表示该表并不太值钱。此节事实，并不足以使被告人对所盗手表的实际价值产生新的认识，相反却更可能加深被告人对该表价值的误认。综上，我们认为，被告人顺手拿走他人手表的行为，主观上虽有非法占有他人财物的目的，但被告人当时确实没有认识到（包括概括的认识）其所盗手表的实际价值。其认识到的所盗手表的价值只是数额较大而已（根据当时的司法解释，盗窃罪数额较大的标准是500到2000元以上），而非事实上的数额特别巨大（3万到10万元以上）。也就是说，被告人主观上只有非法占有他人数额较大财物的故意，而没有盗窃数额特别巨大公私财物的故意。根据主客观相统一的原则，在量刑时，只能按照行为人所认识到数额较大的法定刑幅度确定宣告刑，不应以数额特别巨大量刑。

如果行为人以非法占有为目的，盗窃了数额较大以上的财物，但根据行为人的认识能力，他预见到的只是价值很小的财物（如天价葡萄案，行为人因贪吃偷摘葡萄，数额达不到较大，但他没想到也无法预料是天价葡萄，用于科学研究），按照主客观相统一的犯罪构成原理，他没有盗窃数额较大公私财物的故意，因此，不构成犯罪。

结论：对盗窃的财物存在重大认识错误，严重低估财物价值，不应按被盗窃财物的实际价值定罪处罚，而应依行为人主观认识的财物价值认定。

案例67：钱炳良盗窃案（案例来源：《刑事审判参考》总第41辑［第325号］）

（一）基本案情

2001年8月至2002年1月，被告人钱炳良在华泰证券江阴营业部交易大厅，通过偷窥和推测的方法先后获得在该营业部开户的殷阿祥、蒋汝初、叶梅英等16人的股票账户账号及交易密码后，利用电话或在证券公司的交易大厅内进行电脑操作等委托方式，在殷阿祥、蒋汝初、叶梅英等16人的股票账户上高买低卖某一股票，同时通过自己在华泰证券江阴营业部及国信证券江阴营业部开设的股票账户上低买高卖同一股票，从中获利，共给被害人造成37.1万余元的经济损失，钱炳良共获取非法利润14.3万余元。案发后，钱炳良退出人民币23万余元，已返还给各被害人。

（二）问题

非法侵入他人股票账户，利用窃取的账号、密码与自己的股票账户进行交易，非法牟利的，构成何罪？

知识点：盗窃罪的认定。

（三）分析

在传统的盗窃案件中，盗窃罪在客观上表现为行为人通过秘密手段直接非法占有公私财物。本案被告人钱炳良不是直接非法占有被害人账户上的股票和资金，而是通过支付"对价"的方式秘密窃取被害人账户上的股票，利用窃取的账号、密码将被害人股票账户上的资金转归己有，即通过买、卖股票的形式非法占有了其中的差价款。这种作案手段虽与传统的盗窃手段不同，但仍符合盗窃罪的构成特征：在主观上，钱炳良是为了通过盗买盗卖股票非法占有被害人的财产；在客观上，钱炳良通过偷窥和推测的方法获得被害人的股票账户账号及交易密码后，暗中进行电脑操作，在被害人不知情的情况下，占有了被害人的财产，符合盗窃罪秘密窃取的特点。由于钱炳良非法占有盗买盗卖股票的"获利"款，直接来源于被害人的财产损失，这种盗窃手段与直接非法占有被害人的财产在本质上是相同的，其行为符合盗窃罪的主客观构成要件，应以盗窃罪定罪处罚。

结论：**非法侵入他人股票账户，利用窃取的账号、密码与自己的股票账户进行交易非法牟利的，应以盗窃罪论处。**

案例68：曾智峰等侵犯通信自由案（案例来源：《人民法院案例选》2007年第1辑）

（一）基本案情

被害人腾讯公司于1999年2月推出即时通信软件——腾讯QQ软件。腾讯QQ软件能够为注册用户提供文字语音通讯、传送文件、视音频交流、电子信箱、网络硬盘、网络游戏等功能。用户向腾讯公司提出申请，在接受由腾讯公司拟定的有关协议后，由腾讯公司向用户派发QQ号，并由用户自设密码，用户凭QQ号获得本人对QQ软件的使用权。依据该协议，腾讯QQ号的使用权仅属于初始申请注册人，并禁止转让、继受、售卖；用户若有违反协议或长期不使用 QQ 号码，腾讯公司有权无条件将号码收回。

被告人曾智峰于 2004 年 5 月 31 日受聘于腾讯公司，后被安排到公司安全中心负责系统监控工作。2005 年 3 月初，被告人曾智峰通过购买 QQ 号在淘宝网上与被告人杨医男互相认识，二被告人遂合谋通过窃取他人 QQ 号出售获利。2005 年 3 月至 7 月间，由被告人杨医男将随机选定的他人的 QQ 号（主要为五六位数的号码）通过互联网发给曾智峰。被告人曾智峰本人并无查询 QQ 用户密码保护资料的权限，便私下破解了腾讯公司离职员工柳某使用过但尚未注销的"ioioliu"账号的密码（该账号拥有查看 QQ 用户原始注册信息，包括证件号码、邮箱等信息的权限）。被告人曾智峰利用该账号进入本公司的计算机后台系统，根据被告人杨医男提供的 QQ 号查询该号码的密码保护资料，即证件号码和邮箱，然后将查询到的资料发回给被告人杨医男，由被告人杨医男将 QQ 号密码保护问题答案破解，并将 QQ 号的原密码更改后将 QQ 号出售给他人，导致 QQ 用户无法使用原注册的 QQ 号。经查，二被告人共计修改密码并出卖 QQ 号约 130 个，获利 61 650 元，其中，被告人曾智峰分得 39 100 元，被告人杨医男分得 22 550 元。

（二）问题

盗卖他人即时通讯软件用户号码的，构成盗窃罪还是侵犯通信自由罪？

知识点：刑法上的"财物"概念。

（三）分析

QQ 号码不是现行《刑法》意义上所称的财产，理由是：①QQ 号码是否有价值，争议很大，如何用一般等价物计量换算，标准不一。②对财物作出民法意义或者刑法意义的区分，符合法律原则和立法精神。特别是成文法体系，因为法律的天然滞后，以调整平等主体之间人身关系和财产关系为己任的民法，必然以开放的姿态面对急剧变化的社会现实；而奉行"罪刑法定"的刑法则必须始终保持消极谦抑的面孔。因此，对财物作出民法意义或者刑法意义的区分不仅在法理上顺理成章，在司法实践中也应当一以贯之。③刑法体系是相对封闭的，刑法的解释不能等同类推。QQ 号码是否是刑法意义上的财物只能根据现行《刑法》及其有关司法解释作出是否相符的判断。《刑法》第 92 条第 4 项规定的"其他财产"，根据文义解释，应理解为与股票等并列而未罗列的其他财产权利凭证。QQ 号码显然不是与股票相并列的财产权利凭证。现行最相关的盗窃罪的规定是最高人民法院、最高人民检察院《关于办理盗窃刑事案件适用法律若干问题的解释》中关于盗接他人通信线路、复制他人电信号码的规定，显然本案被告的行为不符合上述规定。因此，在现行法律体系内，QQ 号码是民法意义上的财物，但不是刑法意义上的财物，被告人不能定为盗窃犯。

《刑法》第 252 条规定："隐匿、毁弃或者非法开拆他人信件，侵犯公民通信自由权利，情节严重的，处 1 年以下有期徒刑或者拘役。"随着科技的进步和互联网的普及，书信在通信方式上的统治地位逐渐削弱，而以互联网为媒介的电子邮件和其他文字、语音、视频日益成为重要的通信联络方式。为此，全国人大常委会于 2000 年 12 月 28 日通过的《关于维护互联网安全的决定》第 4 条第 2 项规定："非法截获、篡改、删除他人电子邮件或者其他数据资料，侵犯公民通信自由和通信秘密"，依照刑法有关规定追究刑事责任。本案中，二被告人作为熟悉互联网和计算机操作的 QQ 用户，篡改了约 130 个 QQ 号码的密码，使原注册的 QQ 用户无法使用本人的 QQ 号与他人联系，造成侵犯他人通信自由的后果，情节严重，其行为符合上述法律规定，应构成侵犯通信自由罪。

结论：**盗卖他人即时通讯软件用户号码，情节严重的，应以侵犯通信自由罪论处。**

案例 69：杨燕某盗窃案（案例来源：《中国法院 2017 年度案例 20》）

（一）基本案情

2013 年 11 月 8 日，被害人张志某以燕福某的名义和被告人杨燕某签订"抵押借款协议"，由杨燕某将自己所有的新 C79×××号某牌陆风 X8 汽车质押给张志某，张志某交给杨燕某人民币 6 万元（以下币种均为人民币）。2014 年 3 月 19 日凌晨，杨燕某窜至石河子市××小区康乐苑×号楼前，将张志某停放在该栋楼前的新 C79×××号某牌陆风 X8 汽车用备用钥匙打开车门后开走，随后驾驶该车离开新疆。当日 14 时许，张志某发现车辆被盗遂报案。2014 年 4 月 3 日，杨燕某在河南省郑州市再次将该车质押给他人。杨燕某从张志某处秘密窃取轿车后，曾告知张志某该车是被他开走。经石河子市价格认证中心价格鉴定，该车价值 7.4 万元。案发后，该车未能追回，杨燕某称所借款项已为父亲看病，现无力归还借款。

（二）问题

杨燕某将质押给他人的其本人所有的汽车盗走，其行为是否构成盗窃罪以及盗窃数额如何认定。

知识点：本人所有的财物，能否成为盗窃罪的对象。

（三）分析

盗窃罪，是指以非法占有为目的，秘密窃取公私财物的行为。本罪侵犯的客体为公私财产的所有权或者占有权，对象为公私财物。这里的公私财物"占有权"是指虽非财产的所有人，但合法或非法地控制（占有）着财物。合法占有财物是指有法律依据而占有他人财物，如交由他人保管的财物（交给邮局、快递公司、火车站、机场托运等，抵押物、质押物等），保管者有占有权。非法占有财物是指通过非法手段获取的财物，如偷来的、抢来的、贪污受贿来的等。总之，只要是事实占有的财物，都可以成为本罪的对象。刑法理论界也认为，侵犯财产罪的对象包括合法占有、非法所得。盗窃罪客观方面的基本构成模式为：行为人窃取财物——被害人失去对财物的有效控制——行为人取得财产——被害人财产遭受损害。

本案中，杨燕某将质押给他人的其本人所有的汽车盗走，其行为构成盗窃罪。原因如下：

1. 合法占有的财物，能作为盗窃罪的对象

根据以上分析，本人所有的财物，在他人合法占有、控制期间，能够成为自己盗窃的对象。杨燕某系所质押汽车的所有权人，有权质押汽车，张志某支付了6万元的对价，合法取得占有权。张志某虽没有财物的所有权，但基于占有、控制的事实，负有保管和归还财物的义务。如果在占有期间汽车丢失或毁损，张志某作为占有人依法应负赔偿责任。杨燕某尽管是汽车的所有者，但在张志某占有期间，应视为张志某的财物，可以成为杨燕某盗窃的对象。

2. 杨燕某具有非法占有的主观故意

非法占有的故意，是指明知是他人控制之下的财物，而意图转归自己所有或控制。本案中，杨燕某明知汽车在张志某的合法控制之下，作为质押物，能够保障张志某的财产权利，而仍然秘密窃取。尽管杨燕某没有非法索赔汽车的目的，但从张志某处盗走质押的汽车，客观上造成汽车在质押期间灭失的既成事实，导致张志某要为此承担质押物灭失的责任。张志某无法通过回赎收回先前支付的 6 万元，又失去了质押物，导致其受到财产损失。这一切，杨燕某是明知的。从表面上看，杨燕某窃取的是其本人的财物，但其所有的财物在他人合法占有之下，实际上侵犯了他人的财产权。

杨燕某以非法占有为目的，秘密窃取他人占有的财物，侵害了他人的财产权利，所以杨燕某的行为，应当以盗窃罪论处。

3. 如何认定本案的盗窃数额

在认定本案的盗窃数额时，出现两种意见，公诉机关是将汽车的评估价格 7.4 万元认定为盗窃数额，一、二审法院将支付的质押款 6 万元认定为盗窃数额。笔者认为，杨燕某盗走质押的汽车后不要求回赎汽车，张志某丧失的是汽车的占有权和所支付的 6 万元质押款的所有权，其实际损失是 6 万元。盗窃罪是侵犯财产所有权的犯罪，被害人遭受的财产损失，应该是认定盗窃数额的重要依据，况且，对于被害人所丧失的 6 万元，行为人是故意的，是他的行为造成的。在没有充分证据证明杨燕某归还借款的情况下，以张志某支付的质押款 6 万元来认定本案的盗窃数额，是正确的。另外，如果行为人将质押的财物盗走后又进行索赔的，行为人因盗窃而给他人造成的财物损失表现为他人给付的赔偿数额，那么盗窃的数额就应以支付的赔偿款来计算。

需要注意的是，在司法实践中，盗窃数额与财物本身的价值不相一致的情形客观存在，在计算时应当按照有利于保护被害人财产所有权的原则确定。

结论：（1）**本人所有的财物，在他人合法占有、控制期间，能够成为自己盗窃的对象；**

（2）**盗窃罪是侵犯财产所有权的犯罪，被害人遭受的财产损失，应该是认定盗窃数额的重要依据。**

案例 70：李晓勇等盗窃案（案例来源：《人民法院案例选》2009 年第 1 辑）

（一）基本案情

被告人李晓勇、郭威、刘伟、李征于 2004 年 5 月底的一天，在北京邮政速递局市内分拣科天竺分拣班车间上班时，被告人郭威在分拣邮件、向微机输入条形码的过程中，发现多出一个邮件，李晓勇、刘伟、李征均目睹了这一情节。李晓勇当即在郭威的电脑上删除了该邮包的信息，并将该邮包拿走。邮包内装有诺基亚牌移动电话机 55 部，共计价值人民币 70 050 元。两天后，被告人李晓勇将变卖移动电话机的赃款分给被告人郭威、李征各人民币 3000

元、分给被告人刘伟人民币 2900 元。

（二）问题

发现他人盗窃财物的行为不加制止，事后收受他人给予的好处的，构成何罪？

知识点：不作为的盗窃罪。

（三）分析

在本案中，李晓勇的行为构成盗窃罪。那么郭威、刘伟、李征的行为是否构成盗窃罪的共犯？

盗窃罪是秘密窃取财物的行为，盗窃罪的实施一般以作为的方式完成，但是行为人在负有阻止他人盗窃义务、能够履行这种义务而不履行的情况下，可以构成不作为的盗窃。

郭威在分拣邮件的过程中发现多了一个邮件，理应采取措施找到邮件的主人并根据情况发还给邮寄人或接收人，但李晓勇以非法占有为目的，在电脑上删除了该邮件的信息并将邮包拿走。郭威作为具体的承办人有义务阻止李晓勇的行为，但没有阻止而任由李晓勇将邮件占为己有。郭威的行为显然符合不作为的构成要件（有作为义务、能够履行而不履行），构成不作为的盗窃；在主观上，郭威与李晓勇有共同的盗窃故意，郭威明知不予阻止李晓勇的行为会导致他人财物受损失而放任这种结果发生，李晓勇明知郭威对自己的盗窃行为起着帮助的作用（李晓勇为直接故意，郭威为间接故意），二人构成共同盗窃罪。

刘伟和李征虽然在具体事务上对多出来的邮包不负有什么职责，但作为北京邮政速递局分拣科的员工，他们在工作时对于工作场所内的所有邮包都应承担其力所能及的责任，即使出现的业务问题按照职责划分可能不归他们管，但邮包的安全是整个工作场所内所有员工都应负责的。简言之，因职务要求而产生的防止结果发生的特别义务，不仅可以是职务对行为人具体的工作要求，还可以是职务甚至单位对工作人员一般的概括的要求，这样的推理与普通公民的理解应该是不存在分歧的。刘伟和李征在现场目睹了盗窃行为，同郭威一样，有义务有能力阻止却未加反对，在客观上属于不作为的参与，在主观上应当认为是一种默示的共谋，因而可以认定二人构成不作为的盗窃共犯。因此，李晓勇、郭威、刘伟、李征四人构成盗窃罪的共同犯罪，李晓勇是作为的实行犯（正犯），其他三人构成不作为的帮助犯。

结论：**有义务阻止他人盗窃行为的，发现他人盗窃财物而不加制止，以使盗窃完成的，应认定为不作为的盗窃罪共犯。**

案例71：朱影盗窃案（案例来源：《刑事审判参考》总第62辑［第492号］）

（一）基本案情

2007年11月1日11时许，被告人朱影伙同李夏云（另案处理）到环翠区羊亭镇港头村王本香家，以驱鬼为由，诱骗王拿出人民币430元及价值人民币1840元的黄金首饰作为道具，交给被告人"施法驱鬼"。朱影将上述财物用纸包好后，在"施法"过程中，乘被害人王本香不备，用事先准备好的相同纸包调换装有财物的纸包，待"施法"完毕，将该假纸包交还被害人，并嘱咐3日后才能打开，随后将被害人的上述财物带离现场。

（二）问题

以非法占有为目的，利用虚构的事实引诱他人取出财物，而后以调包的手段拿走财物的，成立盗窃罪还是诈骗罪？

知识点：盗窃罪与诈骗罪的区别。

（三）分析

盗窃罪，是指以非法占有为目的，秘密窃取公私财物的行为。秘密窃取，是指犯罪分子采取自认为不会使财物所有者、保管者发觉的方法，暗中窃取其财物。

诈骗罪，是指以非法占有为目的，用虚构事实或者隐瞒真相的方法，骗取数额较大的公私财物的行为。刑法理论界一般认为，诈骗罪的构造为"行为人实施欺诈行为——被骗人陷入认识错误——自愿交付占有"，即行为人采取虚构事实或隐瞒事实真相的方法，使被骗人信以为真，从而自愿交付占有（交由犯罪分子占有）。所谓"交付占有"是指被害人主观上有处分财物的意思，客观上有处分财物的行为（将财物转移归犯罪分子控制）。可见，盗窃罪、诈骗罪的犯罪主体、客体、主观方面都相同，区别在于行为方式方法不同。

本案中行为不符合诈骗罪的构成特点。被告人以"施法驱鬼"为名诱使被害人将财物作为道具交给被告人，虽属于欺诈的性质，但被告人并非依靠该欺诈行为直接取得财物，这只是为其之后实施秘密窃取行为创造条件；被害人主观上既没有处分财产的意思，也没有处分（转移占有）财产的行为。

被害人暂时交付财物的目的是让被告人利用财物"施法驱鬼",没有让被告人带走财物,被告人对财物只是暂时持有。虽然形式上财物已经交付被告人实际持有,但仍在被害人的控制范围内,因为在当时的情况下,行为过程均发生在被害人家中,被害人始终在场,对于财物当然具有实际的控制权。因而被害人虽然受骗了,但他并没有因此而具有将财物转移给被告人支配和控制的处分意思和行为。被告人取得财物的支配与控制完全是后来的调包秘密窃取行为所致。

被告人的行为构成盗窃罪。被告人以非法占有他人财物为目的,以"施法驱鬼"为名,采取自认为不会使财物所有者发觉的方法,以调包的方式秘密窃取他人的财物,侵害他人财产所有权,符合盗窃罪的构成要件。

结论:以非法占有为目的,利用虚构事实的方法引诱他人取出财物,而后以调包的手段将财物秘密窃取的,应以盗窃罪论处。

案例 72:张建某等诈骗案(案例来源:《中国法院 2017 年度案例 20》)

(一)基本案情

2014 年 9 月至 11 月,被告人张建某、罗德某、张雍某、毛兴某、王朝某、刘召某商定,每人出资 2000 元用于购买作案工具、支付粮食收购款,并在收购粮食过程中以暗中操作遥控器控制电子秤减轻实际重量的方式骗取他人粮食,所获利益 6 人平分。其中,被告人张建某、罗德某、张雍某、毛兴某参与作案 5 起,涉案金额共计 20 882.4 元;被告人王朝某参与作案 3 起,涉案金额共计 11 947.2 元;被告人刘召某参与作案 2 起,涉案金额共计 8935.2 元。公诉机关认为六被告人构成盗窃罪,六被告人对指控事实、罪名均无异议。

人民法院经审理认为:六被告人以非法占有为目的,以技术手段秘密改变称量工具的准确性,并对被害人进行隐瞒,进而使被害人陷于错误认识而处分自己的财产,故六被告人的行为符合刑法关于诈骗罪的构成要件,不应构成盗窃罪,应当以诈骗罪定罪处罚。

(二)问题

以技术手段改变称量工具准确性,通过"偷秤"取得他人财物,应认定为盗窃罪还是诈骗罪?

知识点:盗窃罪与诈骗罪的认定。

（三）分析

以技术手段改变称量工具的准确性，通过"偷秤"取得他人财物应如何定性，司法实践存在盗窃罪与诈骗罪之争，有必要进行辨析。

一种观点认为，被害人虽然表面上将全部粮食进行了自愿处分，但是其本意是处分符合显示数量的粮食，对称量重量和客观重量的差额部分，被害人无意处分。被告人改变称量工具的准确性，在被害人不知情的情况下秘密窃取财物，符合盗窃罪的构成要件，应以盗窃行为论处。

另一种观点认为，被告人以技术手段秘密改变称量工具的准确性，将多装的粮食占为己有，表面上有"偷"的成分，实际上是使被害人陷于错误认识而处分自己的财产，应以诈骗行为论处。

如前所述，盗窃罪，是指行为人以非法占有为目的，采取自认为不会使财物所有者、保管者发觉的方法，暗中窃取公私财物。诈骗罪，是指以非法占有为目的，用虚构事实或者隐瞒真相的方法，骗取数额较大公私财物的行为。诈骗罪的构造为"行为人实施欺诈行为——被骗人陷入认识错误——自愿交付占有"。被害人主观上必须有处分财物的意思，即认识到自己将财产转移给行为人，客观上有处分财物的行为。二罪的主要区别在于，一个是秘密窃取，一个是采取欺诈手段，使被害人信以为真，自愿交付财物。

行为人采取技术手段改变称量工具准确性，在收购粮食过程中暗中操作遥控器控制电子秤，使电子秤的显示重量低于粮食的实际重量，从而在被害人不知情的情况下多获得粮食，行为人"骗取"的只是差额部分，而对于显示数量的粮食，行为人是支付了对价的。所以，认定犯罪时只应考虑差额部分。根据诈骗罪的构成特点，被害人对差额部分有处分故意和处分行为的，属于诈骗，没有处分故意和处分行为的，不构成诈骗罪。

具体到本案，被害人虽然表面上将全部粮食进行了自愿处分，但是其本意是处分符合显示数量的粮食，对称量重量和客观重量的差额部分，被害人无意处分。因此，行为不构成诈骗罪。被告人改变称量工具的准确性，在被害人不知情的情况下秘密窃取财物，符合盗窃罪的构成要件，应以盗窃行为论处。

结论：**以技术手段改变称量工具准确性，通过"偷秤"取得他人财物，应认定为盗窃罪而不是诈骗罪。**

案例 73：王微等诈骗案（案例来源：《刑事审判参考》总第 71 辑 ［第 591 号］）

（一）基本案情

2007 年 6 月，被告人王微在浙江省义乌市中国移动公司办理业务时结识了该公司员工被告人方继民，两人预谋以贩卖移动公司手机"靓号"的方式牟利。之后方继民利用工作之便从移动公司内部电脑系统查得 137×××× 9999、137×××8888、137×××6666、137××××8888、135××× 6666 等 14 个号码的机主资料信息，而后通过制假身份证到义乌市移动公司营业厅，将原机主的移动号码 137×××9999、137×××8888、137××× 6666、137×××8888、135×××6666 非法过户到自己名下。随后王微隐瞒上述手机号码系通过虚假手段办得的真相，以自己名义将其中的 137××× 9999、137×××8888、137×××6666、137×××8888 四个号码卖给他人，共计获得人民币 41 000 元。

（二）问题

采用非法手段将他人手机号码过户并转让获取钱财的行为，构成何罪？

知识点：手机号码能否成为盗窃罪对象。

（三）分析

1. 单纯的手机号码没有价值，因而没有财物属性

盗窃罪属于侵财犯罪，其犯罪对象是财物，财物是有价值的，是能够使实施盗窃的行为人获得利益而使原所有人受到财产损失的有体物或无体物。手机号是否是刑法意义上的财物，只能根据现行《刑法》及其有关司法解释作出是否相符的判断。《刑法》第 92 条第 4 项规定的"其他财产"，根据文义解释，应理解为与股票等并列而未罗列的其他财产权利凭证。手机号码显然不是与股票相并列的财产权利凭证。虽然我国《刑法》第 265 条规定"以牟利为目的，盗接他人通信线路、复制他人电信号码或者明知是盗接、复制的电信设备、设施而使用的，依照盗窃罪的规定定罪处罚"，但是行为人盗接他人通信线路、复制他人电信号码或者明知是盗接、复制的电信设备、设施而使用，产生的电话费由合法用户支付，从而导致行为人不交话费而获利，使合法用户受到话费损失，因此这里盗窃罪侵害的对象是他人的电信资费而不是号码本身。

本案中，二被告人非法将他人手机号码过户后出售，由于原号码所有者不能继续正常使用该号码，故及时到移动公司查询导致案发。既然手机号码已经过户给被告人，原号码所有者不能继续正常使用，就不可能造成话费损失，不符合此种以盗窃罪定罪处罚的情形。

2. 手机号码非法过户后进行转让才是实现获利的关键

盗窃罪只要将财物秘密窃取后就实现了财产利益，所窃取的财物可以自己使用，也可以给他人使用，并且这种使用完全具备经济学意义上的使用价值的特征。但就本案而言，被告人非法过户手机号码后没有自己使用，而是通过转让才获得了经济利益，也即本案二被告人实现获利的关键在于将非法过户的他人手机号码出售的行为。区分侵财犯罪的本质在于侵财的手段，以秘密窃取的手段实现侵财的是盗窃，以欺骗手段实现侵财的是诈骗。由于手机号码自身没有价值，因此一般非法过户的行为不构成盗窃罪；从被害人的角度看，原手机号码所有者没有因此受到财产损害，真正受到财产损害的是出钱购买这些手机号码的人，而其财产受到侵害的关键在于被告人隐瞒了这些手机号码属于非法过户的事实，故本案属于以骗侵财，不符合盗窃罪的构成要件。

3. 非法过户手机号码并转让获利的行为符合诈骗罪的犯罪构成

诈骗罪的犯罪构成有四个要素：行为人的欺诈行为——被害人产生错误认识——被害人基于错误认识而交付（或处分）财产——被害人遭受财产损害。本案被告人的行为完全符合上述要素，被告人先利用伪造的身份证将他人手机号码过户到自己名下，然后隐藏自己非该号码真正机主的真相，使被害人误以为该号码是被告人所有，产生错误认识，接着被害人基于这一错误认识购买该手机号码，使被告人获得财产利益，被害人发现手机号码因被真正机主取回而不能用，因此蒙受经济损失，整个过程符合诈骗罪的构成特征。

结论：采用非法手段将他人手机号码过户并转让获取钱财的，应以诈骗罪论处。

案例74：以试驾之名将车开走的行为定性——欧坚某抢夺案（案例来源：《中国法院2016年度案例20》）

（一）基本案情

欧坚某预谋骗取他人的摩托车商行的摩托车，之后于2013年10月12日9时10分许到昭平县西宁中路121号恒力摩托车行，以欲购车为名，提出要先行试驾选中的一辆珠江牌ZJI00T-R型黑色二轮摩托车（价值5180元）。

欧坚某驾驶该辆摩托车在车行前面街道上来回试驾多次，当车行的工作人员陈旺某催问其是否购买后，其骗说还要再试驾一次，接着以试驾之名驾驶该辆摩托车逃走。陈旺某在远处发现欧坚某驾车逃离其视线，即与车行的其他人员追去寻找，但未找到。欧坚某驾车逃离后即将摩托车占为己有。2013年11月20日上午，欧坚某将该辆摩托车交其女儿驾驶，当经过恒力摩托车行前面街道时，被车行的工作人员陈旺某等人发现。车行的人员报警后，公安机关将该车扣押，后返还恒力摩托车行。

（二）问题

欧坚某以购车试车的名义得到试车机会后将车开走占为己有的行为应如何定性？

知识点：盗窃、诈骗、抢夺罪的界限。

（三）分析

盗窃、诈骗、抢夺罪同属于侵犯财产所有权的犯罪，其犯罪的主体均为自然人一般主体，主观上都是以非法占有为目的，客体均为财产所有权，不同之处在于犯罪的手段不同。

首先，本案不能认定为盗窃罪。盗窃罪，是指以非法占有为目的，秘密窃取公私财物的行为。秘密窃取，指行为人采取自认为公私财物的所有人、管理人不会发觉的方法，暗中窃取公私财物。本案中，欧坚某假借购车之名，提出试驾，在将车驶出一段距离后迅速驾车逃离现场。整个过程，发生在车行前面的道路上，车行的工作人员陈旺某是目睹的，欧坚某也是明知的，行为不符合秘密窃取的表现形式。故本案不能认定为盗窃罪。

其次，本案不能认定为诈骗罪。诈骗罪的特点是采用虚构事实或隐瞒真相的欺骗方法，使被害人陷入认识错误（信以为真）并"自愿"交出财物，被害人有处分的意思和处分行为。所谓"处分"，就是转移占有。在本案中，从表面上看，被告人欧坚某以非法占有为目的，客观上也采取了虚构事实的手段，并从车行骗走了摩托车，车行工作人员也是自愿将摩托车交给被告人，被告人的行为似乎符合诈骗罪的构成。但是，实质上，被害人将车交给被告人只是为了让他试驾，在将车交给被告人后，被害人始终在一旁看着，车没有脱离被害人的控制。被害人发现车被开远后，即与其他工作人员去追。因此，被害人没有处分摩托车的意思和处分行为，欧坚某也没有因其"诈骗"取得财物，不符合诈骗罪"实施欺诈行为，被害人产生错误认识作出行为人所希望的财产处分，行为人因此获得财产"的构造，不能认定为诈骗罪。

行为人的行为构成抢夺罪。抢夺罪，是指以非法占有为目的，公然夺取数额较大公私财物或多次抢夺的行为。公然夺取，是指犯罪分子当着财物所有人或保管人的面，采取可以立即被发觉的方式，公开把财物抢走。被害人遭到侵害时，会立即意识到财产的损失，当场发觉但来不及抗拒。本案中，欧坚某在车行前面街道上当着被害人的面多次试车，在其将车驶出一段距离之后，迅速驾车逃走。被害人等立即意识到财物损失，和其他工作人员连忙去追，但已经来不及。这种情况，符合"当着被害人面，采取可以立即被发觉的方式公开将财物抢走"的抢夺罪特征，其取得财物的手段是公然夺取，构成抢夺罪。

结论：以购车试车的名义得到试车机会后将车开走占为己有的行为应以抢夺罪论处。

案例75：杨飞侵占案（案例来源：《刑事审判参考》总第70辑［第583号］）

（一）基本案情

被告人杨飞的父亲杨作新系从事袜子加工业务的个体工商户，系家庭经营，但主要由杨作新夫妇二人负责经营。从2007年上半年后，自诉人赵伟良将部分袜子委托杨作新加工定型。其间，杨飞将赵伟良委托加工定型的部分袜子盗卖给他人。经公诉机关追回的袜子共计62包，每包300~500双不等，均已发还自诉人。

（二）问题

盗卖他人委托加工的产品的行为，构成盗窃罪还是侵占罪？

知识点：侵占罪与盗窃罪的区别。

（三）分析

侵占罪，是指以非法占有为目的，将代为保管的他人财物、将他人的遗忘物或者埋藏物非法占为己有，数额较大，拒不退还或交出的行为。侵占罪的犯罪对象是代为保管的他人财物或他人的遗忘物、埋藏物（本案不涉及遗忘物、埋藏物，不作分析），非此不构成侵占罪。代为保管是指接受他人委托或者根据事实上的管理而成立的对他人财物的持有、管理。典型意义上的代为保管关系产生于保管合同之中。此外，加工承揽合同、委托合同、租赁合同、使用借贷合同、担保合同等众多的合同关系均可能存在代为保管关系。

加工承揽合同，是指承揽人按照定作人的要求完成工作、交付成果，定作人给付报酬的合同。承揽合同有两种情形：一种是加工的原材料由承揽人自己选用；另一种是加工的原材料由定作人提供。在第一种情形下，定作人不负责提供原材料，承揽人先行支付购买材料费用，对自己选用的材料享有所有权，对于利用该材料加工完成的工作成果，若承揽人不将其交付给定作人，不成立侵占罪，只构成民事上的违约。在第二种即定作人提供原材料的情况下，原材料被交付给承揽人之后并未发生所有权转移，承揽人只是暂时地享有占有、支配、按照合同目的使用原材料的权利。在履行合同时，承揽人负有返还利用原材料加工完毕的工作成果的义务，此时原材料就处于代为保管的状态，拒不返还便属于侵占。

盗窃罪是指以非法占有为目的，将他人控制之下的财物秘密窃取的行为。

盗窃罪与侵占罪的区别在于：

1. 犯罪对象不同

侵占罪的犯罪对象是自己代为保管的他人财物，盗窃罪的犯罪对象是他人控制之下的公私财物。

2. 犯罪主体不同

侵占罪的犯罪主体为代为保管或管理财物的行为人，如不具有这种主体身份特征，则缺乏构成侵占罪的基本条件，而盗窃罪的主体身份无任何限制。

3. 行为方式及犯罪故意产生的时间不同

盗窃罪是行为人先产生非法占有的故意，然后将他人控制之下的财物秘密窃取；而侵占罪是行为人先合法持有他人的财物，后产生非法占有的故意，将自己控制下的他人财物不退还、不交出，变为自己所有。

本案自诉人赵伟良与被告人杨飞的父亲杨作新之间存在加工承揽合同，究其合同约定内容属于上述第二种承揽模式。虽然杨作新的袜子加工厂系家庭经营模式，杨飞系家庭成员之一，但由于杨作新的袜子加工厂的实际经营者是杨作新夫妇，杨飞并未参与到经营活动中，对家庭经营活动中所涉及的财物没有控制管理的权利，故事实上并不占有这些财物。而侵占罪中的代为保管关系要求被告人对他人财物存在事实上的占有关系。故对于自诉人赵伟良委托加工的袜子，只有从事经营并实际占有这些袜子的杨作新夫妇才有可能构成侵占罪的主体，杨飞不具有构成侵占罪的主体资格，其行为不符合侵占罪代为保管他人财物的主体特征，不构成侵占罪。

杨飞先产生非法占有的目的，将他人（其父母）控制之下的财物秘密窃取，数额较大，构成盗窃罪。但鉴于案件发生后，被告人杨飞及其父母从一开始就表示愿意进行等价赔偿，由于袜子是种类物，自诉人委托杨作新加工袜子的目的也是为了出售牟利，被告人以货币形式完全可以赔偿自诉人的经济损失。因此，根据相关司法解释，对杨飞可以从轻处罚。

结论：对他人财物不存在事实上的占有关系，不属于侵占罪中代为保管的他人财物，不构成侵占罪。

案例76：张胜利盗窃案（案例来源：《中国法院 2016 年度案例 20》）

（一）基本案情

2013 年 12 月份，被告人张胜利经人介绍在平顶山市体育村东门席现某经营的彩票店工作。2014 年 3 月份，被害人宋叔某将其与被害人马攻某的身份证号码交给张胜利，让张胜利在"奖多多"彩票网以宋叔某、马攻某的名义开设两个账户，该账户分别与二人的中国工商银行账户相关联。宋叔某、马攻某将资金转入"奖多多"彩票网账户后，由张胜利操作购买彩票。2014 年 4 月，宋叔某要求张胜利将宋叔某、马攻某在"奖多多"彩票网账户中的资金余额转入二人中国工商银行账户，不再委托张胜利操作购买彩票，张胜利即伪造宋叔某、马攻某二人的临时身份证，持伪造的身份证在中国农业银行以二人名义开设账户，并于 2014 年 4 月 9 日秘密将马攻某在"奖多多"彩票网账户中的资金 30 655 元转入其以马攻某名义开设的中国农业银行账户中，2014 年 4 月 14 日秘密将宋叔某在"奖多多"彩票网账户中的资金 51 521 元转入其以宋叔某名义开设的中国农业银行账户中。张胜利于 2014 年 4 月 9 日至 4 月 10 日将马攻某名下的 30 655 元分数次取出后，离开平顶山到苏州，又于 2014 年 4 月 14 日至 4 月 16 日将宋叔某名下的 51 521 元分数次取出。

（二）问题

张胜利的行为具体如何定性？

知识点：盗窃罪与诈骗罪、侵占罪的区别。

（三）分析

盗窃罪与侵占罪、诈骗罪都属于我国刑法分则规定的侵犯财产罪，它们在构成上有很多相似之处。主要表现在：①犯罪主体都是一般主体，即年满 16 周岁、有刑事责任能力的自然人；②犯罪的主观故意方面都是以非法占有公私财产为目的；③都侵犯了国家、集体、公民的财产所有权。它们的区别有以下方面：

1. 诈骗罪与盗窃罪的区别

诈骗罪是指以非法占有为目的，以虚构事实或者隐瞒真相的方法骗取数额较大公私财物的行为。诈骗罪和盗窃罪的相同点在于两者都是先产生非法占有的故意，然后将他人控制之下的财物转移占有。两罪的区别主要表现在客观行为方式及两罪的构造：

（1）盗窃罪行为方式是秘密窃取，盗窃的本质特征在于犯罪行为的秘密性；而诈骗罪则是骗取，诈骗罪的本质特征在于犯罪行为的欺骗性。

（2）两罪的构造不同。盗窃罪的构造为：盗窃行为——行为人取得财物——被害人丧失财物，行为人盗取财物是在被害人不知情的情况下进行的；而诈骗罪的行为构造是，欺诈行为——被害人产生认识错误（信以为真）——自愿交付占有——被害人丧失财物，被害人由于行为人的欺骗而处分财产。

2. 侵占罪与盗窃罪、诈骗罪的不同

如前所述，侵占罪是财物的保管者或者遗忘物、埋藏物的管理者在持有财物后产生非法占有的故意，将代为保管的他人财物、管理的他人的遗忘物、埋藏物非法占为己有的行为。而盗窃、诈骗则是行为人先产生非法占有的故意，然后采取秘密窃取或者欺诈的手段将他人控制下的财物非法占有。

本案争议的焦点在于张胜利对宋叔某、马攻某在"奖多多"彩票网账户中的资金是否属于代为保管？如果不属于代为保管，则张胜利的行为不构成侵占罪。如果不构成侵占罪，那么，张胜利的行为是属于秘密窃取还是骗取？

首先，张胜利的行为不构成侵占罪。根据上述的案件事实，我们可以看出，基于对张胜利的信任，宋叔某、马攻某将博彩账户密码交由张胜利掌握，要张胜利为他们购买彩票。在这种情况下，张胜利对彩票网账户中的钱款属于合法持有。但后来，宋叔某要求张胜利将宋叔某、马某攻在"奖多多"彩票网账户中的资金余额转入二人中国工商银行账户，不再委托张胜利操作购买彩票，这时，张胜利对彩票网账户中的钱款就不再具有保管的权利及义务，张胜利再无合法占有的法律依据。因此，张胜利的行为无法构成侵占罪。

其次，张胜利的行为不构成诈骗罪。诈骗罪认定中最重要的一点就是，被害人基于行为人给出的诈骗信息而做出将财产交付给行为人的行为。本案中，被害人宋叔某、马攻某对张胜利转移资金的行为根本不知晓，更不存在

主动将资金交给张胜利的行为。虽然张胜利在盗取财物的过程中伪造了被害人的临时身份证，但这里的"虚构"并没有直接指向被害人宋叔某、马攻某，而只是借此去银行开设账户，为之后的秘密盗取行为做准备。因此张胜利的行为不符合诈骗罪的构成要件。

被告人张胜利以非法占有为目的，以秘密手段将宋叔某、马攻某的"奖多多"彩票网账户中的资金共计 82 176 元转入自己设立的中国农业银行账户并私自取出据为己有，符合盗窃罪构成要件，其行为构成盗窃罪。

结论：**受委托在彩票网账户为他人买彩票，取消委托后擅自转移、占有他人财产的，不构成侵占罪，构成盗窃罪。**

案例 77：王一辉等职务侵占案（案例来源：《刑事审判参考》总第 58 辑［第 461 号］）

（一）基本案情

被告人王一辉原系盛大公司游戏项目管理中心运维部副经理，主要负责对服务器、游戏软件进行维护和游戏环境内容的更新等。2004 年 8 月底，被告人王一辉与被告人金珂通过网上聊天，预谋利用王一辉在盛大公司工作，有条件接触"热血传奇"游戏软件数据库的便利，复制游戏武器装备予以销售。2004 年 9 月起，被告人王一辉、金珂开始实施上述行为。由金珂首先在"热血传奇"游戏中建立人物角色，然后将游戏角色的相关信息通过聊天记录发送给王一辉，王一辉在盛大公司内利用公司的电脑进入游戏系统，同时打开"热血传奇"服务器 6000 端口，通过增加、修改数据库 Mir. DB 文件中的数据，在金珂创建的游戏人物身上增加或修改游戏"武器"及"装备"。然后由金珂将游戏人物身上的武器及装备通过 www.5173.com 网站或私下交易出售给游戏玩家。2005 年 2 月，王一辉又趁回金华老家探亲的机会将此事告诉被告人汤明，汤明表示愿意一起加入，并采用同样的方法与王一辉共同实施，非法复制并销售游戏"武器"及"装备"。一段时间后，由于王一辉认为上述操作方法比较麻烦，就让金珂、汤明从网上下载了"热血传奇"私服游戏服务器端，并生成一个伪造的数据包，王一辉负责打开"热血传奇"的游戏服务器 6000 端口，同时将服务器的 IP 地址告诉金珂、汤明，由金珂、汤明将每次修改后的数据包发送到服务器，王一辉在收到数据包后，提取数据信息再传送到数据库中，在游戏人物的身上增加或修改游戏"武器"及"装备"。三被告人约定金珂、汤明在出售游戏"武器"及"装备"得款后，分给被告人王一辉 60% 的获利，由金珂、汤明将款项汇入王一辉以其本人及"张存"的名义在中国工商银行上海市分行设立的账户内。至 2005 年 7 月三被告人共计非法获利人民币 202 万余元，其中王一辉非法获利 122 万余元，金珂获利 42 万余元，汤明获利 38 万余元。金珂得款后挥霍 20 余万元，汤明以非法获利 32 万余元购买了房屋一套。

（二）问题

网络公司职员利用职务上的便利，通过修改数据生成网络虚拟财物并出售牟利的，应如何认定？

知识点：职务侵占罪的构成。

（三）分析

职务侵占罪，是指公司、企业或者其他单位的人员，利用职务上的便利，将本单位的财物非法占为己有，数额较大的行为。

本罪的主体是特殊主体，只能是指公司、企业或者其他单位中的非国家工作人员。主观方面是故意，并具有将本单位财物非法占为己有的目的。客体为本单位的财产所有权。客观上表现为利用职务上的便利，将本单位的财物非法占为己有，数额较大的行为。

被告人王一辉作为上海盛大网络发展有限公司游戏项目管理中心运维部副经理，负有维护服务器、游戏软件，更新游戏环境内容等职责，其拥有的数据修改权是其职务直接赋予的权利。因此王一辉的行为符合利用职务上的便利这一构成要件。盛大公司通过许可取得了"热血传奇"游戏在一定时间内的独家运营权，在此期间，盛大公司对游戏武器、装备享有所有权和处分权，因而王一辉非法侵占的游戏武器、装备属于盛大公司所有。这些游戏武器、装备本质上属于盛大公司通过购买获得的智力成果，虽然盛大公司没有单独出售"武器、装备"的业务内容，但玩家要获得有关不同级别的武器、装备一般只能通过不断投入时间、精力、上网费、点卡费等成本进行持续参与游戏才能获得，因此盛大公司作为独家运营商没有采取直接销售武器、装备的赢利方式正是看中了通过吸引玩家持续参与网络游戏来无偿获取这些武器、装备的赢利方式要比直接销售武器、装备的方式更能实现经济利益的最大化，因而盛大公司所合法拥有的这些游戏武器、装备是独家经营该网络游戏能够给其带来巨大经济收益的直接因素，如果这些游戏武器、装备被盗卖，盛大公司的财产权益必然会受到侵害。在此意义上，这些游戏武器、装备因具备了可以为盛大公司带来巨大经济收益的性质，与传统财产没有本质上的差别，可以视为盛大公司独有的虚拟财产，应当予以全方位的刑法保护。

被告人王一辉作为公司的工作人员，以非法占有本单位财物为目的，利用职务上的便利，将所在单位的财产盗出后出售牟利，侵犯了本单位的财产所有权，构成职务侵占罪。对于被告人金珂、汤明，虽然不属于被害单位的工作人员，但其与被告人王一辉共同勾结、相互配合，共同利用王一辉的职务便利实施了侵占盛大公司财产的犯罪行为，符合 2000 年最高人民法院《关于审理贪污、职务侵占案件如何认定共同犯罪几个问题的解释》第 2 条的规定（行为人与公司、企业或者其他单位的人员勾结，利用公司、企业或者其他单位人员的职务便利，共同将该单位财物非法占为己有，数额较大的，以职务侵占罪共犯论处），三被告人属于共同犯罪，应当以职务侵占罪的共犯论处。

结论：**网络公司职员利用职务上的便利，通过修改数据生成网络虚拟财物并出售给其他玩家，获利数额较大的，应以职务侵占罪论处。**

案例 78：王明雨敲诈勒索案（案例来源：《人民法院案例选》2008 年第 1 辑）

（一）基本案情

被告人王明雨与张爱华于 1981 年 9 月 30 日登记结婚，1982 年育有一子，现在美国留学。2003 年 2 月 17 日在延庆县法院提起离婚诉讼，延庆法院 2004 年 3 月 27 日判决离婚。法院判决离婚时并未就财产分割及子女抚养问题进行处理。王明雨于 2005 年 9、10 月间，以语言及寄信等手段，称不解决"经济问题"则向检察机关检举揭发张爱华的行贿行为，向张爱华索要人民币 2000 万元。后经张爱华的律师陆宏达谈判，数额降至人民币 300 万元，陆宏达称先支付人民币 20 万元，王明雨表示同意。2005 年 10 月 16 日 11 时许，被告人王明雨在丰台区左安门宾馆接受张爱华委托陆宏达送给其的人民币 20 万元后，被当场抓获。经查，张爱华与王明雨在婚姻存续期间以张爱华的名义在深圳市购有住房两套，2004 年 7 月 21 日被张爱华以人民币 50 万元的价格出售。另查明：在双方婚姻关系存续期间，两人经营的公司有香港爱华国际集团有限公司（资产不详）、香港国际华洋投资有限公司（资产 7000 余万元）、北京金凤凰房地产开发有限公司（注册资本 1000 万元，其中张爱华出资 600 万元）、北京黄河房地产开发有限公司（注册资本 11 700 万元，1999 年章程中股东为北京恒利通经济技术开发中心和张爱华，其中恒利通出资 9360 万元，其他为张爱华出资；2003 年章程变更为张爱华及其他自然人出资，其中张爱华个人出资为 9360 万元，后该公司提供一份北京市第二中级人民法院民事裁定书，证实该公司无可执行财产）、北京爱华物业管理有限公司（注册资本人民币 2000 万元，出资方为北京黄河房地产开发有限公司和香港国际华洋投资有限公司）、北京泰丰房地产开发有限公司（投资方经三次变更为北京金凤凰房地产开发有限公司和香港国际华洋投资有限公司，注册资本 7500 万元，2002 年底资产总计 164 565 858.84 元）。此外，王明雨称北京市恒利通经济技术开发中心系其与张爱华出资成立的红帽子企业，注册登记经济性质为全民所有制，法人代表原为王明雨，后变更为潘冰心，注册资金为 10 178 万元，目前该公司状况不详；张爱华、王明雨在婚姻关系存续期间尚未分割的其他财产不详。

（二）问题

以胁迫方式索取并未超出个人产权的财产的，是否成立敲诈勒索罪？

知识点：非法占有目的的认定。

（三）分析

敲诈勒索罪是指以非法占有公私财物为目的，对被害人以威胁或者要挟的方法，迫使其交付公私财物的行为。主观上的"非法占有为目的"与客观上的"敲诈"行为是构成敲诈勒索罪的重要要件，二者缺一不可。以非法占有为目的，是指行为人明知是他人的财物而意图使用威胁或者要挟的方式占为自己所有或控制。在本案中，被告人与被害人之间的婚姻关系虽然已经结束，但二人之间有大量财产并未分割，财产仍为二人所有。而且按婚姻法的一般原则，在婚姻关系存续期间的财产属于夫妻共同共有，除有约定的外，原则上夫妻二人均分，被告人也认为共同财产中应有自己大量的份额，因此被告人索要 300 万或 20 万元并没有超出自己应有的份额，被告人的主观心理不是以非法占有为目的，他认为财产是自己该得的。尽管在索要财产的过程中采取了敲诈的手段，但因没有非法占有的故意，故不宜认定被告人犯有敲诈勒索罪。

结论：以胁迫方式索取并未超出自己产权的财产的，不构成敲诈勒索罪。

案例 79：张舒娟敲诈勒索罪（案例来源：《刑事审判参考》总第 56 辑 [第 443 号]）

（一）基本案情

2006 年 10 月 2 日 13 时许，被告人张舒娟在淮安市淮阴区西宋集镇开往淮阴的专线车上偶遇中学生戴磊（男，1993 年 3 月 18 日生），戴磊到淮阴区汽车北站下车后，张舒娟主动上前搭讪。在了解到戴磊的家庭情况后，张舒娟遂产生将戴磊带到南京，向戴磊家人要钱的想法。随后，张以戴磊父亲与人抢劫分赃不均、现有人要将戴父带到南京并以戴磊做保障为借口，将戴磊哄骗至南京并暂住在南京市鸿兴达酒店。当天 23 时许，被告人张舒娟外出打电话到戴磊家，要求戴家第二天付 8 万元人民币并不许报警，否则戴磊将有生命危险。次日上午，被告人张舒娟又多次打电话到戴家威胁。其间，戴磊乘被告人外出之机与家人电话联系，得知其父并无危险。后在家人指点下离开酒店到当地公安机关求助，淮安警方在南京将被告人张舒娟抓获。

（二）问题

将被害人骗至外地，并未限制其人身自由，同时谎称绑架向其家人勒索财物的，成立绑架罪、敲诈勒索罪还是诈骗罪？

知识点：（勒索型）绑架罪、敲诈勒索罪、诈骗罪的区别。

（三）分析

敲诈勒索罪，是指以非法占有为目的，对被害人使用威胁或者要挟的方法，迫使其交付公私财物的行为。威胁或者要挟，是指对公私财物的所有者、保管者以恶害相告，进行精神上的强制，造成其心理上一定程度的恐惧，以至于不敢反抗而交付财物。

勒索型绑架罪、敲诈勒索罪、诈骗罪的犯罪主体、主观方面、客体都相同，不同在于两罪的客观方面。

勒索型绑架，客观方面表现为绑架他人作为人质。行为人首先必须有绑架他人的行为，即以暴力、胁迫、麻醉或其他方法劫持他人，将他人置于自己的控制之下（剥夺他人的人身自由）；其次，以危及被害人的生命安全或身体健康为要挟，向被绑架人的亲属或其他人勒索财物。绑架行为是构成绑架罪的基本要素，没有绑架行为，就谈不上绑架他人作为人质，不构成绑架罪。绑架行为是绑架罪社会危害性的最重要的体现，绑架他人，就意味着他人的生命、健康控制在犯罪分子手中，无法保障。

而敲诈勒索罪，表现为以损害被害人及亲友的人身、名誉、财产等相要挟，使被害人产生恐惧，被迫交出财物。绑架罪和敲诈勒索罪的相同之处都是通过威胁或要挟使被害人被迫交出财物，不同之处在于绑架罪必须有绑架行为并且绑架他人作为人质，而敲诈勒索罪没有绑架行为，且对被害人人身的威胁是将来的而不是现实的，其社会危害性远小于绑架罪。

诈骗罪，客观上表现为实施欺诈行为，使被害人信以为真从而"自愿"交付财物而不是被迫交出财物。诈骗罪与敲诈勒索罪的区别在于敲诈勒索罪是产生恐惧，被迫交出，诈骗罪是"自愿"交出。

1. 被告人没有实施绑架行为，不构成绑架罪

就本案而言，被告人张舒娟能够顺利将被害人戴磊带到南京，主要是利用戴磊年龄较小、社会经验不足的特点，对其进行哄骗所致。从现有证据看，被告人在实施犯罪过程中，除对被害人本人使用了一些威吓性语言外，主要采取的是对被害人欺骗的手段，使其自愿跟随她去南京，亦未对其人身实施任何实质性的限制，只是把他哄到南京，花钱供他吃住，出门的时候也只是将戴磊一个人丢在房间里，致使被害人可以"乘被告人外出之机与家人电话联系，后在家人的指点下离开酒店到当地公安机关求助"。作为一个正常的成年人，被告人对于像被害人（13 岁）那样大的学生能否实施打电话、离开房间等自主行动应当是有明确的判断的，其当时也完全有条件对被害人采取一些强制手段，限制或剥夺其人身自由，使他无法实施这些自救行为。但她并未采取任何有效的措施，可见被告人主观上没有绑架的故意，客观上没有实施绑架行为剥夺被害人的人身自由，不符合绑架罪的特征，不能构成绑架罪。同时，被告人张舒娟未完全限制戴磊的人身自由，其行为亦不构成非法拘禁罪。

2. 被害人不是自愿交出财物，不构成诈骗罪

诈骗罪的被害人在欺诈之下是自愿交出财物，而本案行为人意图在自己的要挟或威胁下使他人被迫交出财物。

3. 本案行为人构成敲诈勒索罪

被告人张舒娟主观上敲诈勒索财物的犯罪故意非常明显，客观上实施了用戴磊的安全来对其父母进行恐吓，使其产生恐惧心理，试图敲诈戴磊家里 8 万元的犯罪行为，因此，被告人张舒娟的行为完全符合敲诈勒索罪的构成特征。只是本案被告人的行为比一般的敲诈勒索犯罪多了一个拐骗戴磊的情节，但这一情节只是其实施敲诈行为的辅助手段，且并未达到完全限制被害人人身自由的实际控制程度，即尚未上升为绑架他人作为人质进行勒索的绑架行为，故对本案被告人的行为以敲诈勒索罪定罪处罚，更符合主客观相统一原则。

结论：利用被害人年幼将其哄骗到外地，但并未限制其人身自由，同时谎称其被绑架向家属勒索财物的，应以敲诈勒索罪论处。

案例 80：肖云某破坏生产经营案（案例来源：《中国法院 2016 年度案例 20》）

（一）基本案情

被告人肖云某于 2013 年 4 月 7 日，先后两次到位于广州市南沙区黄阁镇的立白日化有限公司联合车间 3（一期），采用破坏性手段盗窃该车间内用于生产的一、二号货梯控制线路的电缆线，致使上述电梯的验收以及立白日化有限公司正常的生产活动受到影响。当天 15 时许，立白日化有限公司员工将正在上述二号货梯内剥电缆线胶皮的被告人肖云某抓获归案。经鉴定，涉案电缆线及修复费用共计人民币 7960.95 元。被告人肖云某在庭审过程当庭自愿认罪。公诉机关建议法院对被告人肖云某在有期徒刑 6 个月至 10 个月的幅度内量刑。

（二）问题

对出于盗窃目的而实施的破坏生产经营设备的行为，如何定性？

知识点：盗窃罪、故意毁坏财物罪、破坏生产经营罪的区别。

（三）分析

被告人肖云某以非法占有为目的，以破坏性手段盗窃工厂生产车间用于生产的电缆线，造成近 8000 元的经济损失，并使正常的生产活动受到影响。行为人的行为符合盗窃罪、破坏生产经营罪、故意毁坏财物罪的犯罪构成，但如何认定，需加以分析。

1. 破坏生产经营罪与故意毁坏财物罪

按照《刑法》第 276 条的规定，破坏生产经营罪，是指由于泄愤报复或者其他个人目的，毁坏机器设备、残害耕畜或者以其他方法破坏生产经营的行为。本罪的主观方面是故意（包括损坏财物的故意），并具有泄愤报复或其他个人目的（包括盗窃目的）。客观方面表现为毁坏机器设备、残害耕畜或以其他方法破坏生产经营（包括毁坏财物）的行为。客体为正常的生产经营活动。

故意毁坏财物罪，是指故意毁灭或者损坏公私财物的行为。主观方面为故意，并具有损坏公私财物的目的。客观方面表现为损坏公私财物的行为。客体为财产的所有权，破坏行为使权利人对财产不完整地拥有所有权。

两罪的相同之处在于：主观方面都有损坏财物的故意，客观方面都实施了损坏财物的行为。区分的关键在于：对象不同、客体不同。故意毁坏财物罪毁坏或损坏的公私财物范围十分广泛，包括一切公私财物。既包括生产资料，也包括生活资料；既包括仓库中备用或闲置不用的机器设备，或者已经不能用于使役的耕畜等，又包括用于生产、经营的各种机器设备、耕畜等。而破坏生产经营罪所毁坏的财物只能是用于生产经营的生产资料，不是生活资料。对于损坏仓库中的劳动产品的行为，不能以破坏生产经营罪定罪处罚，而只能以故意毁坏财物罪论处。凡是破坏生产经营的，必然毁坏公私财物，而毁坏财物的，则不必然破坏生产经营。故意毁坏财物罪侵害的客体是公私财产的所有权，而破坏生产经营罪不仅侵犯了财产所有权，更重要的是侵犯了生产经营的正常进行。在司法实践中，破坏正在用于生产的生产资料的行为，既符合破坏生产经营罪的犯罪构成，也符合故意毁坏财物罪的犯罪构成，这就出现了一行为触犯数个法条规定的犯罪构成的情形，构成法条竞合。破坏生产经营罪的法条，属于特别法条，故意毁坏财物罪的法条，属于普通法条。根据特别法条优于普通法条、重法优于轻法的法律适用原则，考虑两罪的法定刑（两罪法定刑相同），应适用特别法条按破坏生产经营罪定罪量刑。

2. 盗窃罪与破坏生产经营罪

盗窃罪，是指以非法占有为目的，秘密窃取公私财物的行为。

盗窃罪与破坏生产经营罪的相同之处在于：主观方面都可以有非法占有公私财物的故意，破坏生产经营可以出于盗窃目的；客观方面都可以表现为盗窃行为（破坏生产经营的方法可以是盗窃）。破坏生产经营罪破坏了生产的正常进行，而盗窃正在使用的生产设备也破坏生产的正常进行。如果行为人以非法占有为目的盗窃正在使用中的生产设备，影响生产的正常进行，盗窃数额较大的，既符合盗窃罪的犯罪构成，又符合破坏生产经营罪的犯罪构成，也属于一行为触犯数个法条规定的犯罪构成，构成法条竞合。根据法条竞合的适用原则——特别法优于普通法、重法优于轻法的原则，结合该两罪的法定刑，如果盗窃数额较大，即适用破坏生产经营罪的法条（特别法条）定罪量刑，如果盗窃数额巨大或有其他严重情节，或者盗窃数额特别巨大或者有其他特别严重情节，即适用盗窃罪（重法）定罪量刑。

3. 盗窃罪与故意毁坏财物罪

两罪行为人的主观心理状态不同，盗窃罪是以非法占有为目的，而故意毁坏财物罪是以毁坏公私财物为目的。实践中出现以破坏性手段盗窃的情形，既侵犯了财产所有权，又毁坏了财物，依两高的司法解释（下文）规定定罪处罚。

本案中被告人肖云某实施犯罪的目的是为了盗窃电缆，而造成了近8000元的财产损失，符合盗窃罪的犯罪构成，但同时盗窃行为也影响了生产的正常进行以及损坏了财物，符合破坏生产经营罪和故意毁坏财物罪的犯罪构成，一行为触犯三个法条，属于法条竞合。根据2013年4月2日最高人民法院、最高人民检察院发布的《关于办理盗窃刑事案件适用法律若干问题的解释》第11条第1项的规定："采用破坏性手段盗窃公私财物，造成其他财物损毁的，以盗窃罪从重处罚；同时构成盗窃罪和其他犯罪的，择一重罪从重处罚。"如前所述，行为同时符合破坏生产经营罪和故意毁坏财物罪的犯罪构成的，按破坏生产经营罪定罪处罚。在盗窃罪和破坏生产经营罪之间，盗窃数额较大财物的法定刑与破坏生产经营罪的基本法定刑相同，而且按照盗窃罪处罚，是属于犯罪未遂，而按照破坏生产经营罪，则是犯罪既遂。被告人的行为已经对被害人公司的生产设备造成了高达7960.95元的损失，影响了生产的正常进行。因此，应当对被告人以破坏生产经营罪进行处罚。

结论：出于盗窃目的而实施的破坏生产经营的行为，符合盗窃罪和破坏生产经营罪的犯罪构成的，按照法条竞合的原则定罪处罚。

第五章

妨害社会管理秩序罪

案例 81：曾志某妨害公务案（案例来源：《中国法院 2017 年度案例》20）

（一）基本案情

2015 年 2 月 4 日下午，晋江市公安局池店交警中队民警丁亨某等人带队在晋江市池店镇政府灯控路口依法执勤，对过往车辆进行交通纠违检查。15 时许，执勤民警在对被告人曾志某驾驶的车牌号为闽 C1S×××的逾期年检的小型轿车进行检查并欲依法扣留该小轿车时，遭到被告人曾志某的抗拒，后被告人曾志某驾车强行逃离现场，将正在配合执勤的协警许建某撞倒，致被害人许建某脚部受伤。被告人曾志某驾车逃逸后返回案发现场，接受民警处理。经法医鉴定，被害人许建某右踝关节的损伤程度为轻伤一级，右足的损伤程度为轻伤二级。

（二）问题

被告人曾志某开车闯关冲撞执勤协警致其轻伤应定性为故意伤害罪还是妨害公务罪？

知识点：妨害公务罪的与故意伤害罪的界限。

（三）分析

本案争议的焦点在于定性问题，即被告人曾志某开车闯关冲撞执勤协警致轻伤应定性为故意伤害罪还是妨害公务罪。公诉机关指控本案被告人的行为构成故意伤害罪，被告人曾志某及辩护人提出应定为妨害公务罪。就本案而言，认定此罪彼罪关系到法律条款的具体适用及对曾志某的准确量刑。

根据《刑法》的规定，妨害公务罪，是指以暴力、威胁的方法，阻碍国家机关工作人员、人大代表、红十字会工作人员依法执行职务或履行职责的行为，以及故意阻碍国家安全机关、公安机关依法执行国家安全工作任务，虽未使用暴力、威胁方法，但造成严重后果的行为。本罪的客体为上述人员正常的公务活动，既包括具有上述人员身份的人的公务活动，也包括虽不具有正式身份，但依法从事上述人员职责的人的公务活动。客观方面表现为以暴力、威胁的方法阻碍上述人员依法执行公务。所谓暴力，是指对正在依法执行职务、履行职责的上述人员实施殴打、捆绑或者其他人身强制行为，致使其不能正常履行职务或者职责。所谓威胁，是指行为人对前述人员进行精神强制，如以杀害、伤害相威胁，或者以毁坏财产、破坏名誉等相恐吓，迫使上述人员放弃职守或者使其无法履行职责。主观方面是故意，即行为人明知上述工作人员正在依法执行职务或履行职责而有意对其实施暴力、威胁或阻碍。犯本罪的，处 3 年以下有期徒刑、拘役、管制或者罚金。

故意伤害罪，是指故意非法损害他人身体健康的行为。本罪的客体是他人的健康权利，客观方面表现为非法损害他人身体健康的行为。根据《刑法》的规定及刑法理论，损害的程度包括轻伤、重伤、死亡三个等级。主观方面有损害他人健康的故意。《刑法》第 234 条规定："故意伤害他人身体的，处 3 年以下有期徒刑、拘役或者管制。犯前款罪致人重伤的，处 3 年以上 10 年以下有期徒刑；致人死亡或者以特别残忍手段致人重伤造成严重残疾的，处 10 年以上有期徒刑、无期徒刑或者死刑……"

根据《刑法》及刑法理论，两罪有以下不同之处：

1. 两罪的客体不同

妨害公务罪的客体为正常的公务活动。尽管妨害公务的行为人在使用暴力的情况下可能给被害人造成伤害，侵害被害人的健康权，但它侵犯的主要客体是公务活动，健康只是次要客体。根据两罪的法定刑，妨害公务罪造成伤害的，仅以造成轻伤为限（妨害公务的，处 3 年以下有期徒刑、拘役、管制或者罚金），故意造成重伤、死亡的，超出妨害公务罪的范畴（故意伤害他人身体，致人重伤的，处 3 年以上 10 年以下有期徒刑；致人死亡或者以特别残忍手段致人重伤造成严重残疾的，处 10 年以上有期徒刑、无期徒刑或者死刑）。

2. 客观方面不同

客观方面，妨害公务罪表现为暴力、威胁的方法，而故意伤害罪不可能是威胁。

3. 主观方面不同

两罪在主观上尽管都是故意，但妨害公务罪行为人有妨害公务的故意，故意伤害罪不要求有妨害公务的故意。因此，如果行为人出于妨害公务的故意使用暴力给被害人造成轻伤的，既符合《刑法》第 277 条的妨害公务罪，又符合《刑法》第 234 条的故意伤害罪，属于一行为触犯数法条，构成法条竞合。根据法条竞合的适用原则（特别法条优于普通法条、重法条优于轻法条），妨害公务罪的法定刑与故意伤害罪几乎一样，而第 277 条属于特别法条，因此应以妨害公务罪定罪量刑。如果妨害公务使用暴力造成他人重伤、死亡或者故意杀人的，严重侵犯了公民的人身权利，则超出了妨害公务罪的范畴，直接构成故意伤害罪、故意杀人罪。

本案中，被告人曾志某明知协警许建某（协警配合民警执勤，属于依法执行公务）正在依法执行公务，因不同意对其驾驶的逾期年检的车辆进行扣押，强行驾车逃离现场，撞倒许建某致其轻伤，主观上是为了逃避扣车即阻碍公务行为，既符合妨害公务罪的要件，也符合故意伤害罪的要件，属于法条竞合。根据法条竞合的适用原则，按妨害公务罪定罪。本案被告人的行为造成被害人许建某轻伤，可以在定妨害公务罪量刑时予以酌情从重处罚。

结论：开车闯关冲撞执勤协警致其轻伤应定为妨害公务罪。

案例 82：杨福某等聚众斗殴案（案例来源：《中国法院 2017 年度案例 20》）

（一）基本案情

被告人杨福某与被告人高吉某系朋友关系，被告人高吉某与被告人赵某、宋宏某系朋友关系。2015 年 1 月 26 日凌晨 1 时许，被告人杨福某在丹东市元宝区于家小区附近与饮酒后的被害人殷业某发生争执。随后，被告人杨福某通过电话联系到被告人高吉某，告知高吉某过去帮忙，此时高吉某正与被告人赵某、宋宏某在一起吃饭，高吉某便将此事告诉了赵某、宋宏某，赵某和宋宏某亦同意一起到案发现场。随后被告人高吉某、赵某、宋宏某搭乘出租车来到于家小区附近，与被告人杨福某一起追堵被害人殷业某至于家路×号楼×单元三楼处便返回至楼下等待，并打电话 110 报警要求民警到现场处理此事，在等待期间，被害人殷业某跑至该单元六楼至七楼缓步台窗口处坠楼身亡。经鉴定，被害人殷业某系因高坠致颅脑损伤而死亡，心脏血中每 100 毫升含乙醇 415 毫克。民警接警赶到现场后发现被害人殷业某坠楼死亡，遂在现场将杨福某等人抓获。

（二）问题

1. 单方聚众斗殴中并无肢体接触，仅有追逐的行为能否构成聚众斗殴罪？

2. 被害人在躲避追逐中爬窗坠楼是否属于聚众斗殴致人死亡？

知识点：聚众斗殴罪的构成及斗殴致人死亡的认定。

（三）分析

聚众斗殴罪，是指聚集多人进行斗殴的行为。

本罪的客体是社会公共秩序，即社会公共生活安定与宁静的状态。客观方面表现为聚众斗殴的行为。聚众斗殴，是"聚众"和"斗殴"两个方面的结合。"聚众"，既可以是事先纠集、召集，也可以是临时纠集、召集。"众"在刑法上一般认为是 3 人以上，实践中往往人数更多。"聚众"是一方聚众还是双方都必须聚众才构成犯罪，刑法及司法解释均没有作出规定，学界及司法实践中有不同的看法、做法。有人认为必须双方聚众才属于聚众斗殴，如果行为人一方聚众而另一方没有聚众，就形成多人合伙殴打对方一人的局面，不宜作为聚众斗殴处理；也有人认为，只要斗殴中的一方行为人具备聚众的要求，就可构成本罪。笔者认为，在刑法没有明确规定的情况下，根据刑法理论，本罪的客体为社会的公共秩序，只要行为侵害或威胁了公共秩序，就符合本罪的客体要件。因此，无论是单方还是双方的聚众斗殴行为，都侵犯了社会公共秩序，实践中同样应予惩处。而对于"斗殴"的理解，虽从文义上表现为使用暴力互相攻击对方，但双方是否使用了凶器，并不是本罪的构成要件，聚众进行徒手斗殴，也可以构成本罪。本罪是行为犯，只要行为人实施了聚众斗殴行为即是既遂，不要求发生具体的死伤结果；"聚众"即为行为的开始（着手），斗殴为行为的完成。如果行为人已经开始聚众或已经聚众，但尚未开始斗殴，就因为意志以外的原因未完成犯罪或自动停止犯罪的，构成犯罪未遂（或中止）。本案中，被告人杨福某因与被害人殷业某发生争执，便纠集被告人高吉某等人意图殴打殷业某，且四名被告人均已到达案发现场，此时聚众行为业已完成，但斗殴尚未开始。几名被告人将被害人追至三楼处便返回至楼下等待，并打电话 110 报警要求民警到现场处理此事，不准备再实施斗殴行为，属于在犯罪过程中自动放弃犯罪，构成犯罪中止。

《刑法》第 292 条第 2 款规定，聚众斗殴致人重伤、死亡的，依照故意伤害罪、故意杀人罪的规定定罪处罚。这里的致人重伤、死亡是指斗殴过程中使用暴力致使被害人重伤、死亡，殴斗行为与重伤、死亡结果紧密关联，存在直接的因果关系。在本案中，被告人与被害人之间并没有发生肢体上的接触，也没有暴力行为，几名被告人只是追至三楼，便返回楼下，打电话报警，要求警察来处理。殷业某是从六楼至七楼缓步台的窗台坠落，该窗台距离地面有一定高度，一般的追逐行为不足以导致被害人失足坠落，被害人是因心里恐惧而致坠楼身亡。因此，被告人对被害人的追逐行为并不具有造成死亡结果的实在可能性和现实紧迫性，追逐行为与被害人死亡之间并不存在直接的因果关系。而且作为追逐者的被告人，无法预见被害人自行爬窗逃避，失足坠楼的结果发生。被害人的死亡结果属于意外事件，应当仅以聚众斗殴罪认定。

结论：

（1）**单方聚众斗殴中并无肢体接触，仅有追逐的行为构成聚众斗殴罪；**

（2）**被害人在躲避追逐中爬窗坠楼，死亡结果与追逐行为没有因果关系，不属于聚众斗殴致人死亡。**

案例83：汪某寻衅滋事案（案例来源：《中国法院2016年度案例》20）

（一）基本案情

2014年6月1日22点40分许，被告人汪某酒后到滁州市"泰鑫城市星座"1号楼等电梯，遇见被害人陈婵某。见陈婵某穿着"老乡鸡"的工作服，遂要求陈婵某送外卖，陈婵某称自己已经下班，让汪某到店里点餐。汪某对陈婵某进行辱骂、殴打，陈婵某见状便往外跑，汪某遂在后面追打。在"老乡鸡"店门口，汪某拽住陈婵某头发将陈婵某摔倒在地，用拳脚及地上泊车牌殴打陈婵某，造成陈婵某左侧头部外伤、左眼视网膜震荡伤、结膜下出血。

被告人汪某和被害人陈婵某达成赔偿协议，被告人汪某赔偿被害人经济损失2.5万元，被害人对被告人的犯罪行为表示谅解。

（二）问题

被告人汪某的行为是否构成寻衅滋事罪？

知识点：寻衅滋事罪情节恶劣的认定。

（三）分析

寻衅滋事罪，是指寻衅滋事，破坏社会秩序的行为。根据《刑法》第293条及2013年7月15日两高发布的《关于办理寻衅滋事刑事案件适用法律若干问题的解释》（以下简称《解释》）的规定，行为人为寻求刺激、发泄情绪、逞强耍横等，无事生非，有下列寻衅滋事行为之一，破坏社会秩序的，构成寻衅滋事罪：①随意殴打他人，情节恶劣的；②追逐、拦截、辱骂、恐吓他人，情节恶劣的；③强拿硬要或者任意损毁、占用公私财物，情节严重的；④在公共场所起哄闹事，造成公共场所秩序严重混乱的。

被告人汪某随意殴打他人，发泄情绪，具有明显寻衅滋事犯罪的故意。本案被告人汪某与被害人陈婵某素不相识，因见陈婵某身穿"老乡鸡"工作服，便无理要求其送餐，在陈婵某不从的情况下便对被害人陈婵某进行殴打，属于《刑法》第293条的"随意殴打他人"。是否情节恶劣是认定本罪的关键。根据《解释》第2条的规定，"随意殴打他人，破坏社会秩序，具有下列情形之一的，应当认定为刑法第293条第1款第1项规定的'情节恶劣'：①致一人以上轻伤或者二人以上轻微伤的；②引起他人精神失常、自杀等严重后果的；③多次随意殴打他人的；④持凶器随意殴打他人的；⑤随意殴打精神病人、残疾人、流浪乞讨人员、老年人、孕妇、未成年人，造成恶劣社会影响的；⑥在公共场所随意殴打他人，造成公共场所秩序严重混乱的；⑦其他情节恶劣的情形"。

根据《解释》第2条第1项的规定，随意殴打他人，致一人轻伤或二人以上轻微伤的，构成寻衅滋事罪。本案被告人有寻衅滋事的行为，但被害人的伤情未达轻伤标准，不能以此解释定罪。根据《解释》第2条第6项的规定，在公共场所随意殴打他人，造成公共场所秩序严重混乱的，构成寻衅滋事罪。本案案发地点在滁州市泰鑫城市星座楼下，虽地处闹市，但案发时间在22时40分左右，从视频资料看，路上行人很少，被告人汪某的行为未造成公共场所秩序的混乱，也不能以此定罪。《解释》第2条第7项规定，随意殴打他人，有其他情节恶劣情形的，也构成寻衅滋事罪。这是寻衅滋事罪的"兜底"条款。"兜底"条款规定的目的是在司法过程中，遇到法律没有明确规定，且被告人的行为又具有一定的社会危害性，并需要进行刑事处罚的情形，司法人员可以依据"兜底"条款进行裁判。被告人汪某在无理要求不被满足的情况下，辱骂、追打他人，在公共场所打击他人要害部位。案件发生后，被告人汪某殴打他人的视频被传至网络，造成了恶劣的社会影响，属于"其他情节恶劣的情形"，构成寻衅滋事罪。根据《解释》第8条"行为人认罪、悔罪，积极赔偿被害人损失或者取得被害人谅解的，可以从轻处罚"的规定，对被告人可以从轻处罚。

结论：**随意殴打他人，情节恶劣的，构成寻衅滋事罪。**

需要指出的是，近年来，学界不少学者指出，寻衅滋事是"大口袋"，一些不构成其他犯罪但却危害社会秩序的行为都以寻衅滋事罪定罪，这种做法有违反罪刑法定原则之嫌，有些学者甚至提出要废除该罪名。

案例 84：周帮权等赌博案（案例来源：《人民法院案例选》2010 年第 1 辑）

（一）基本案情

2008 年 2 月，被告人周帮权、吴学富经共谋，组织他人对香港"六合彩"摇出的特别号码进行竞猜赌博。此后，二人在各自联系购买"六合彩"人员的同时，先后雇佣王兴广、许菊清等人为其联系购买"六合彩"的人员，约定按购买人员投注金额的 12% 或 13% 的比例向王、许支付报酬，并按 1∶40 的比例对投注人员进行赔付。其间，周帮权负责对当期账目进行登记核算，朱绍菊帮助吴学富核对购买"六合彩"的单据。至 2008 年 5 月 24 日晚三被告人被当场抓获时，周帮权、吴学富组织"六合彩"竞猜赌博共 33 期，涉赌金额人民币 68 万余元，获利 55 929 元；案发后，镇雄县公安局没收周帮权赌资 26 717.24 元。

（二）问题

利用彩票信息以财物下注赌输赢的，成立非法经营罪还是赌博罪？

知识点：非法经营罪与赌博罪的区别。

（三）分析

赌博罪，是指以营利为目的，聚众赌博或者以赌博为业的行为。非法经营罪，是指违反国家规定从事经营活动，扰乱市场秩序，情节严重的行为。就犯罪构成上的区分来说，首先，二者侵犯的客体不同。赌博罪侵犯的是社会管理秩序；而非法经营罪侵犯的客体是国家的市场交易管理秩序。其次，二者在客观方面的表现不同。赌博罪表现为行为人以营利为目的，聚众赌博或以赌博为业的行为。所谓聚众赌博，是指聚集 3 人以上赌博；以赌博为业，是指以赌博为常业，即嗜赌成性，以赌博所得为主要生活来源或挥霍来源。对于那些虽有正当职业，却不务正业，把主要精力放在赌博上，长期在工作之余从事赌博活动，输赢数额巨大的，也视为以赌博为业。非法经营罪则表现为行为人违反国家规定，非法从事经营活动，扰乱市场交易管理秩序的行为。

发行、销售彩票与传统的赌博行为有一定区别，最本质的一个区别在于资金所有权转换的方向不同。正规渠道发行彩票筹集的资金使用是一次有利于社会的再分配；而赌博的赌资则全部为庄家或其他参赌人员所瓜分。发行、销售彩票的行为人与赌博行为人所获取的利益来源不同：前者是通过发行、销售彩票，取得除返奖、发行费用后的金额；赌博者的非法获利则是其借助运气、技巧等因素获取对方的钱财，不存在返奖、发行销售费用等开支，这是赌博者非法营利的来源。虽彩票的发行涉及面广，数额巨大，且与赌博有相当的类似之处，但适度规范的彩票市场又是一种有利于社会的再分配。因此，在我国内地，国家将发行、销售彩票纳入专营范围，进行规范管理，未经审批擅自发行、销售彩票的行为，必然扰乱国家对彩票发行、销售的正常管理秩序。这种行为，包括擅自发行、销售香港六合彩，构成犯罪的，以非法经营罪定罪处罚。但并非所有利用六合彩信息敛财的行为构成犯罪的，都以非法经营罪处理。利用六合彩的中奖号码进行竞猜，并不与六合彩经营机构之间存在关联的行为，就不是一种非法发售彩票的非法经营行为。因为行为人没有利用彩票这一物质载体，不具备利用国家有关彩票规定的特定方式去干扰正常的彩票市场的特征；行为人是利用他人发行的六合彩，自己以另种方式非法牟利，实际上与香港六合彩经营机构之间不存在任何关联，其非法所得也不上缴香港赛马会。因而，其本质上只是利用了六合彩信息的这一形式，为庄家与参赌者之间的赌博提供一个判断输赢的衡量标准，与通过竞猜某场球赛最终的比分确定输赢的赌球行为，在本质上没有什么差别。因此，该行为不属于在内地兜售六合彩的经营行为。

就本案来说，周帮权、吴学富、朱绍菊就是在每期六合彩开奖前，诱骗他人下注竞猜，根据竞猜结果，在周帮权等庄家与参赌者之间进行非法结算，非法所得也归赢家所有。因此，周帮权等人的行为是借助六合彩的中奖信息，为个人赌博提供一个稳获非法所得的平台，将六合彩的开奖信息，作为评判输赢的标准，属于聚集多人竞赌，不是发行、销售六合彩的行为，不具有非法发行、销售等经营行为的特点，不符合非法经营罪的要件，而是聚众赌博行为，它侵害了正常的社会管理秩序。因此，对其以赌博罪定罪处罚符合刑法的相关规定。

结论：利用六合彩信息以财物下注赌输赢的，不属于非法发售彩票的非法经营罪，应以赌博罪论处。

案例 85：李泳妨害作证案（案例来源：《人民法院案例选》2005 年第 2 辑）

（一）基本案情

2000 年 12 月 5 日，在福建泉州万顺捷集团有限公司厦门办事处，被告人李泳利用颜建葆管理的抽屉没有上锁之机，将事先伪造的福建泉州万顺捷集团有限公司向其借款人民币 100 万元的借条偷盖上福建泉州万顺捷集团有限公司的公章。2003 年 9 月 8 日上午，被告人指使严美丽给福建泉州万顺捷集团有限公司法定代表人苏国平发传真，要求苏国平将借款人民币 100 万元及利息 30 万元支付到被告人李泳指定的中国建设银行储蓄卡账户。同日下午被告人李泳将伪造的借条传真给万顺捷集团有限公司。2003 年 9 月 9 日，被告人李泳为通过诉讼达到非法占有他人财物的目的，以书面传真方式指使庄胜益作伪证，要求庄胜益在法院调查时谎称借给被告人李泳人民币 100 万元用于放贷收取利息。严美丽在为被告人李泳发传真给庄胜益时，错将该份传真发到万顺捷集团有限公司；被告人李泳当即自行将该传真发给庄胜益。同日，被告人李泳将借条、自述材料、身份证复印件等材料交给律师荆建忠，签订了诉讼委托合同并交纳了代理费用，委托荆建忠对福建泉州万顺捷集团有限公司提起民事诉讼。2003 年 9 月 9 日，苏国平向公安机关报案。因被告人被公安机关调查未提起诉讼。

（二）问题

指使他人作伪证，企图以诉讼方式非法占有他人财物的，成立何罪？

知识点：妨害作证罪、虚假诉讼罪、诈骗罪的认定。

（三）分析

本案涉及的罪名有：妨害作证罪、虚假诉讼罪、诈骗罪等。妨害作证罪是指以暴力、威胁、贿买等方法阻止证人作证或者指使他人作伪证的行为。根据《刑法》第 307 条的规定，犯本罪的，处 3 年以下有期徒刑或者拘役；情节严重的，处 3 年以上 7 年以下有期徒刑。本罪的客体是国家司法机关的正常诉讼活动和公民依法作证的权利。虚假诉讼罪，是指以捏造的事实提起民事诉讼，妨害司法秩序或者严重侵害他人合法权益的行为。根据第 307 条之一的规定，犯本罪的，处 3 年以下有期徒刑、拘役或者管制，并处或单处罚金；情节严重的，处 3 年以上 7 年以下有期徒刑，并处罚金。有上述行为，非法占有他人财产或者逃避合法债务，又构成其他犯罪的，依照处罚较重的犯罪定罪从重处罚。本罪的客体为司法秩序或他人的合法权益。客观方面表现为以捏造的事实提起民事诉讼。诈骗罪，是指以非法占有为目的，使用虚构事实或隐瞒事实真相的方法，骗取数额较大公私财物的行为。根据《刑法》第266条的规定："诈骗公私财物，数额较大的，处3年以下有期徒刑、拘役或者管制，并处或单处罚金；数额巨大或有其他严重情节的，处3年以上10年以下有期徒刑，并处罚金；数额特别巨大或有其他特别严重情节的，处10年以上有期徒刑或者无期徒刑，并处罚金或者没收财产……"

被告人的行为不构成诈骗罪。诈骗罪是以非法占有为目的，诈骗罪的行为人，不具有返还的故意。而本案中，被告人伪造了"借款合同"，是借钱，而借钱是要还的。况且被告人通过诉讼的方式，必定使"借款合同"大白于天下，被告人不可能达到也非法占有的目的。

本案中，被告人李泳伪造了借款合同并利用被害人管理上的漏洞加盖福建泉州万顺捷集团有限公司的公章，同时又委托了诉讼代理人并缴纳了律师费，欲通过民事诉讼获取被害人的钱财，其捏造事实提起民事诉讼的行为，妨害了司法秩序，符合虚假诉讼罪的构成要件（以捏造的事实提起民事诉讼），根据案情，被告人已经开始捏造事实，犯罪已经着手，但未正式向法院提起诉讼即案发，属于犯罪的未遂。同时，行为人为了胜诉，指使他人作伪证的行为，又符合了妨害作证罪的犯罪构成，构成妨害作证罪。妨害作证属于虚假诉讼的方法行为，构成牵连犯。根据牵连犯的处罚原则（从一重处罚），妨害作证罪的基本法定刑略高于虚假诉讼罪（妨害作证罪的最低刑是拘役，而虚假诉讼罪的最低刑为管制），且虚假诉讼罪处于未完成阶段，妨害作证罪处于实行阶段（指使他人作伪证的行为已实施完毕），因此本案依妨害作证罪定罪量刑。

结论：为达到通过诉讼非法占有他人财物的目的，指使他人作伪证的，应以妨害作证罪论处。

案例86：景步勇、蔡阳某包庇案（案例来源：《中国法院2016年度案例20》）

（一）基本案情

2012年9月24日17时许，杨某（另案处理）驾驶车牌号为苏J8W723的小型轿车搭载被告人景步勇、蔡阳某等人，沿大丰市大中镇春柳路由北向南行驶至大中镇泰丰村一组东西向砂石路交叉路口时，与由西向东驾驶自行车的杨翠某发生碰擦，致杨翠某摔倒受伤，后杨翠某经大丰市人民医院抢救无效于2012年9月27日死亡。事故发生后，杨某驾车驶离现场。途中，被告人景步勇明知杨某无机动车驾驶证驾驶汽车发生交通事故，却代替杨某继续驾驶该肇事车辆逃逸。在公安机关找到肇事车辆的车主后，被告人景步勇主动到公安机关谎称是本人肇事，替杨某顶罪，并谎称不明知交通事故的发生。后被告人景步勇指使被告人蔡阳某、杨某等人作假证明证实车辆系景步勇驾驶。在公安机关刑事侦查期间，被告人景步勇又指使被告人蔡阳某、杨某继续作虚假证言。被告人蔡阳某、杨某根据被告人景步勇的指使，向公安机关作出景步勇系该事故的肇事者以及景步勇不明知事故发生的虚假陈述，致使大丰市人民法院作出了对景步勇犯交通肇事罪的刑事判决。2013年8月10日，被告人蔡阳某到大丰市公安局刑警大队投案，如实供述了自己的犯罪事实。

本案的定性存在分歧，第一种意见认为景步勇、蔡阳某的行为构成伪证罪，景步勇、蔡阳某作为刑事诉讼中的证人向司法机关作了虚假的证言，其目的系为杨某隐匿罪证。而另一种意见认为构成包庇罪，景步勇、蔡阳某作假证明的目的是为了使犯罪的人逃脱法律的制裁。

（二）问题

交通肇事后作为同车人的被告人为肇事者"顶包"作假证的行为是构成包庇罪还是伪证罪？

知识点：包庇罪与伪证罪的认定。

（三）分析

根据《刑法》的规定及刑法理论，伪证罪是指在刑事诉讼中，证人、鉴定人、记录人、翻译人对与案件有重要关系的情节，故意作假证明、鉴定、记录、翻译，意图陷害他人或者隐匿罪证的行为。包庇罪是指明知是犯罪的人，而作假证明包庇的行为。两者的相同之处在于：①侵犯的客体都可以是司法机关的正常活动；②客观方面都可以表现为作假证明；③主观方面都可以是包庇他人（隐匿罪证）；④主体都可以是证人。实践中，如果证人作假证明包庇他人的，如何认定容易发生混淆。区别的关键在于：实施犯罪的时间不同。伪证罪只能发生在刑事诉讼过程中，即判决以前的侦查、起诉、审判过程中，而包庇罪既可以发生在刑事诉讼之前，也可以发生在刑事诉讼之中，甚至可以发生在服刑之后。因此，如果发生在刑事诉讼之前或之后的，定包庇罪。如果发生在刑事诉讼过程中，既符合包庇罪，又符合伪证罪的犯罪构成，属于一行为触犯数个法条，构成法条竞合。伪证罪的法定刑为：基本法定刑 3 年以下有期徒刑或者拘役；情节严重的，处 3 年以上 7 年以下有期徒刑。包庇罪的法定刑为：基本法定刑 3 年以下有期徒刑、拘役或者管制；情节严重的，处 3 年以上 10 年以下有期徒刑。刑法学家张明楷教授曾在刑法学教程中讲到：包庇罪与伪证罪相比属于重罪，若行为同时构成包庇罪与伪证罪，应择一重罪论处，认定为包庇罪。

本案中，景步勇在交通肇事后作为同车人为肇事者"顶包"，虽然"顶包"人亲历事故，了解案情，客观上具有证人的身份，但其"顶包"行为使得公安机关不能启动对真正肇事者的刑事诉讼程序，其伪证行为发生在刑事诉讼开始之前。此外，"顶包"行为已经掩盖了与案件有关的全部事实，使得交通肇事真正被告人完全逃脱法律的制裁，故交通肇事后"顶包"的行为构成包庇罪而非伪证罪。此外，"顶包人"指使其他证人一同作伪证的行为如何评价？首先，其他人和顶包人一样，出于包庇的故意，实施了包庇的行为，妨害了司法机关的正常活动，和顶包人构成包庇罪的共犯。其次，顶包人指使他人作伪证，表面上看来符合妨害作证罪的要件，但指使他人作伪证是为自己的顶包服务的，是为证明顶包的真实性，属于手段行为与目的行为的牵连，不再单独评价。

结论：**交通肇事后为肇事者"顶包"作假证的行为构成包庇罪。**

案例 87：贾某、万加某掩饰、隐瞒犯罪所得案（案例来源：《中国法院 2016 年度案例 20》）

（一）基本案情

2012 年 12 月至 2013 年 5 月间，潘翠某、张玉某、张某、潘培某、潘仙某、沈建某、卞为某、夏大某、肖公某单独或交叉结伙在湖南省怀化市、湖南省吉首市、河北省石家庄市等地非法买卖羟亚胺 8 起（含未遂 1 起）。2013 年 4 月份被告人万加某在明知潘翠某的钱系通过不正当的途径获得的情况下，仍然先后两次驱车分别前往湖南常德、湖南韶山帮助潘翠某拿取买卖羟亚胺所得的赃款 4 620 000 元，共从中获利人民币 30 000 元。2013 年 5 月中旬，被告人贾某在明知潘翠某进行国家不允许的化工产品交易的情况下，仍然驱车前往湖南邵阳帮助潘翠某拿取买卖羟亚胺所得的赃款 2 920 000 元，从中获利人民币 20 000 元。

（二）问题

通过汽车帮助运输转移制毒物品销售赃款的行为是构成掩饰、隐瞒犯罪所得、犯罪所得收益罪，洗钱罪还是窝藏、转移、隐瞒毒品、毒赃罪？

知识点：掩饰、隐瞒犯罪所得、犯罪所得收益罪，洗钱罪，窝藏、转移、隐瞒毒品、毒赃罪的界限。

（三）分析

本案考察的是掩饰、隐瞒犯罪所得、犯罪所得收益罪，洗钱罪，窝藏、转移、隐瞒毒品、毒赃罪的区别及认定。

1. 掩饰、隐瞒犯罪所得、犯罪所得收益罪与洗钱罪的区别

掩饰、隐瞒犯罪所得、犯罪所得收益罪是指行为人明知是犯罪所得及其产生的收益而予以窝藏、转移、收购、代为销售或者以其他方法掩饰、隐瞒的行为。本罪的客体为司法机关的正常活动；客观方面表现为窝藏、转移、收购、代为销售或者以其他方法掩饰、隐瞒的行为，其中转移是指行为人把犯罪分子犯罪所得赃物及其收益由 A 地运往 B 地；主观方面是故意，行为人明知是犯罪所得赃物及其收益而予以窝藏、转移、收购、销售等。

洗钱罪是行为人明知是毒品犯罪、黑社会性质的组织犯罪、恐怖活动犯罪、走私犯罪、贪污贿赂犯罪、破坏金融管理秩序犯罪、金融诈骗犯罪的所得及其产生的收益，而掩饰、隐瞒其来源和性质的行为。本罪的客体为金融管理秩序，犯罪对象必须是他人实施上述七类犯罪的所得及其产生的收益；客观方面表现为通过提供资金账户等行为掩饰、隐瞒上述违法所得的来源和性质；主观方面必须明知是上述七类犯罪的违法所得和收益。

掩饰、隐瞒犯罪所得、犯罪所得收益罪与洗钱罪的主要区别在于：①客体不同；②对象不同，洗钱罪的对象仅限于七类犯罪的所得及产生的收益，而掩饰隐瞒犯罪所得、犯罪所得收益罪的对象为一切犯罪所得及其收益；③客观方面不同，洗钱罪表现为掩饰、隐瞒七类犯罪所得的来源和性质，即将七类犯罪所得以合法的形式出现（将赃钱漂白），蒙蔽司法机关使他们不知来源的性质，而掩饰、隐瞒犯罪所得罪是指将犯罪所得进行窝藏、转移、收购或代为销售等，使司法机关无法查到、找到；④主观方面不同，洗钱罪的行为人明知是上述七类犯罪所得及其产生的收益，掩饰、隐瞒犯罪所得、犯罪所得收益罪的行为人明知是犯罪所得即可。

本案中，行为人通过汽车帮助运输、转移非法买卖制毒物品销售赃款，虽然行为指向的是洗钱罪规定的上游犯罪中的毒品犯罪，具备洗钱罪的对象，但贾某、万加某没有通过转账等行为协助将非法买卖制毒物品罪所得进行性质转换的转移，而只是将非法买卖制毒物品罪所得通过长途运输的方式从一个地点转移至另一地点；其"转移"行为并未破坏金融管理秩序，只是侵害了司法机关的正常活动；现有证据不能证实两行为人明知系毒品犯罪的毒赃。其行为不能构成洗钱罪。

2. 掩饰、隐瞒犯罪所得、犯罪所得收益罪与窝藏、转移、隐瞒毒品、毒赃罪的区别

窝藏、转移、隐瞒毒品、毒赃罪是指明知是犯罪分子的毒品或毒赃，而予以窝藏、转移、隐瞒的行为。本罪与掩饰、隐瞒犯罪所得、犯罪所得收益罪的主要区别在于：①对象不同，本罪对象为毒品、毒赃。"毒赃"是指毒品犯罪分子通过走私、贩卖、运输、制造毒品所获得的钱或物。而掩饰、隐瞒犯罪所得罪的对象为一切犯罪所得；②主观方面不同，本罪行为人明知是走私、贩卖、运输、制造毒品所得的钱或物而故意窝藏、转移、隐瞒，而掩饰、隐瞒犯罪所得罪明知是犯罪所得即可。

羟亚胺等制毒物品是一种国家管制的化工原料，而毒品是经过化工原料加工生产后的"成品"。根据《刑法》第349条的规定，毒赃是犯罪分子通过走私、贩卖、运输、制造毒品所获得的钱或物，本案非法买卖制毒物品（羟亚胺）的赃款不属于"毒赃"。此外，主观方面，行为人不知是毒赃而运输。因此，本案不构成窝藏、转移、隐瞒毒品、毒赃罪。

综上，本案中，行为人万加某明知潘翠某的钱系通过不正当途径获得，仍先后两次驱车帮助潘翠某拿取赃款；行为人贾某明知潘翠某进行国家不允许的化工产品交易，仍然帮助潘拿取赃款，属于明知（可能）是犯罪所得及其产生的收益（但不知道是毒品、毒赃，也不知道是那"七种"犯罪所得）而予以转移，妨害了司法机关同犯罪作斗争的正常活动，其行为应构成掩饰、隐瞒犯罪所得罪。

3. 掩饰、隐瞒犯罪所得、犯罪所得收益罪，窝藏、转移、隐瞒毒品、毒赃罪，洗钱罪等中"明知"的认定

实践中，许多掩饰、隐瞒类犯罪的行为人对于上游犯罪的犯罪人、罪名、数额、地点、被害人等情况并不清楚，将"明知"限定为"确知"不符合客观情况，"确知"对证据要求过高，也不利于案件的侦破与查处。那么，如何认定这类犯罪的"明知"？2009 年 11 月 4 日最高人民法院发布了《关于审理洗钱等刑事案件具体应用法律若干问题的解释》（以下简称《解释》），《解释》第 1 条第 2 款规定："具有下列情形之一的，可以认定被告人明知系犯罪所得及其收益，但有证据证明确实不知道的除外：①知道他人从事犯罪活动，协助转换或者转移财物的；②没有正当理由，通过非法途径协助转换或者转移财物的；③没有正当理由，以明显低于市场的价格收购财物的；④没有正当理由，协助转换或者转移财物，收取明显高于市场的'手续费'的；⑤没有正当理由，协助他人将巨额现金散存于多个银行账户或者在不同银行账户之间频繁划转的；⑥协助近亲属或者其他关系密切的人转换或者转移与其职业或者财产状况明显不符的财物的；⑦其他可以认定行为人明知的情形。"

参照此《解释》，掩饰、隐瞒犯罪所得、犯罪所得收益罪中的"明知"只要达到明知可能是犯罪所得及其产生的收益的程度即可认定。通常认为只要行为人认识到对象"来路不正"即可认定为明知。

结论：通过汽车帮助运输转移制毒物品销售赃款，因行为人不知是毒赃而予以转移的，不构成转移毒赃罪；行为人明知是来路不明的财物而帮助转移，构成掩饰、隐瞒犯罪所得罪。

案例88：贺淑华非法行医案（案例来源：《刑事审判参考》总第 53 辑 [第421 号]）

（一）基本案情

被告人贺淑华无行医执业证照在重庆市垫江县桂溪镇松林路 18 号租住房内非法行医多年。2003 年 5 月 25 日 9 时，贺非法给刘福琼接生时滥用"缩宫素"，致刘福琼宫缩过强引发羊水栓塞，导致刘及胎儿死亡。经鉴定：刘福琼及胎儿的死亡与贺淑华非法行医有直接关系。

（二）问题

行为人非法为产妇实施接生手术，产妇在分娩中因并发症死亡，该行为是否构成非法行医罪？

知识点：非法行医罪的犯罪构成。

（三）分析

非法行医罪，是指未取得医生职业资格的人非法行医，情节严重的行为。本罪客体是国家医疗管理制度和就诊人的生命安全与健康权利。为了确保公民生命安全与健康，我国对从事医疗职业的人员规定了有关执业资格制度。

未取得医生职业资格而非法行医，随时可能给就诊人员的生命和健康造成伤害。本罪客观方面表现为未取得医生职业资格而非法行医，情节严重的行为。一般认为，行医有两个特点：一是指根据医学知识与技能接诊病人，所以，用封建迷信为他人治病，不构成本罪；二是以医疗行为为业（有反复、继续的意思），偶尔为特定的人看病，不构成本罪。情节严重，包括造成就诊人一般功能障碍及更为严重后果，非法行医被卫生行政部门行政处罚两次后再次非法行医的等。主观方面是故意（对非法行医是故意，对于所造成的危害结果是过失），一般有牟利的目的。

本案行为人利用医疗知识长期为他人治病，属于行医，但未取得医生执业资格，属于非法行医。被告人非法行医多年，对产妇在分娩过程中可能出现的各种风险比常人更能清楚地预见。但其出于追求非法利益的目的，在缺乏抢救设备、缺乏抢救措施的情况下仍然为其接生，违反了其实施基本犯罪行为时对其行为所带来的危险性的注意义务，主观上对产妇死亡的结果存在过于自信的过失；同时，客观上，由于被告人的医疗技术水平不高、医疗设施缺乏，致使产妇出现并发症时无力及时采取正确、有效的抢救措施；在产妇出现并发症时又因害怕承担责任，不及时将产妇转送正规医院进行抢救，延误了产妇的抢救时机，致使产妇在尚未送进医院抢救时即已死亡。其非法行医的行为与产妇的死亡结果当然具有刑法上的因果关系。综上分析，本案被告人在没有行医资格的前提下，故意长期非法行医，造成二人死亡的严重后果，且非法行医行为与产妇的死亡结果间具有因果关系，符合非法行医罪的构成要件，按非法行医罪承担相应的刑事责任。

结论：**产妇在分娩过程中因并发症死亡，非法行医行为与产妇的死亡之间存在因果关系，应以非法行医罪论处。**

案例 89：彭志某盗伐林木案（案例来源：《中国法院 2017 年度案例 20》）

（一）基本案情

2011 年 1 月至 4 月，彭志某未经林业主管部门批准，组织张成某、李国某、陈传某、周能某等人，在月河镇唐城村女王寨东山沟彭志某承包的村集体的茶山上，擅自砍伐阔杂树立木材积 31.914 4 立方米，用于烧炭。其中，张成某、李国某在东山沟南大洼进口、南大洼山坡上砍伐阔杂树立木材积 19.433 8 立方米；陈传某、周能某在南大洼进口、小河沟两侧砍伐阔杂树立木材积 12.480 6 立方米。

（二）问题

彭志某的行为属于盗伐林木罪还是滥伐林木罪？

知识点：盗伐林木罪与滥伐林木罪的区别。

（三）分析

盗伐林木罪，是指盗伐森林或其他林木，数量较大的行为。本罪的客体是国家林业管理制度和国家、集体或公民的林木所有权；客观方面表现为盗伐森林或其他林木的行为。滥伐林木罪，是指违反森林法的规定，滥伐森林或其他林木，数量较大的行为。本罪的客体为国家的森林保护制度；客观方面表现为滥伐的行为。滥伐表现为两种情况，一是未经林业行政主管部门及法律规定的其他主管部门批准并核发林木采伐许可证而采伐，这一点与盗伐相同，盗伐必定没有经过相关部门批准；二是虽持有林木采伐许可证，但违反采伐许可证所规定的时间、数量、树种、方式而任意胡乱砍伐，盗伐往往同时也是胡乱采伐（滥伐）。

两罪的区别在于：

1. 客体不同

盗伐林木罪不仅侵犯国家对森林资源的管理活动，还侵犯国家、集体或者公民的林木所有权，属于复杂客体。而滥伐林木罪的客体仅为国家的森林保护制度，属于简单客体。两者区别在于，盗伐的林木是别人所有的，滥伐的是自己所有的。林木所有权的归属是认定两罪的关键。

2. 行为方式不同

滥伐林木罪的行为人，通常情况下就是林木所有者或管理者，他们通常不需要作任何掩饰，可以公然地非法采伐林木，具有公开性；盗伐林木罪的行为人往往采用秘密方式，在林木所有者或管理者不知道的情况下将林木非法占为己有，具有秘密性。

3. 主观方面有所不同

盗伐林木的行为人主观上希望通过实施盗伐林木行为，占有国家、集体或他人的林木，是直接故意，且以非法占有为目的；而滥伐林木罪既可以出于直接故意，也可以出于间接故意，且滥伐行为人对滥伐的林木本身是合法占有的，是否以非法占有为目的，并不影响本罪的成立。

本案中，被砍伐的阔杂树虽属于彭志某承包的茶山上所有，但该林木的所有权属于村集体。彭志某未经林业主管部门批准，组织张成某、李国某、陈传某、周能某等人，违背林木所有权人的意志，秘密砍伐集体所有的林木，用于炭窑烧炭，侵犯了国家对森林资源的管理和林木的所有权，数量巨大，其行为明显有将集体财产非法占为己有的目的。因此，被告人彭志某的行为应依法认定为盗伐林木罪。

结论：**擅自砍伐自己承包的集体所有的林木，构成盗伐林木罪。**

案例 90：宋元坤贩卖、运输毒品，刘某某贩卖毒品、非法持有毒品案（案例来源：《中国法院 2016 年度案例 19》）

（一）基本案情

2013 年 1 月底的一天，被告人宋元坤指使被告人刘某某在北京市房山区管道局门口，向吸毒人员沈某某（另案处理）贩卖冰毒 5 克。2013 年 1 月 29 日晚，被告人宋元坤指使被告人刘某某在北京市房山区良乡镇太平庄门楼附近，向吸毒人员杨某某、陇某某（以上二人均另案处理）贩卖冰毒 0.5 克。

2013 年 2 月 1 日 12 时许，被告人宋元坤乘坐从四川省阆中市开往北京市的长途客车途径北京市房山区京港澳高速公路进京方向窦店服务区时，被公安机关查获。被告人宋元坤在逃跑过程中从身上抛落 3 个盒子，民警从其抛落在地上的盒子内查获 3 袋淡黄色晶体，从其身上查获 15 片药片。经北京市公安司法鉴定中心鉴定，该 3 袋淡黄色晶体重 141.1 克，系甲基苯丙接（含量 63.6%），送检的 25 粒药片重 1.33 克，系甲基苯丙胺（麻古）。经检测，被告人宋元坤尿检呈苯丙胺类阳性。

2013 年 2 月 1 日 12 时许，被告人刘某某在其位于北京市房山区良乡镇太平庄戏楼 33 号房间的暂住地被公安机关查获。民警当场从其屋内查获淡黄色晶体 7 袋、锡纸、电子秤等。经北京市公安司法鉴定中心鉴定，送检的 7 袋淡黄色晶体重 25.1 克，系甲基苯丙胺。

（二）问题

1. 宋元坤乘车从四川到北京携带毒品的行为如何认定？

2. 刘某某在暂住房被查出毒品的行为如何认定？

3. 宋元坤、刘某某的行为构成何罪？本案该如何处理？

知识点：毒品案件的认定及选择性罪名的法律适用问题。

（三）分析

选择性罪名是指包含数个犯罪行为或者犯罪对象，既可以连用，又可以分开使用的罪名。比如走私、贩卖、运输、制造毒品罪，拐卖妇女、儿童罪就是选择性罪名。如果行为人只实施了其中一种行为，按一种行为定罪，如只走私毒品的，定走私毒品罪；如果同时实施了走私、贩卖、运输、制造毒品中的任何两种行为以上，按其所实施的行为定罪，如既制造又贩卖毒品的，定贩卖、制造毒品罪，不实行数罪并罚。同理，行为人只拐卖妇女的，定拐卖妇女罪，既拐卖妇女，又拐卖儿童的，定拐卖妇女、儿童罪一罪，不实行数罪并罚。

在毒品犯罪当中，对同宗毒品实施选择性罪名中的不同犯罪行为，按选择性罪名处理在理论上没有争议。但在不同案件中，对不同宗毒品分别实施了选择性罪名中的不同犯罪行为，是按一罪从重处罚，还是应实行数罪并罚，理论界和司法实务界仍然存在争议。从立法本意来讲，选择性罪名所包含的数行为相互之间有关联，性质相当，或者所包含的数个对象属于同类事物，它们的法益侵害性相当。为了避免法条膨胀而规定于同一个条文中按一罪论处，避免了对侵害同一法益的行为进行重复评价。因此，即使是针对不同宗的毒品实施了选择型罪名中的不同行为，仍以一罪论处。如在这个案件中贩卖毒品，在那个案件中制造毒品，定贩卖、制造毒品罪一罪。

此外，在认定毒品犯罪时，还需注意以下两方面：

1. 要把握走私、贩卖、运输、制造毒品罪等与非法持有毒品罪的关系

非法持有毒品罪是指违反国家毒品管理法规，非法持有毒品数量较大的行为。行为人在实施其他毒品犯罪的时候（如走私、贩卖、运输、制造毒品罪，窝藏、转移、隐瞒毒品罪）同时持有毒品，这种情况下属于上述犯罪与持有毒品罪的吸收犯，对持有毒品罪不作单独评价。只有行为人持有毒品数量较大又没实施或没有证据证明其有实施其他毒品犯罪的故意，才构成持有毒品罪。如果有证据能够证实已构成走私、贩卖、运输、制造，窝藏、转移、隐瞒毒品罪中的任何一种罪，即以该罪论处，而不应再定非法持有毒品罪。

2. 不能仅以毒品的状态对运输毒品与非法持有毒品作出区分

运输毒品，是指将毒品由一地运往另一地。如上所述，运输毒品和非法持有毒品二罪在客观方面的表现有时是重合的，运输毒品的同时也持有毒品。那么，在交通工具上查获毒品，是否能够因为毒品处于动态的状态下就认定为运输毒品呢？刑法将运输毒品罪与走私、贩卖、制造毒品罪同作为选择性罪名置于同一法条下，具有相同的量刑幅度，可见其危害性并非仅仅是使毒品在"流动"而是在于其是走私、贩卖、制造毒品中的一个必要环节，行为人对毒品的去向和来源是有一定了解的。因此，只有运输毒品是为了走私、贩卖、制造毒品服务或者是走私、贩卖、制造毒品的一个环节，才能定运输毒品罪，如果从证据上无法判断行为人具有走私、贩卖、制造等相关目的，无论是动态地持有，还是静态地持有，就只能以非法持有毒品罪定罪量刑。

本案中，被告人宋元坤指使他人贩毒，构成贩卖毒品罪。后（几天后）又乘坐长途客车将毒品从四川带往北京，尽管其尿检呈阳性说明行为人自己吸毒，但因携带毒品数量大且根据其前期的表现，可以认为其运输毒品是为了贩卖，因此对携带行为定运输毒品罪而不是非法持有毒品罪；而刘某某在他人的教唆下贩卖少量毒品，几天后又在暂住地被民警查获数量较大毒品（不是同宗）、锡纸、电子秤等，不能证明其持有毒品是为了实施其他毒品犯罪，根据起获的锡纸、电子秤等，可以认为其持有毒品是为自己吸毒，因此定非法持有毒品罪。

综上，宋元坤先后实施了贩卖毒品和运输毒品两个独立犯罪行为，两行为指向的不是同宗毒品，但考虑到两种行为的犯罪性质基本相同，侵犯的法益相同，对社会的危害程度大体相近，而且贩卖毒品、运输毒品属于选择性罪名，因此，不应实行数罪并罚，而是按选择性罪名定贩卖、运输毒品罪一罪，在量刑时适当从重。而刘某某的先前行为构成了贩卖毒品罪，而后又构成非法持有毒品罪，两个罪相互独立，且不具有刑法理论上的牵连或吸收关系；贩卖毒品罪与非法持有毒品罪不属于选择性罪名，因此，对这两个罪应数罪并罚。

结论：

（1）为贩卖毒品而乘车携带的，构成运输毒品罪；

（2）在租住房内起获毒品，不构成其他毒品犯罪，数额较大的，定非法持有毒品罪。

案例 91：李宁组织卖淫案（案例来源：《刑事审判参考》总第 38 辑 ［第 303 号］）

（一）基本案情

2003 年 1 月至 8 月，被告人李宁为营利，先后与刘超、冷成宝等人预谋后，采取张贴广告、登报的方式招聘男青年做"公关人员"，并制定了《公关人员管理制度》（以下简称《管理制度》）。《管理制度》规定："公关人员"台费每次 80 元，包间费每人 50 元（由客人付），包房过夜费每人 100 元；最低出场费每人 200 元，客人将"公关人员"带离工作场地超过 30 分钟，"公关人员"可索要出场费并交纳 80 元；客人投诉某一"公关人员"超过 3 次，除对该人员罚款外，并立即除名；"公关人员"上岗前需要交纳管理费 200 元和身份证原件，上岗后需交纳押金 300 元；符合管理规定，离店时押金全部退还；离店需提前 15 天书面申请，否则不退押金；"公关人员"上岗前须经检查、培训，服务前自备用具；必须服从领导，外出 30 分钟必须向经理请假，经经理或管理人员同意后方可外出，违者罚款 80 元；出场后，次日下午 2：00 前必须报到，每天上午 2：00、晚 7：30、夜 3：00 点名，点名不到罚款 80 元，等等。李宁指使刘超、冷成宝对"公关先生"进行管理，并在其经营的"金麒麟""廊桥"及"正麒"酒吧内将多名"公关先生"多次介绍给男性顾客，由男性顾客将"公关人员"带至南京市"新富城"大酒店等处从事同性卖淫活动。

（二）问题

1. 组织男性从事性交易活动的，是否成立组织卖淫罪？

2. 组织卖淫罪与相关犯罪的区别。

知识点：组织卖淫罪的认定。

（三）分析

以传统的观点看，卖淫，就是指女性以营利为目的，与不特定男性从事性交易的行为。随着社会的发展，对男性以营利为目的，与不特定女性从事性交易的行为，以及同性之间的性交易行为也认定为"卖淫"。组织卖淫罪，是指以招募、雇佣、引诱、容留等方式，组织他人卖淫的行为。本罪的客体是社会主义的道德风尚，女性、男性均可成为本罪对象；客观方面表现为组织他人卖淫的行为。在认定本罪时，注意与协助组织卖淫罪，引诱、容留、介绍卖淫罪加以区分。组织卖淫的主体为组织者，既可以是一个人，也可以是多人，而协助组织卖淫罪，引诱、容留、介绍卖淫罪的主体不能是组织者；根据共同犯罪的理论，协助组织卖淫者是组织卖淫者的帮助犯，理应定组织卖淫罪，但是《刑法》将其单独规定为协助组织卖淫罪。因此，对组织卖淫者起帮助作用的，如帮助组织者招募、运送人员或者有其他协助组织卖淫行为的，定协助组织卖淫罪；与组织者共谋的，属于组织卖淫罪的共犯，定组织卖淫罪；组织者采取引诱、容留、介绍等方式组织他人从事卖淫活动的，属于组织卖淫的一部分，不能定引诱、容留、介绍卖淫罪，只能定组织卖淫罪。

本案中，被告人李宁为营利，先后与刘超、冷成宝等人预谋，采取张贴广告、登报的方式招聘男青年做"公关人员"，并制定了《公关人员管理制度》，属于组织卖淫，构成组织卖淫罪；刘超、冷成宝等与李宁预谋，属于卖淫的共同组织者，同样构成组织卖淫罪。至于李宁在其经营的"金麒麟""廊桥"及"正麒"酒吧内将多名"公关先生"多次介绍给男性顾客，由男性顾客将"公关人员"带至南京市"新富城"大酒店等处从事同性卖淫活动，属于该组织卖淫罪的组成部分（"管理规定"中有将"公关人员"带离工作场地的情形），不以介绍卖淫罪定罪处罚。

结论：组织男性从事同性性交易活动的，应以组织卖淫罪论处。

案例 92：方惠茹传播淫秽物品牟利案（案例来源：《刑事审判参考》总第 75 辑 [第 641 号]）

（一）基本案情

被告人方惠茹于 2006 年下半年在网上注册了 287557234 和 448562245 两个 QQ 号，其中 287557234 的网名为"水水"，448562245 的网名为"晴——儿"。注册后，方惠茹即将这两个 QQ 号挂于 QQ 聊天室大厅的"E 网情深"聊天室下的"E 夜激情"室内，聊天中以发信息的形式告知"好友"进行色情聊天，以招揽网友进行裸聊，从中牟利。之后，方惠茹又在这两个 QQ 号的"个人资料""介绍说明"栏内加入了"加我请注明网银支付宝，试看人民币5 元（我裸体 2 分钟，同时证明我是真人），满意后 50 元服务 30 分钟，特殊的加钱，绝对真人，欢迎付费男士"的个人说明。在裸聊时，方惠茹根据对方的实际情况先将以其丈夫王华伦名义开户的银行账号或自己在支付宝网站申请的支付宝账号告知对方，待核实对方已将钱汇入后，即根据对方的要求以及汇入资金的数额通过视频提供不同的裸聊内容。自 2006 年 11 月 1 日到2007 年 5 月 14 日，方惠茹裸聊范围达 20 余个省份，裸聊的对象有 300 余人，其用于裸聊收费的银行账号以及支付宝账号共汇入裸聊资金 1054 次，计24 973.03 元。

（二）问题

以牟利为目的与多人进行网络视频裸聊的行为，是否构成传播淫秽物品牟利罪？

知识点：淫秽物品的认定。

（三）分析

传播淫秽物品牟利罪，是指以牟利为目的，传播淫秽物品的行为。本罪的客体是社会主义道德风尚和国家文化市场管理制度。客观方面表现为传播淫秽物品。根据《刑法》第 367 条的规定，所谓"淫秽物品"，是指具体描绘性行为或者露骨宣扬色情的诲淫性的书刊、影片、录像带、录音带、图片及其他淫秽物品。最高人民法院、最高人民检察院 2004 年 9 月 3 日发布的《关于办理利用互联网、移动通讯终端、声讯台制作、复制、出版、贩卖、传播淫秽电子信息刑事案件具体应用法律若干问题的解释（一）》指出，其他淫秽物品，包括具体描绘性行为或者露骨宣扬色情的诲淫性的视频文件、音频文件、电子刊物、图片、文章、短信息等互联网、移动通讯终端电子信息和声讯台语音信息。以牟利为目的，利用互联网、移动通讯终端传播电子信息的，以及利用聊天室实施前述行为的，以传播淫秽物品牟利罪定罪处罚。

所谓网络裸聊，是指用户通过专门的网络视频聊天工具，除去脸部外其他身体部位全部裸露在摄像头下，并以大胆文字和动作通过网络视频传给聊天对象的聊天方式。同其他淫秽物品一样，网络裸聊行为所传递的信息具有强烈的淫秽性，能够成为传播淫秽物品的犯罪对象。实践中，根据网络裸聊指向对象的不同，网络裸聊可分为点对点的裸聊、点对面的裸聊。前者是指两个特定个体之间通过网络聊天室进行的不具有公开性的裸聊，这种形式的裸聊，危害的是少数的个人，社会危害性有限，如果裸聊对象数量不大，不属于传播淫秽物品；后者则是参与一方是特定的个体，另一方则为不特定或多数个体，这种形式的裸聊，危害面广，属于传播淫秽物品。本案中，被告人方惠茹以牟利为目的，利用互联网，与不特定的多数人进行裸聊，传播淫秽物品。自 2006 年 11 月 1 日到 2007 年 5 月 14 日，方惠茹裸聊范围达 20 余个省份，裸聊的对象有 300 余人，其用于裸聊收费的银行账号以及支付宝账号共汇入裸聊资金 1054 次，计 24 973.03 元。其行为侵害了社会主义道德风尚，构成传播淫秽物品牟利罪。

结论：**通过网络视频聊天进行裸聊具有淫秽物品的本质属性即淫秽性，以牟利为目的的与多人进行网络视频裸聊的，应以传播淫秽物品牟利罪定罪处罚。**

第六章

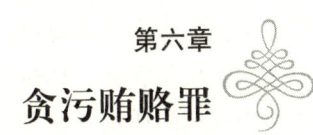

贪污贿赂罪

案例 93：冯庭某盗窃案（案例来源：《中国法院 2016 年度案例20》）

（一）基本案情

2014 年 4 月 16 日，被告人冯庭某通过招聘成为成都市新都区斑竹园镇派出所聘用的治安巡逻队员，2014 年 5 月 17 日凌晨，被告人协助斑竹园派出所民警参与一起抓赌行动，并负责看守被带回斑竹园派出所接受调查的涉赌人员。凌晨 3 时许，冯庭某将涉嫌参赌的人员邱某某带至斑竹园派出所一楼女厕所上厕所，被害人邱某某因害怕随身携带的现金被公安机关作为赌资没收，请求被告人帮忙找朋友转移，遭到被告人拒绝。于是被害人邱某某将其藏入厕所的垃圾桶中，在藏匿的过程中被被告人发现，之后被告人将被害人押回看守地点后又返回厕所盗窃其中的 12 000 元。

（二）问题

冯庭某作为一名聘用治安巡逻员在抓赌过程中窃取被害人藏匿赌资的行为是否构成贪污罪？

知识点：贪污罪的犯罪构成。

（三）分析

贪污罪是指国家工作人员利用职务上的便利，侵吞、窃取、骗取或以其他手段非法占有公共财物的行为。贪污罪有以下几个特点：

1. 犯罪主体是国家工作人员

根据《刑法》第 93 条的规定，国家工作人员，是指国家机关中从事公务的人员。根据有关立法解释（2002 年 12 月 28 日全国人大常委会《关于〈中华人民共和国刑法〉第九章渎职罪主体适用问题的解释》），虽未列入国家机关人员编制但在国家机关中从事公务的人员，视为国家机关工作人员。从事公务是国家工作人员的基本特征，一般理解为在国家机关、国有公司、企业、事业单位、人民团体等单位中，履行一定的组织、领导、监督和管理的职责。公务与职权相联系，体现了法律对从事相关活动人员的授权。因此，国家机关工作人员的认定，不是以是否为干部身份、是否为正式人员、是否为临时人员、是否有编制为标准的，而是以是否依法行使公共权力即是否从事公务为依据的。受国家机关聘用、委托履行公务的非在编人员，因为有相关委托，依法从事应当由国家机关履行的职能，他们作出的行为代表了委托机关，视为国家机关工作人员。

2. 客观方面表现为利用职务上的便利，侵吞、窃取、骗取或以其他手段侵占财物

（1）利用职务上的便利

利用职务上的便利，是贪污罪构成的必备要件。利用职务上的便利，是指行为人利用其职务范围内的权力和地位所形成的主管、管理、经手公共财物的方便条件。其中"主管"，是指行为人本人虽然不具体管理、经手公共财物，但是对公共财物的具有调拨、统筹、使用的决定权、决策权。"管理"，是指行为人对公共财物直接负有保管、处理、使用的职权。"经手"，是指行为人虽无决定对公共财物进行调拨、统筹、使用的权力，也不具有管理、处置公共财物的职权，但因为工作需要，行为人对公共财物具有实际控制权，或者是支出、领取公共财物的行为。

（2）侵吞、窃取、骗取或其他手段侵占财物

侵吞，是指行为人利用职务上的便利，将暂时由自己合法管理、支配、使用或经手的财物非法据为己有；窃取，是指利用职务上的便利，秘密将由本人合法保管的财物据为己有，即监守自盗。

（3）本罪的对象是行为人根据职务主管、管理、经手的财物，一般是公共财物

据此，本案要判断被告人是否构成贪污罪需从以下三个方面考虑：一是被告人是否具有贪污罪的主体身份即是否属于国家工作人员；二是被告人有没有利用职务之便实施窃取赌资的行为；三是被告人在抓赌过程中窃取的被害人未被查获的赌资是否属于公共财产。

首先，冯庭某是派出所聘用的治安巡逻队员，具有国家工作人员的身份，符合贪污罪主体资格。

冯庭某通过招聘成为成都市新都区斑竹园镇派出所聘用治安巡逻队员，依法履行治安管理工作，虽系非在编人员，但实际从事的是国家机关的事务，履行的是国家机关工作人员的职权，其行为具有国家公务性质，属于国家工作人员，是本案贪污罪的适格主体。

其次，冯庭某窃取钱款过程中没有利用职务之便。

冯庭某作为一名治安巡逻人员，其工作职责主要是在辖区内巡查以便发现和移送犯罪线索，维护辖区秩序，其职责权限不包含主管、管理公共财物的权力和方便条件。冯庭某协助斑竹园派出所民警参与抓赌行动，并负责看守被带回斑竹园派出所接受调查的涉赌人员，没有经手任何公共财物。其后来窃取的钱款是当事人为躲避公安机关检查事先藏在厕所垃圾桶内且未被公安机关查获的涉赌人员个人所有的财产。因此，本案中冯庭某窃取财物的行为没有利用职务便利。

再次，冯庭某在抓赌过程中窃取的被害人未被查获的赌资不属于公共财产。

根据我国《刑法》第91条的规定，公共财产包括国有财产，劳动群众集体所有财产，用于扶贫和其他公益事业的社会捐助或者专项基金的财产以及在国家机关、国有公司、企业、集体企业和人民团体管理、使用或者运输中的私人财产。从以上规定可以看出，公共财物具有公有属性，应为相关主体占有、控制或者保管、使用。赌博犯罪中用作赌注的款物、换取筹码的款物和通过赌博赢取的款物属于赌资，赌资应当依法予以没收，上缴国库并按规定向当事人出具法律手续。因此，只有被查获的赌资才具有公有属性，属于公共财产。未被公安机关查获的犯罪分子所有的赌资，仍然为犯罪分子所占有、控制，属于犯罪分子个人私有财产。本案中，冯庭某窃取的未被查获的赌资不应认定为公共财物。

综合上述分析，被告人冯庭某作为一名派出所聘用制治安巡逻队员，依法从事国家公务，具有国家工作人员身份，符合贪污罪的主体条件，但在实施盗窃过程中冯庭某并没有利用职务之便，且冯庭某窃取的钱款是未被公安机关查获的涉赌人员个人所有的财产，不是公务人员管理的公共财产，不属于公共财产，不能构成贪污罪的犯罪对象。因此，本案冯庭某窃取被害人钱款的行为不构成贪污罪。

被告人冯庭某以非法占有为目的，秘密窃取他人藏匿的现金1.2万元，数额较大，构成盗窃罪。

结论：**抓赌人员没有利用自己职务之便窃取涉赌人员个人所有的财物，不构成贪污罪。**

案例 94：尚荣多等贪污案（案例来源：《刑事审判参考》总第 39 辑 [第 312 号]）

（一）基本案情

在原四川商业高等专科学校（以下简称"商专"）2001 年招生工作中，被告人尚荣多和被告人李域明负责招生录取领导小组的工作，学生处处长彭义斌具体负责收取和保管"点招费"。2001 年 10 月招生工作结束后，经尚荣多、李域明、彭义斌三人清点，除用于招生工作的开支，"点招费"余款为 34.2 万元。三人商量后决定，只向学校回报并上缴 14.2 万元。2001 年 11 月 28 日，彭义斌将 20 万元转入以其子名义开设的个人账户。2002 年春节前，尚荣多、李域明和彭义斌共谋将截留的 20 万元私分，议定三人各得 6 万元，给原商专校长张某 2 万元。后尚荣多单独找到彭义斌商定：李域明仍得 6 万元，尚荣多得 5 万元、彭义斌得 4 万元，张某得 5 万元。后彭义斌给李域明 6 万元，存入尚荣多个人户头 5 万元，以学生处所留活动费的名义送给张某 5 万元，张某当时即将该款退回。事后，为逃避追查，被告人尚荣多、李域明及彭义斌三人商量了统一口径，约定谁都不许对外提截留、私分"点招费"一事。

（二）问题

将以学校名义收取的"点招费"私自占为己有的，是否成立贪污罪？

知识点：贪污罪与受贿罪的界限及"公共财产"的认定。

（三）分析

贪污罪是国家工作人员利用职务上的便利，侵吞、窃取、骗取或者以其他手段非法占有公共财物的行为。犯罪的对象是国家工作人员主管、管理、经手的公共财物。受贿罪是指国家工作人员利用职务上的便利，索取他人财物，或者非法收受他人财物，为他人谋取利益的行为。两罪的共同之处在于：主体都是国家工作人员；客观上都是利用职务上的便利。不同之处在于：贪污罪的行为人是利用自己主管、管理、经手公共财物的便利条件将自己主管、管理、经手的公共财物非法占为己有；而受贿罪的行为人是利用自己手中的权力收受他人财物（非公共财物），是权钱交换。认定本案，必须明确两点：一是收取的"点招费"是公共财产还是学生家长的私人财产；二是行为人是利用自己招生的权力直接私自收受家长财物装入自己腰包还是利用自己管理、经管公共财物的便利条件侵吞已经归入招生学校的公共财物。

在招生工作中以学校名义收取"点招费"，能否视为公共财产，这是认定本案性质首先需要明确的一个问题。本人对此持肯定态度。财产犯罪（贪污罪也侵犯财产权）的对象范围不以合法所有或者持有的财物为限，不能以本案中"点招费"的收取违反了国家有关规定、不属于合法收入为由，将其排除在刑法保护之外。刑法所保护的财产权利，源于相关民事、行政法律法规的规定，同时又具有相对的独立性，这是由刑法承担着维护社会秩序基本机能所决定的。所以，刑法上的财产，更多强调的是财产的经济价值性，而非合法性。即便不受民法保护或者为相关行政法规所明文禁止持有的财物，如赌资、赃物、违禁品等，只要具有一定的经济价值，并且与刑法的基本保护精神不相违背，则同样可以成为财产犯罪的对象，并应当受到刑法的保护，最高人民法院《关于审理盗窃案件具体应用法律若干问题的解释》有关盗窃违禁品的规定，就很好地说明了这一点；《刑法》第91条第2款明确规定："在国家机关、国有公司、企业、集体企业和人民团体管理、使用或者运输中的私人财产，以公共财产论。"因为此时的责任主体是这些单位，如果期间财产遭受了损失，这些单位将需承担赔偿责任。在本案中，"点招费"本来是考生家长的财产，但是为了让学生被录取已经按规定（点招费的收取系经原商专校务会研究决定，并以原商专学校的名义作出的）交给了学校，即使收取不符合当时的法律，原商专学校负有依规定返还或者赔偿的对外责任。因此，"点招费"属于学校的公共财产。这样理解符合《刑法》第91条第2款规定的精神。三名被告人作为国家工作人员，管理、经手着学校招生所得的公共财产，利用其管理、经手的职务之便，私分（侵吞）学校的财产，构成贪污罪。如果考生家长为了让学生被录取，私自交给招生人员个人，则构成受贿罪。

结论：**在学校招生工作中，由学校决定，违规以学校名义收取"点招费"，对此予以贪污的，应以贪污罪论处。**

案例95：张威同挪用公款案（案例来源：《刑事审判参考》总第63辑［第502号］）

（一）基本案情

2002年8月底，酒泉三正世纪学校董事长王宗红以该校资金紧张为由，向被告人张威同提出想从张威同所在的新村村委会贷款200万元，月息为

0.8%，张威同在未与村委会其他成员商议的情况下，安排村委会文书兼出纳柴景荣将村里的征地补偿款共 210 万元，分别于 2002 年 9 月 2 日、10 月 11 日、10 月 21 日分 3 次借给三正世纪学校使用，约定月利息为 0.8%。2002 年 10 月，王宗红再次找张威同提出向新村村委会借款 600 万元，包括前面已经借出的 210 万元。张威同于 2002 年 10 月 30 日召集村委会委员会议，就是否给三正学校借款进行讨论，张威同未将此前已经借款给三正学校 210 万元向会议说明，会上大家一致同意借款给三正学校 600 万元，会后新村村委会与三正学校签订了 600 万元的贷款合同，约定月利息为 0.6%，2003 年 9 月 30 日归还。合同签订后，新村村委会实际只给三正学校借款 321.5 万元，加上之前借给三正学校的 210 万元，共计 531.5 万元。2003 年 9 月 24 日三正学校归还 220 万元，案发时尚未归还的 311.5 万元，通过司法程序大部分已经追回。

（二）问题

个人决定，以单位名义将公款借给其他单位使用，是否成立挪用公款罪？

知识点：挪用公款罪的犯罪构成。

（三）分析

挪用公款罪，是指国家工作人员利用职务上的便利，挪用公款归个人使用，进行非法活动，或者挪用公款数额较大、进行盈利活动，或者挪用公款数额较大、超过 3 个月未还的行为。

挪用公款罪有以下特征：

1. 本罪主体为国家工作人员

农村的村民委员会等基层组织人员，不具备国家工作人员的身份。但是，根据全国人大常委会 2000 年 4 月 29 日《关于〈中华人民共和国刑法〉第九十三条第二款的解释》，村民委员会等基层组织人员在协助人民政府管理土地征用补偿费用时，属于"其他依照法律从事公务的人员"，以国家工作人员论。

2. 主观方面是故意，并具有挪用公款归个人使用的目的

3. 客观方面表现为利用职务上的便利，挪用公款归个人使用

利用职务上的便利，是指利用本人主管、管理、经手公款的便利条件；挪用公款归个人使用，根据全国人大常委会 2002 年 4 月 28 日作出的《关于〈中华人民共和国刑法〉第三百八十四条第一款的解释》，是指："①将公款供本人、亲友或者其他自然人使用；②以个人名义将公款供其他单位使用；

③个人决定以单位名义将公款供其他单位使用，谋取个人利益的"。挪用公款归个人使用，是挪用公款罪的必备条件，不论是挪用公款、进行非法活动，或者挪用公款数额较大、进行盈利活动，或者挪用公款数额较大、超过 3 个月未还，要构成挪用公款罪，都必须首先具备挪用公款归个人使用的特点。

在本案中，被告人张威同系西峰乡新村村委会主任，不属于国家工作人员，然而其利用职权借给三正世纪学校的是人民政府发放给村民的征地补偿款。根据全国人大常委会的立法解释，村委会主任管理征地补偿款的行为属于村基层组织人员协助人民政府从事土地征用补偿费用的管理和发放的行政管理工作，应当认定为《刑法》第 93 条第 2 款规定的其他依照法律从事公务的人员，以国家工作人员论。所以，张威同符合挪用公款罪的主体资格。

如上所述，挪用公款必须归个人使用才构成挪用公款罪，如果不属于归个人使用，则不考虑构成本罪。

由于本案公款使用方为单位，故只需考察其行为是否符合上述解释（2002 年 4 月 28 日的解释）规定的后两种情形，就可以作出其是否构成挪用公款罪的判断。

第一，张威同决定出借的 210 万元征地补偿款，从现有证据上看，是以村委会名义借出的，不是以个人名义借出的。张威同在村委会开会研究借出 600 万元公款给三正世纪学校使用之前，就已将 210 万元公款借给了三正世纪学校。此 210 万元虽然是张威同个人决定借出，没有向村委会说明，却不能认定是以个人名义借款。这是因为，从 210 万元转账的凭证来看，付款人均写明是新村村委会，收款人是三正世纪学校；从三正世纪学校的收据上看，也均写明收到的是新村村委会借款；从办理借款及还款的程序来看，张威同并不是私下将公款借给了三正世纪学校，而是通过村委会成员文书兼出纳的柴景荣经手办理，使该款始终控制在村委会名下，直至到期还款，三正世纪学校也是直接将款还给了新村村委会，而不是还给张威同个人。可见，没有证据证明张威同是以个人名义借款给三正世纪学校。张威同的行为不属于全国人大常委会《关于〈中华人民共和国刑法〉第三百八十四条第一款的解释》中第 2 项规定的"以个人名义将公款供其他单位使用"的情形。

第二，张威同决定出借的 210 万元征地补偿款，起初虽是张个人决定，但没有任何证据证明张威同因此谋取了个人利益；况且，经村委会讨论决定，向三正世纪学校借出 600 万元，张威同虽在村委会研究时对先前借出的 210

万元未作说明，但在与三正世纪学校履行合同时实际上包含了这 210 万元，也就是说，这 210 万补偿款，实际上也是经过村委会讨论决定的。因此，张威同的行为不属于全国人大常委会《关于〈中华人民共和国刑法〉第三百八十四条第一款的解释》中第 3 项规定的"个人决定以单位名义将公款供其他单位使用，谋取个人利益"的情形。

综上，张威同将公款借给三正世纪学校，既不是以个人名义将公款挪给他人使用，也不是个人决定以单位名义将公款供其他单位使用，谋取个人利益，所以张威同个人决定借出公款给三正世纪学校使用的行为，不符合立法解释规定的挪用公款归个人使用，因此不构成挪用公款罪。

结论：个人决定，以单位名义将公款借给其他单位使用，未谋取个人利益的，不构成挪用公款罪。

案例 96：周小华受贿案（案例来源：《刑事审判参考》总第 70 辑［第 584 号］）

（一）基本案情

2006 年初至 2007 年底，被告人周小华在担任湖州市工商局南浔区分局经检科副科长兼经检大队副大队长（主持工作）期间，利用其对辖区内市场进行监管和对违法经营的企业、个人进行查处等职务便利，为他人谋取利益，分别收受冯荣兴等人现金和礼卡，合计人民币 25 400 元。其中 2006 年 9 月，董连富在被告人周小华单位门口，将浙北大厦价值人民币 1800 元的购物券放在月饼盒中，送给被告人周小华，周予以收受。

另查明，2006 年上半年，湖州市东迁建筑工程有限公司直港分公司（以下简称"东迁分公司"）经理周文荣因无照经营而被南浔工商分局经检大队查处。事后，被告人周小华通过东迁建筑有限公司总经理董连富，安排其妻子张金仙的妹妹张金莲到东迁分公司担任会计。从 2006 年 4 月起至 2007 年年底，无会计从业资格的张金莲出面担任东迁分公司的会计，期间，张金莲在其有会计证的姐姐张金仙的帮助和指导下，完成了东迁分公司 2006 年度及 2007 年度的会计工作。周文荣分别在 2006 年及 2007 年的年底，先后两次以工资名义交付给周小华现金人民币 3 万元。被告人周小华拿到钱后将钱交给其妻张金仙，张金仙将其中的一部分交给张金莲。

2007 年初，被告人周小华妻子的表弟沈子良准备购买湖州巨赢置业有限公司开发的巨赢花园小区的住房。为此，被告人周小华多次向巨赢公司董事长冯荣兴要求给沈子良购房予以优惠。后沈子良购买标价为人民币 335 088 元的住房 1 套，享受销售单位的优惠后，房价为人民币 327 423 万元，并以此价由沈子良与巨赢公司、湖州远大房地产代理经营有限公司签订了购房合同，购房的首付款收据开票金额为人民币 147 098 元，但沈子良实付人民币 117 098 元。对该套房屋，沈子良实付总房款为人民币 297 423 元。

（二）问题

对周小华的行为应如何认定？

知识点：受贿罪的认定。

（三）分析

本案被告人周小华实施的行为分三部分：第一部分，在 2006 初至 2007 年底，担任湖州市工商局南浔区分局经检科副科长兼经检大队副大队长（主持工作）期间，利用其对辖区内市场进行监管和对违法经营的企业、个人进行查处等职务便利，为他人谋取利益，分别收受冯荣兴等人现金和礼卡，合计人民币 25 400 元；第二部分，2006 年上半年，周小华通过东迁建筑有限公司总经理董连富，安排无会计从业资格的妻妹张金莲担任东迁分公司会计。期间，张金莲在其有会计证的姐姐张金仙（周小华之妻）的帮助和指导下，完成了东迁分公司 2006 年度及 2007 年度的会计工作，以工资名义现金人民币领取了人民币 3 万元；第三部分，2007 年初，被告人周小华妻子的表弟沈子良准备购买住房，周小华多次向房产公司董事长冯荣兴要求给沈子良购房予以优惠，最后，沈子良购买的住房，享受销售单位的优惠 3 万元。

受贿罪是指国家工作人员利用职务上的便利，索取他人财物，或者非法收受他人财物，为他人谋取利益的行为。收受他人财物是本罪的基本要件，也是本罪的关键。收受他人财物成立受贿，实践中主要有三种情况：一是本人直接收取并归本人所有；二是本人直接收取后交给第三人（第一种情形构成受贿罪并无任何异议，第二种情形，本人直接收取后交给第三人，属于受贿后的处分行为，不影响受贿罪的成立）；三是本人不直接收取，而是授意他人将有关财物直接交给其指定的第三人。

周小华实施行为的第一部分，作为国家工作人员，利用其对辖区内市场进行监管和对非法经营的企业、个人进行查处等职务之便，非法收受他人财物 25 400 元，为他人谋取利益，构成受贿罪，属于受贿的第一种情况。

周小华行为的第二部分，利用其职权和地位形成的便利条件，通过东迁建筑有限公司总经理董连富的职权，安排无会计从业资格的妻妹张金莲担任东迁分公司会计，张金莲以工资名义领取了现金人民币 3 万元，涉嫌违反了2007 年最高人民法院和最高人民检察院作出的《关于办理受贿刑事案件适用法律若干问题的意见》（以下简称《意见》）第 6 条关于特定关系人"挂名"领取薪酬问题的规定。该规定指出"国家工作人员利用职务上的便利为请托人谋取利益，要求或者接受请托人以给特定关系人安排工作为名，使特定关系人不实际工作却获取所谓薪酬的，以受贿论处"。尽管周小华的妻妹无会计从业资格，但在其姐姐张金仙的帮助和指导下，完成了东迁分公司 2006 年度及 2007 年度的会计工作，不属于"不实际工作却获取薪酬"的情形。因此，周小华第二部分行为不构成受贿罪。

第三部分行为，被告人周小华妻子的表弟沈子良购买商品房，周小华利用其职权和地位形成的便利条件，多次向房产公司董事长冯荣兴要求给其妻子的表弟沈子良购房予以优惠。冯荣兴明知购房人为沈子良，但为了与周小华搞好关系，被迫答应周小华的要求，沈子良购买的住房，享受销售单位的优惠 3 万元。此行为涉嫌违反上述《意见》意见第 1 条、第 7 条的相关规定。《意见》第 7 条第 1 款规定，国家工作人员利用职务上的便利为请托人谋取利益，授意请托人以本意见所列形式（《意见》第 1 条第 1 款第 1 项规定，国家工作人员利用职务上的便利为请托人谋取利益，以明显低于市场的价格向请托人购买房屋、汽车等物品的，以受贿论处），将有关财物给予特定关系人的，以受贿论处。《意见》第 7 条第 2 款规定，特定关系人以外的其他人与国家工作人员通谋，由国家工作人员利用职务上的便利为请托人谋取利益，收受请托人财物后双方共同占有的，以受贿罪的共犯论处。可见，这部分行为是否构成受贿罪，一是看沈子良是否属于"特定关系人"，二是看周小华与沈子良是否通谋共同占有请托人财物。本案周小华利用职务上的便利使沈子良取得购房优惠 3 万元，这 3 万元周小华并未与沈子良共同占有。因此，对这部分行为能否定受贿罪，关键看沈子良是否属于周小华的特定关系人。根据《意见》第 11 条的规定，特定关系人是指"与国家工作人员有近亲属、情妇（夫）以及其他共同利益关系的人"。近亲属是指"夫、妻、父、母、子、女、同胞兄弟姐妹"。其他共同利益关系的人，关键在于该人是否与国家工作人员有共同利益关系。对于共同利益关系的理解，应注意把握两点：一是共同利益关系主要是指经济利益关系，纯粹的同学、同事、朋友关系不属于共同利益关系，因为受贿罪的本质是权钱交易，没有经济利益往来的不符合受贿本质特征；二是共同利益关系不限于共同财产关系，除共同财产关系外，情妇情夫等关系也属于特定关系。

综上，沈子良是周小华妻子的表弟，与周小华不属于近亲属，也没有其他共同利益关系。沈子良购买房屋，并实际付款和居住，在事前事后周小华均未和沈子良商量其要从这优惠的 3 万元中得到什么利益，事实上也确实没有得到任何经济利益。因此，沈子良不属于周小华的特定关系人，也不属于双方通谋后，对收受财物共同占有的情形，根据《意见》的有关规定，被告人周小华的此部分行为不构成受贿罪。

结论：**国家工作人员利用职务便利，为特定关系人以外的人谋取利益，双方没有事前通谋，行为人也未获得利益的，不构成受贿罪。**

案例 97：刘振文等受贿案（案例来源：《中国法院 2017 年度案例 20》）

（一）基本案情

2010 年，被告人刘振文伙同姚惠某（另案处理）经商量后，利用其和姚惠某与增城二中校长叶辉某关系密切的有利因素，通过被告人叶辉某作为校长、被告人江伯某作为总务处主任在该校实验室设备采购项目自主招投标过程中的职务行为，为广州甲教学设备有限公司（以下简称甲公司）在竞标过程中提供帮助，并使其顺利中标标的额为 1 197 933 元的实验室设备采购项目。其间被告人刘振文分两次收取甲公司股东陈成某贿送的好处费共计人民币 11 万元后，送给被告人叶辉某人民币 4 万元，送给被告人江伯某人民币 2 万元。被告人刘振文从中分得贿赂款人民币 2.5 万元，姚惠某从中分得贿赂款人民币 2.5 万元。

2010 年底至 2011 年间，被告人刘振文伙同姚惠某经商量后，利用其和姚惠某与增城二中领导关系密切的有利因素，通过被告人江伯某负责增城市第二中学信息化采购项目招投标过程中的职务行为，为广州市乙科技有限公司（以下简称乙公司）提供帮助，后在由增城市教育局主持的该项目招投标工作中，使该公司顺利中标标的额为 2 191 830 元和 23 480 000 元的信息化采购项目，被告人刘振文分两次收受该公司部门经理谭某贿送的好处费人民币 21.3 万元后，送给被告人江伯某人民币 2 万元。被告人刘振文从中分得人民币 13.8 万元，姚惠某从中分得人民币 5.5 万元。

广东省增城市人民法院经审理认为：刘振文在增城二中实验室采购项目

和信息化工程采购项目的招投标过程中，伙同姚惠某利用其和姚惠某与叶辉某关系密切的有利因素，由姚惠某找到叶辉某，通过叶辉某作为校长、江伯某作为总务主任在招投标过程中的职务行为，为请托人甲公司和乙公司提供帮助并使该二公司成功中标，刘振文从中收取请托人贿送的好处费共计人民币32.3万元，其行为已构成利用影响力受贿罪；刘振文为谋取不正当利益，在收取好处费后送给叶辉某人民币4万元，送给江伯某人民币4万元，其行为又构成行贿罪。公诉机关指控刘振文构成受贿罪的罪名不当，应予以纠正。刘振文的行为不符合介绍贿赂罪的构成特征，其和辩护人提出的其属介绍贿赂罪的辩解、辩护意见与事实不符，本院不予采纳。

广东省广州市中级人民法院经审理认为：刘振文在得知增城二中实验室设备采购项目、信息化工程正在对外招标、投标后，便通过姚惠某找到叶辉某、江伯某以期帮助甲公司、乙公司中标，并向姚惠某、叶辉某和江伯某表明甲公司、乙公司会给付好处费；之后，甲公司、乙公司确因叶辉某、江伯某利用职务上的便利而中标获取上述工程项目，并因此向刘振文给付了贿款，可见刘振文、姚惠某、叶辉某和江伯某在事前已合意受贿，事中亦利用职务上的便利为两公司谋取不正当利益，事后，四人更分占了贿款，故刘振文、叶辉某、江伯某等人具有共同的受贿犯意，均利用了叶辉某、江伯某职务上的便利，为甲公司、乙公司谋取利益，三人的行为均符合受贿罪的主、客观特征，共同构成受贿罪。而被利用的国家工作人员没有收取贿赂的目的和行为，本案中刘振文与国家工作人员叶辉某、江伯某系合意受贿，故其行为并不单独成立利用影响力受贿罪，而是与叶辉某、江伯某的行为共同构成受贿罪。

（二）问题

刘振文行为构成受贿罪（共犯）还是利用影响力受贿罪？

知识点：受贿罪共犯与利用影响力受贿罪的区分和界定。

（三）分析

本案处理的重点在于对共同受贿犯罪与利用影响力受贿罪的区分和界定。

受贿罪是指国家工作人员利用职务上的便利，索取他人财物或者非法收受他人财物，为他人谋取利益的行为。受贿罪的主体是国家工作人员，非国家工作人员不能单独构成受贿罪。利用影响力受贿罪是指非国家工作人员利用国家工作人员的职务行为，或者利用国家工作人员职权或地位形成的便利条件，为请托人谋取不正当利益，索取或收受请托人财物，数额较大或有其他较重情节的行为。两罪的区别在于：第一，主体不同。受贿罪主体为国家工作人员，而利用影响力受贿罪的主体为非国家工作人员，包括已经离职的国家工作人员，国家工作人员以及离职的国家工作人员的近亲属，与国家工作人员以及与离职的国家工作人员关系密切的人（如朋友、同学等）。第二，客观方面不同。受贿罪是行为人利用自己的职务之便收受他人财物，而利用影响力受贿罪是利用他人的职务之便收受财物。实践中，非国家工作人员利用国家工作人员职务之便，为请托人谋取不正当利益，收受请托人财物的，并非一律构成利用影响力受贿罪。根据《刑法》关于共同犯罪的规定，非国家工作人员与国家工作人员勾结（即共谋，包括指使、请求、转达、谋划等），利用国家工作人员职务之便收受他人财物，伙同受贿的，应当以受贿罪的共犯追究刑事责任。如儿子利用父亲的地位和影响，为他人谋取不正当利益，如果父亲明知儿子收取了他人的财物又利用职务之便为他人谋取不正当利益的，父亲就和儿子一起构成受贿罪，因为此时他们有共同受贿的故意；如果父亲并不知道儿子收取他人财物而应儿子的要求为他人谋取了不正当利益的，则儿子构成利用影响力受贿罪，父亲不构成受贿罪。因此，非国家工作人员利用国家工作人员职务之便，为请托人谋取不正当利益，收受请托人财物，是否构成受贿罪，关键看他们之间有没有共同受贿的故意和行为，有共同受贿的故意和行为的，定受贿罪，没有共同受贿的故意，行为人在国家工作人员不知情的情况下利用国家工作人员职务之便为他人谋取利益而本人收取财物的，定利用影响力受贿罪。

本案中，国家工作人员叶辉某、江伯某事前已与刘振文等人密谋，明知利用职务便利为请托人谋取利益可获得好处费而积极参与，通过职务上的便利为甲公司、乙公司谋取利益，故刘振文的行为与叶辉某、江伯某等人的行为事实上是合意受贿，构成受贿罪的共犯，而不是单独成立利用影响力受贿罪。

本案行为人刘振文不构成行贿罪。行贿罪是指为谋取不正当利益，给予国家工作人员以财物的行为，行贿和受贿之间是钱权交换、以钱换利。而本案的所谓"行贿"人没有为自己谋取不正当利益，"行贿人"和受贿人是一伙的，所谓"行贿"行为，是他们共同分割受贿财物的行为。

本案也不构成介绍贿赂罪。介绍贿赂罪是指在行贿人与受贿人之间进行沟通、撮合，促使行贿、受贿得以实现，情节严重的行为。介绍贿赂与行贿、受贿共犯的区别在于：介绍贿赂是为行贿与受贿的双方相互引荐、撮合，沟通关系，提供服务。也就是说，介绍贿赂的行为人常常在介绍过程中，既代表行贿方，又代表受贿方。如果行为人只是与其中一方有联系，为一方出谋划策，或只代表一方同另一方谈判条件等，则应视为某一方的共犯。本案行为人只与受贿方有联系，有共同受贿故意且实际取得了贿赂，属于受贿罪的共犯。

结论：非国家工作人员与国家工作人员勾结，利用国家工作人员职务之便收受他人财物，伙同受贿的，应当以受贿罪的共犯追究刑事责任。

第七章

渎职罪

案例 98：邹兴儿滥用职权案（案例来源：《人民法院案例选》2010 年第 2 辑）

（一）基本案情

2005 年 7 月中旬，浙江永淦进出口有限公司法定代表人赵某欲将土地使用面积为 7645 平方米的工业用房改变为商业用房，并办理房产证。为此，赵某委托慈溪市宁兴房产经纪有限公司何某代为办理，并约定事成后给付 30 万元报酬。何某通过冯某，请时任慈溪市坎墩街道房管所副所长的高某（另案处理）帮忙办理相关手续，并约定事成后给付 20 万元报酬，预付 8 万元。尔后，高某找到时任慈溪市人民政府联合审批服务中心规划局办证窗口办事员的被告人邹兴儿，要求其在建设工程规划许可证上加盖"慈溪市规划局审批专用章"，以便篡改建设工程规划许可证。被告人邹兴儿知晓该行为违法，非经合法程序不能擅自盖章，故拒绝加盖。高某遂提出由其至被告人邹兴儿工作的窗口偷盖印章，对此提议，被告人邹兴儿予以默认，并接受了高某的两次吃请。事隔数日，高某持建设工程规划许可证至被告人邹兴儿工作的办证窗口。被告人邹兴儿对高某来此的目的心知肚明，违反规定放任高某进入内部工作区逗留，将"慈溪市规划局审批专用章"放置于高某伸手可及之处，高某随即在建设工程规划许可证上盖具了"慈溪市规划局审批专用章"。后高某便将规划许可证上盖章处的建设项目名称由"厂房"涂改为"商业"，并叫冯某持总平面图至被告人邹兴儿处加盖了"慈溪市规划局审批专用章"。高某又通过私刻印章、伪造函件的办法，将办证所需资料由冯某交给了何某，使其顺利办理了土地证，逃避了应缴纳的 20 余万元配套费。后在办理房产证时被发现有异而案发。

（二）问题

国家机关工作人员为他人违法偷盖印章提供便利条件的，成立滥用职权罪还是玩忽职守罪？

知识点：滥用职权罪与玩忽职守罪的区别。

（三）分析

本案考察的是滥用职权罪与玩忽职守罪的区别。

滥用职权罪是指国家机关工作人员不依法正当行使职权或者任意扩大自己的职务权限，致使公共财产、国家和人民利益遭受重大损失的行为。滥用职权罪在客观方面的本质属性是对职权的"滥用"，这种"滥用"主要表现为两种情形：①超越职权的滥用，即行为人超越法定权力范围，违法决定无权决定的事项、擅自处理无权处理的事务；②违法行使职权的滥用，即行为人违反法定办事程序，随心所欲地违法处理公务事务。

玩忽职守罪是指国家机关工作人员玩忽职守，致使公共财产、国家和人民利益遭受重大损失的行为。玩忽职守罪在客观方面的本质属性是对职守的"玩忽"。这种"玩忽"行为，主要表现为两种情形：①不履行职责，即行为人严重不负责任，对法定职责义务该为而不为，放弃职守、擅离职守；②不认真履行职责，即行为人严重不负责任，对法定职责义务马虎草率、敷衍塞责。

滥用职权罪与玩忽职守罪的主要区别在于：①行为人的主观心态不同，前者主观方面是故意，即对滥用职权行为是故意的，该故意既可以是直接故意，也可以是间接故意，而后者是过失，它指国家机关工作人员本应恪尽职守，时刻保持必要注意，但行为人却持一种疏忽大意或过于自信的心理，对自己的玩忽职守行为可能导致的危害后果应当预见而没有预见，或者已经预见而轻信能够避免，以致造成重大损害结果；②前者主要表现为作为，后者主要表现为不作为。

在本案中，高某为盖章一事曾多次找邹兴儿帮忙，并且明确告知可以从中获取好处，期间又两次请客吃饭、桑拿，足见高某对此事志在必得的心态。而邹兴儿虽然害怕承担责任，觉得危险而没有直接答应帮助盖章，但对高某提出的由高某至窗口自己偷盖，邹兴儿装作没看见的方案，却不置可否，后又欣然接受高某的吃请。其在经过高某连续的吃请后表现出来的不置可否的态度与先前的断然拒绝形成鲜明对比。数日后，高某持建设工程规划许可证至被告人邹兴儿工作的办证窗口，被告人此时对高某希望偷盖印章应当是心知肚明，但他却仍违反规定放任高某进入内部工作区逗留，又将印章放置于高某随手可及的地方，为高某偷盖印章提供便利，如此连续明显的违规行为无法用被告人邹兴儿辩解的疏忽大意过失来解释，其明知自己行为可能造成危害结果的发生，仍对犯罪结果的发生持一种放任的态度，主观心态属于典型的间接故意，符合滥用职权罪的主观方面的构成要件。在客观上，邹兴儿明知高某要求其做的事情是违反其工作权限、程序和超越职责的，因此不愿亲手实施盖章事务。虽然其本人并没有亲手实施盖章事务，看似是一种消极不作为行为，但是，被告人邹兴儿通过采取间接隐蔽的手段，为高某偷盖印章提供方便，在知道高某要来偷印章时，不但不加以阻止，反而通过一系列的作为，如违反规定放任高某进入内部工作区逗留，违规将慈溪市规划局审批专用章放置于高某伸手可及之处，使得高某偷盖印章的目的顺利达成。被告人邹兴儿的提供便利行为与高某偷盖印章的结果之间存在直接因果关系，其行为实质上造成的结果与其本人亲手盖章无异，二人系共同犯意下不同分工的共同犯罪。因此，在对被告人邹兴儿的行为表现方式进行评定时，通过去伪存真的方法，可以看出被告人邹兴儿的行为表面上是消极的不作为，而实系违法超限履行职责行为，符合滥用职权的行为特征。

结论：**国家机关工作人员为他人违法偷盖印章提供便利条件的，应以滥用职权罪论处。**

此外，对高某与何某的行为应如何认定？

本案中，高某对邹兴儿行为的实施起着非常重要的作用。高某作为国家工作人员，为了获取钱财（与何某约定事成后给付 20 万元报酬，预付 8 万元），接受何某的委托为赵某办理相关手续。此后，高某找邹兴儿请求帮助办理并两次请邹兴儿吃饭，致使邹兴儿违法行使职权，帮助高某盖上了"慈溪市规划局审批专用章"，顺利办理了土地证。高某是某街道房管所副所长，将工业用房改变为商业用房并办理房产证不是他的职权范围，他与邹兴儿之间不具有隶属关系、制约关系，也不具备利用本人职权或地位产生的影响和一定的工作联系，所以高某的行为既不属于第 385 条的受贿，也不属于第 388条的斡旋受贿。高某多次请求邹兴儿并替邹兴儿出谋划策，促使邹兴儿滥用职权，因此，属于滥用职权罪的共同犯罪。

何某为获取钱财（与赵某约定事成后给付 30 万元报酬）接受赵某的委托，帮助办理房产证。何某又找到高某要求高某帮忙办理，并与高某约定事成后给付 20 万元报酬，预付 8 万元。何某的行为如何认定？是否构成行贿罪？

行贿罪是指为谋取不正当利益，给予国家工作人员以财物的行为。行贿与受贿是相伴而生，对应而存的。行贿行为是引发受贿的催化剂，其实质在于用金钱收买国家工作人员的公务行为，从中谋取不正当利益。既然本案中高某的行为不具备利用职务之便而不构成受贿罪，那么何某也不构成行贿罪；何某与邹某没有交集，因此何某不构成滥用职权罪的共犯。

案例 99：王怀某食品监管渎职案（案例来源：《中国法院 2016 年度案例 20》）

（一）基本案情

被告人王怀某于 2009 年 2 月被当阳市畜牧兽医局（原畜牧局）任命为当阳市动物卫生监督所河溶分所所长，于 2012 年 7 月被任命为河溶动物卫生监督所所长。被告人王怀某在任职期间，多次接受曹清某等人的请吃、钓鱼、送礼，在接受曹清某吃请送礼后，放松对曹清某经营的冻库的监管，玩忽职守，多次在当阳市动物卫生监督局组织对冻库检查之前给曹清某等人打招呼，或称最近要检查、注意点，使其做准备，逃避上级监管。由于被告人王怀某不认真履行职责，严重不负责任，放松甚至放弃监管职责，对曹清某冻库暴露出的涉嫌制售不符合安全标准食品的行为不履行或不认真履行职责，使曹清某冻库处于一种放任和脱离监管的状态，导致曹清某等人从 2010 年上半年开始长期、大量收购病死猪，制成鲜肉、冻肉、香肠、腊肉等大量不符合安全标准的食品并销售到宜昌、重庆、湖南、浙江等地，时间跨度达四年之久，严重损害公众的身体健康和生命安全，造成了恶劣的社会影响。2014 年 5 月 20 日，浙江省温州市公安局对陈道某、石晓某等 9 人以涉嫌销售不符合安全标准的食品罪立案查处；同年，曹清某、张启某等 11 人被法院以生产、销售不符合安全标准的食品罪判处有期徒刑，其中曹清某被判处 6 年徒刑并处巨额罚金。

（二）问题

负有食品安全监督管理职责的国家机关工作人员，玩忽职守，导致发生重大食品安全事故或者造成其他严重后果的，构成食品监管渎职罪还是玩忽职守罪？

知识点：食品监管渎职罪与玩忽职守罪的界限。

（三）分析

如前所述，玩忽职守罪，是指国家机关工作人员严重不负责任，对法定职责义务该为而不为，放弃职守、擅离职守或者不认真履行职责，对法定职责义务马虎草率、敷衍塞责，致使公共财产、国家和人民利益遭受重大损失的行为。玩忽职守罪的主体是国家机关工作人员，主观上是过失，客观方面表现为严重不负责任，不履行或不认真履行职责，致使公共财产、国家和人民利益重大损失的行为。

食品监管渎职罪，是指负有食品安全监督管理职责的国家机关工作人员，滥用职权或者玩忽职守，导致发生重大食品安全事故或者造成其他严重后果的行为。从《刑法》规定可以看出，第397条规定的玩忽职守罪与第408条之一规定的食品监管渎职罪之间是法条竞合关系。负有食品安全监督管理职责的国家机关工作人员玩忽职守，导致发生重大食品安全事故或者造成其他严重后果的，既符合玩忽职守罪的构成要件，也符合食品监管渎职罪的构成要件。第397条玩忽职守罪是普通法条，而第408条之一食品监管渎职罪是特别法条；玩忽职守罪是轻法条（基本法定刑为3年以下有期徒刑或拘役；情节特别严重的，处3年以上7年以下有期徒刑），食品监管渎职罪是重法条（基本法定刑为5年以下有期徒刑或拘役，造成特别严重后果的，处5年以上10年以下有期徒刑）。如果行为人的行为同时触犯这两个罪，按照法条竞合的适用原则——特别法优于普通法、重法优于轻法的原则，按食品监管渎职罪定罪量刑。

被告人王怀某身为动物卫生监督机构负有食品安全监督管理职责的从事公务的工作人员，在工作中玩忽职守，不认真履行食品安全监督职责，对曹清某冻库暴露出的涉嫌制售不符合安全标准食品的行为不管不问，使曹清某冻库处于一种放任和脱离监管的状态，曹清某等人收购病死猪，并制成大量不符合安全标准的食品后销售到宜昌、重庆、湖南、浙江等地，时间跨度达四年之久，涉案物品达33 573公斤，生产、销售金额达575 650元，严重危害社会公众食品安全，危害人体健康，社会影响恶劣，其行为与危害后果有法律上的因果关系，应当认定为"造成其他严重后果"，其行为既符合玩忽职守罪，又符合食品监管渎职罪的犯罪构成，构成法条竞合，按法条竞合的适用原则，按食品监管渎职罪定罪量刑。

结论：**负有食品安全监督管理职责的国家机关工作人员，玩忽职守，导致发生重大食品安全事故或者造成其他严重后果的，构成食品监管渎职罪。**